分时图实战

解读获利形态、准确定位买卖点、
精通短线交易

第 2 版

U0740268

杨金◎编著

人 民 邮 电 出 版 社
北 京

图书在版编目（CIP）数据

分时图实战：解读获利形态、准确定位买卖点、精通短线交易 / 杨金编著. -- 2版. -- 北京：人民邮电出版社，2020.9
ISBN 978-7-115-53972-4

Ⅰ. ①分… Ⅱ. ①杨… Ⅲ. ①股票交易—基本知识 Ⅳ. ①F830.91

中国版本图书馆CIP数据核字(2020)第079709号

内 容 提 要

本书以分时图形态为核心，以具体的实战性案例分析为手段，全面、系统地讲解了利用分时图展开交易的过程中所涉及的各种技术性知识。其中，基础性知识包括分时图交易体系的构筑方法、分时图异动原因、趋势判断、K线模式、大盘指数分析、量价形态、盘口分时图要素、强势分时图特征、弱势分时图特征、盘口工具等内容。实战性案例形态包括早盘要点解读、中盘要点解读、尾盘要点解读、结合量价的分时交易、看涨分时图形态、看跌分时图形态、双日分时图组合交易、用分时图抓短线牛股、分时图交易策略方案等内容。

本书内容由浅入深、层层深入，既为刚入门的投资者运用分时图做好了铺垫，也在归纳总结的基础上做了进一步提升。全书力求通过浅显易懂的语言、丰富的案例，帮助投资者系统性地应用分时图形态，从而开展成功的实战交易。

◆ 编　著　杨　金
　　责任编辑　刘　姿
　　责任印制　周昇亮

◆ 人民邮电出版社出版发行　　北京市丰台区成寿寺路11号
　　邮编　100164　　电子邮件　315@ptpress.com.cn
　　网址　https://www.ptpress.com.cn
　　涿州市般润文化传播有限公司印刷

◆ 开本：700×1000　1/16
　　印张：16.75　　　　　　　　2020年9月第2版
　　字数：273千字　　　　　　　2025年9月河北第22次印刷

定价：59.80 元

读者服务热线：(010)81055296　印装质量热线：(010)81055316
反盗版热线：(010)81055315

成功的股票交易者都有自己独到的分析方法，经典的理论与技术分析方法虽然易懂易用，但股市是一个多空双方不断博弈的市场。一种技术理论或方法被运用得越广泛，它的实效性往往就越差，在预测价格走势中发挥的作用就越小。这就要求我们开辟一种更新、更好、适用于当前股市的分析方法。如果能结合股市中的热点、资金动向实施短线交易，只要技术方法运用得当，投资者就能更有效率地进行交易。

对于股票交易来说，市场上存在着各种各样的技术分析方法，但是在短期交易中，分时图无疑是有效且准确度较高的一种方法。分时图的重要性不仅体现在它所发出的买卖信号上，更体现在它的实时性上。而且，通过分析分时图形态来实施短线交易的投资者只是少数，这就决定了分时图是一种相对高效的技术分析工具。

由于股市波动迅疾、热点转换快速，一些传统的技术分析方法，例如量价、K线、均线、指标等，在应对个股的短期波动时，往往不能在最佳的买卖时机发出信号。而分时图则不同，它是多空双方交锋的实时反映，是多空力量变化的实时反映，也是市场热点快速切换的实时反映。通过各种不同的分时图形态，我们可以在当日的盘中及时把握多空转换，进而在第一时间出击个股。

很多投资者往往将分时图看作股价的实时波动形态，其实，这是对分时图最为浅显的理解。与K线图"既能反映股价的运行轨迹，又兼顾技术分析能力"一样，分时图也具备合二为一的特性，而对于分时图形态的识别、理解、运用，投资者需要一个学习、积累、总结的过程。

分时图既可以结合K线、量价等技术方法综合使用，提高其准确度，也可以单独使用，因为一些很典型的分时图所预示的涨跌信息是极为准确的。在决定是否短线参与一只个股时，很多时候，分时图的形态就是最终的判断依据。强势型的分时图形态出现在突破点或深幅调整后的低点，依据这个分时图展开短线买入操作，往往能够在预期风险较低的情况下快速获取短线利润；反之，弱势型的分时图形态出现在破位点或短期上扬后的高点，依据这个分时图展开短线卖出操作，就能及时地规避一波下跌风险。

利用分时图进行买卖，要求投资者对于各式各样的分时图形态既要有一个全面的了解，又要能综合、抽象地总结出相关的要点。只有如此，投资者才能更好地运用分时图展开交易，提高短线交易的成功率。

第 2 章 分时图交易技术准备 / 47

第 3 章　**分时图基础分析方法**　/ 73

第4章　分时图运行要点解读　/ 100

第5章　日量价组合分时交易　/ 134

第6章　**看涨分时图买入时机**　/154

第 7 章　看跌分时图卖出时机 / 177

第8章　**双日分时图组合交易法**　/205

第 9 章　用分时图抓短线牛股　/ 222

第 1 章

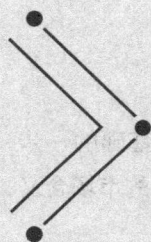

快速了解分时图交易

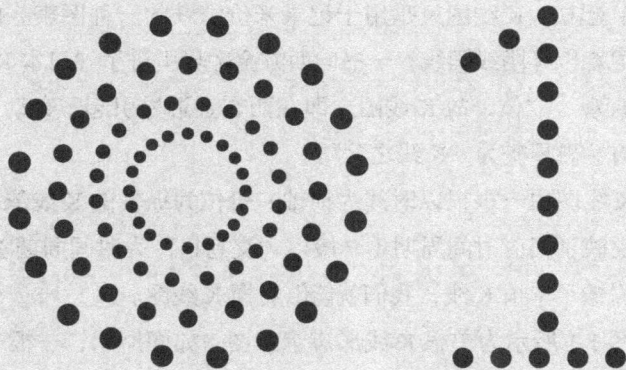

股票市场中的分析方法多种多样，中长线时间角度的分析，以均线、道氏理论、基本面等分析方法为主；短线时间角度的分析，以量价、指标、分时图等分析方法为主。学习分时图是为了开展短线交易，那么，分时图是否能很好地帮助我们开展短线交易呢？使用分时图时，我们应该如何着手进行交易？股市中的常见风险有哪些？如何应对这些风险？以上问题，本章将一一解答。

1.1　看懂股价走势图

对于股票交易来说，看懂股票行情软件上的价格走势图是最基础的一步，也是我们进入股市的初级门槛。看懂 K 线图、分时图，了解成交量的市场含义，可以说是解读行情的必备能力。本节我们就来学习这些内容。

1.1.1　看懂 K 线图

K 线也常被称为蜡烛线、日本线、阴阳烛、棒线、酒井线等，它源于 300 多年前的日本。因为英文 "candle"（蜡烛）词首发 "k" 音，故又将蜡烛图称为 K 线图。起初，K 线图只是用于记录米价涨跌的一种图表。1990 年，美国人史蒂夫·尼森以《阴线阳线》一书向西方金融界引进了 "日本 K 线图"，由于其表现形式直观、立体，故 K 线图立即在西方金融界引起了轰动，史蒂夫·尼森因此被西方金融界誉为 "K 线之父"。

K 线图由一根根以时间为横轴、价位为纵轴的 K 线依次排列而成，每一根 K 线反映了相应时间周期（一般以 "交易日" 为时间周期）内的价格波动情况，因而看懂了单根 K 线，我们就能够看懂 K 线图。

图 1-1 所示为单根 K 线形态示意图，如图所示，一根 K 线记录了当日交易投资过程中最为重要的 4 个价位的信息：开盘价、收盘价、最高价（上影线的顶端）、最低价（下影线的底端）。依据开盘价与收盘价之间的高低关系，我们可以将 K 线统分为阳线与阴线。

阳线在股票行情软件中多用红色表示，表明收盘价高于开盘价，即从开盘至收盘这段时间，股价总体呈现上涨趋势；阴线多用绿色表示，表明收盘价低于开盘价，即从开盘至收盘这段时间，股价总体呈现下降趋势。

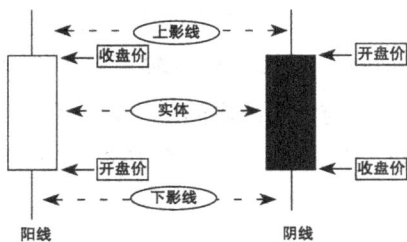

图 1-1 单根 K 线形态示意图

收盘价与开盘价之间的矩形称为实体，实体上下方的竖线称为影线（上方的竖线称为上影线，下方的竖线称为下影线）。

1.1.2 看懂个股分时图

分时图的表现方法既适用于个股，也适用于大盘。但是，在每个交易日的盘中，二者的分时图表现方法并不相同，我们先来看看个股分时图。

图 1-2 所示为个股分时图走势，分时图是以分钟为时间单位的。在个股分时图中，分时线反映着价格的实时走势。分时线的下方有一条波动较为缓和的曲线，它是均价线。在分时图中，有的软件上方会显示"均价"，有的软件上方会显示"均线"，但它们都指代均价线。分时图的下方为分时量，每一分钟的成交量大小用柱线的长短表示。

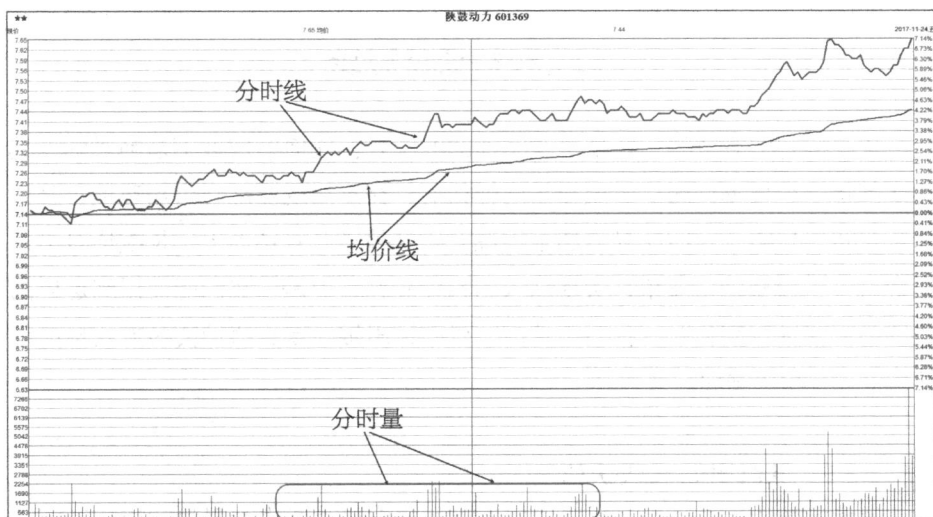

图 1-2 个股分时图示意图

均价线体现了当日的入场买股者的平均持仓成本，其计算方法为：（到目前这一时刻为止的当日总成交金额）÷（到目前这一时刻为止的当日总成交股数）。

一般来说，利用分时线与均价线之间的位置关系，我们可以大致了解买卖盘的力量对比情况：若分时线稳健运行于均价线上方，则表明买盘力量更强；反之，则是卖盘力量更强。

1.1.3 行情信息调用方法

虽然股票行情软件各有不同，但基本的操作方法却是相似的。以股价走势图来说，可以通过输入股票名称的拼音首字母或使用其他快捷方式调用需要的个股走势图。例如，想调用"中国石油"这只股票的走势图，则输入"ZGSY"，就可看到相应匹配的股票，当然也可以输入股票代码来调用；调用大盘指数走势图时，则可输入"上证指数"的拼音首字母"SZZS"，或者通过按数字快捷键"03"来调用。

价格走势图有两种，一种是 K 线图，一种是分时图，查看时可以通过键盘上的功能键"F5"来相互切换。在打开个股走势图界面后，可以按功能键"F10"切换到个股基本资料窗口，里面包含个股的基本面信息。按数字快捷键"60"则可以打开沪深全体 A 股的涨幅排行榜。

1.2 长线还是短线

长线持有的方法好，还是短线交易的方法好？任何事情都不是绝对的，其实质都是一个概率问题。股票交易同样如此，交易时既要配合市场环境，又要结合投资者风格。短线交易自然不用说，总有强势股脱颖而出，长线持有当然也会有大牛股横跨牛熊市，实现惊人的累计涨幅，但是，我们能捕捉到这样的股票吗？在进行交易时，我们不妨借助概率论思维，看看哪种交易方式更能帮助我们在股市中站稳、获利。

1.2.1 低概率的长线获利

大盘指数的设立是为了反映股市的整体走向，从历史上最早的道琼斯指数到现在 A 股市场的上证指数，其市场含义都是相同的，就是为了尽可能地反映股市的整体走向，同时，它的运行形态也呈现着大多数个股的波动方式。因而，参照大盘指数的历史走势，对于决定我们是选择长线持股还是短线操作，无疑有着重要意义。

图 1-3 所示为上证指数 1990 年 12 月至 2020 年 3 月走势图。期间股市最高点出现在 2007 年 10 月，是 6 124.04 点；除 1990 年开市时的低点外，最低点出现在 2005 年 6 月，是 998.23 点。我们主要通过这两个极端的点位来看大盘指数是否具有稳健攀升的特点。从走势图来看，大盘指数显然不具备这样的特点。2001 年，大盘指数就达到了 2 200 点，经历了 13 年，到 2014 年时，大盘指数基本在 2 000 点附近运行；至 2020 年 3 月末时，大盘指数不足 2 800 点。

图 1-3 上证指数 1990 年 12 月至 2020 年 3 月走势图

可以说，"十年零涨幅"是大盘指数历史走势的一个真实写照，如果秉持着价值投资理念长期持股，那我们的胜算有多少呢？

价值投资，顾名思义，是指依据行业发展、企业信息披露、机构或专业人士的推荐等信息进行投资，但这些并不是普通投资者能够看透的。除了产能落后的一些行业外，大部分行业均有不错的发展空间，而对于个股来说，则很难辨识。首先，上市公司可能"报喜不报忧"；其次，券商机构的调研报告也很有可能"掺有水分"，当券商机构大力推荐一只个股时，我们往往可以发现此股正处于中长期的高点；另外，专业人士的推荐也有着较强的个人色彩。

但是，无论如何，概率最能说明问题。如果大部分的股票不具有长线投资的意义，则短线操作就是一种较好的操盘方案。

价值投资讲究长线持股，我们以最近10年为基准，如果某投资者在2009年12月31日买入一只股票并持有至2019年12月31日，那么情况如何？

"十年人事几番新，历经牛熊交替轮回的10年，个股际遇各不相同。在可统计的3 727只股票中，按复权的最新收盘价计算，共有864只股票2019年12月31日的收盘价低于2009年12月31日的收盘价，占比超过20%。"（摘自同花顺问财）

通过上面的统计结果可以看出，这类投资者出现亏损的概率超过20%，而且还没有考虑通货膨胀的因素，没有考虑2009年12月31日后上市的股票。如果将通货膨胀的因素也考虑进来，那么投资者的这笔投资能够获得的概率会更低。

1.2.2 买"好股"的可行性

对于长线投资，有的投资者认为的"好企业的股票是值得买入的"这一观点没有问题。但是，好的企业需要经过时间的验证，因个人能力、经验、年代思维的局限，我们不具备洞悉未来的能力，因此很难预测企业未来三五年的变化。

四川长虹曾经是家喻户晓的企业，即使是现在，人们对长虹品牌的认可度也很高。在20世纪90年代，它是业绩股、成长股的典型代表，但如图1-4所示，这样一只股票在股市中运行了20多年后，其股价走势上下波动、牛熊交替，并没有实现稳健上涨。

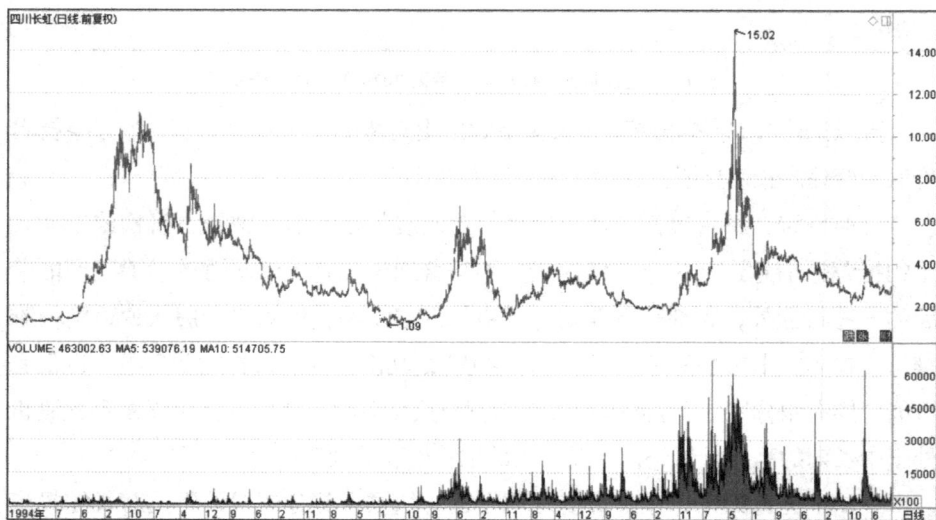

图1-4　四川长虹1994年至2019年走势图

1.2.3　波段操盘思路

适者生存，这不仅是自然界的生存法则，也是股票市场中的生存守则。要想在股市中更好地生存下去，我们就要及时地调整思路、改变行为方式，以适应这个市场。以波段交易为主，以中线交易为辅，这样的操盘思路契合了股市的波动规律，这样既可以中短线兼顾，又节省了精力，使投资者掌握了交易的主动权。

我们再来看一个案例。如图 1-5 所示，即使是海信电器这种近年来盈利能力很突出、品牌形象深入人心的企业，股份在历史运行过程中也出现了长年的横向震荡走势，如果秉持长期持股守则，投资者将难以获利。

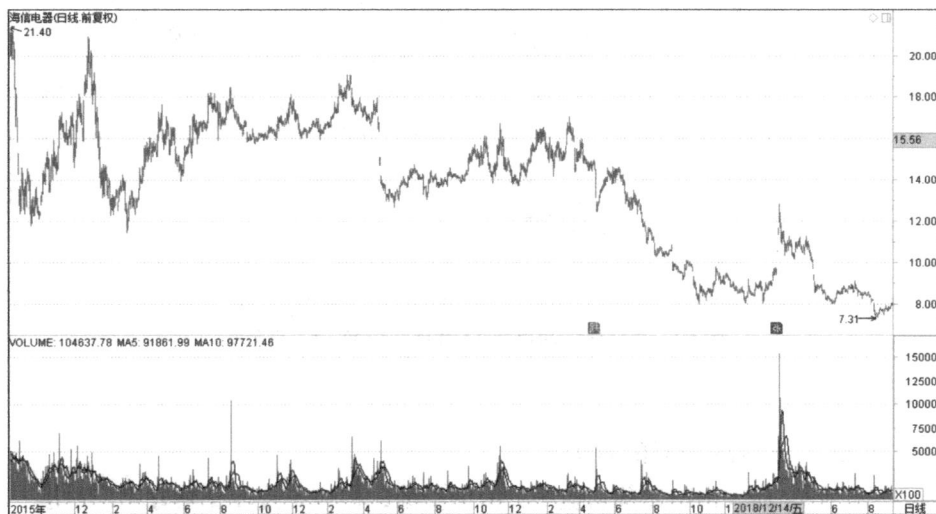

图 1-5　海信电器 2015 年 8 月至 2019 年 9 月走势图

但是，仔细查看这张分时图，我们可以发现这样的规律：虽然从长线的角度来看，股价没有上涨，但是期间的波动幅度却十分大，一波大幅上涨后，股价可能增加两倍；小幅度的波动上涨，也有 20% 以上的获利空间。这提示我们，在将企业的基本面因素纳入考虑范围后，如果能结合股价波动展开操作，就可以实现资金的滚动增值。

长线持股选错股的概率很大，要想获利，需要有十足的好运气；但是，如果展开波段交易，则将是一番新天地。图 1-6 所示为上证指数 2018 年 12 月至 2019 年 12 月走势图，虽然股价整体上涨幅度不大，但是这期间的上下波动十分频繁。而且，很多个股的波动幅度更大，如果能结合一种理想的技术分析方法来把握波段高低点，则可以将获利的主动权掌握在自己手中，也可以很好地控制股市交易的风险。这种理想的波段交易技术就是分时图交易法。

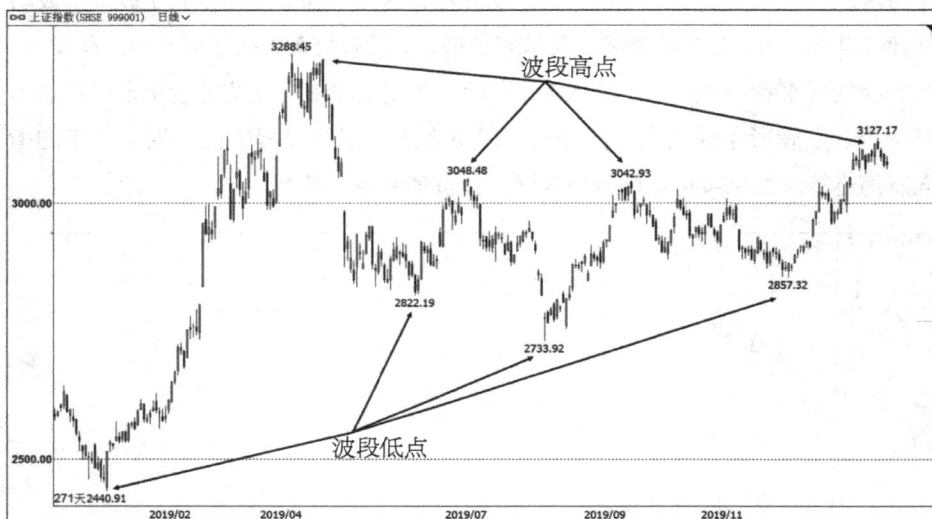

图1-6　上证指数2018年12月至2019年12月走势图

1.2.4　分时图交易的魅力

分时图交易，也可以称为盘口分时图交易，相较于波段交易方式，它是一种实时性强、效率高、便于解读的技术分析方法。在很多时候，我们甚至不需要查看K线图、量价配合、指标形态等盘面数据，仅仅依据盘口分时图形态就可以相对准确地预测随后的价格波动方向。

通过盘口分时图的特定形态，我们可以发现主力行踪，分析主力买卖方式，了解主力市场行为，进而预测主力动向。除此之外，利用分时图形态，我们可以实时观察到市场上的多空交锋情况，把握多空力量在盘中的变化，从而展开行之有效的波段交易。

盘口分时图包含的要素很少，只有分时线与均价线，其技术分析的实质就是化繁为简。越是简单的盘口要素，蕴涵的市场含义往往越丰富，因为简单的盘口要素往往可以呈现出多种多样的运行形态。通过分析，我们可以直接获取这些形态背后的市场信息。对于特征鲜明的分时图形态，若我们能熟识并理解它们，就可以很好地把握股价的短期波动，可以说这是一把让我们在股市中取得成功的钥匙。

当然，如果我们可以将分时图、日 K 线、量能综合起来，那分时图的形态就会更具研判效力。下面，我们结合两个具体的分时图来切身感受一下分时图交易的魅力所在。

图 1-7 所示为浦发银行 2019 年 10 月 14 日分时图，个股在低位区长期窄幅整理之后，于 2019 年 10 月 11 日、14 日以两根长阳线实现了对整理区的突破。仅从 K 线形态来看，该股似要有一次反攻行情，两根长阳线体现了多方进攻的力度，那么，我们在短线上是否应追涨入场呢？错误的判断将带来较大的风险，因为市场仍处于弱势震荡中，一旦追高被套，将难以及时止损。借助分时图，我们或许可以更准确地辨识这一波上涨的潜力。

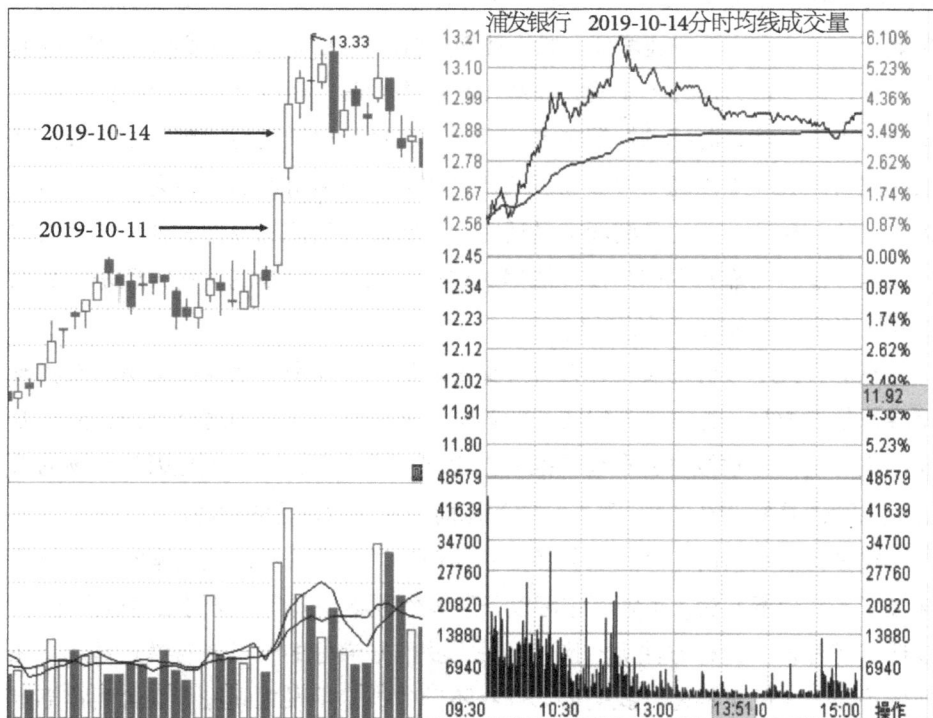

图 1-7 浦发银行 2019 年 10 月 14 日分时图

图 1-7 中的一个短线波动值得我们重点关注，午盘后的一波上冲遇到了大量抛盘，分时量的放大形态十分明显。虽然股份随后回升，在收盘前"收复失地"，但这个细节表明空方的抛压很重，而且，这两日的盘口分时图均属于盘中振幅极大的宽震形态，这对于短期多方力量的消耗是极大的。据此分析，在短线交易上，此时的操作应是卖出，而非买入。个股随后的走势也印证了这一判断。

盘口分时图交易最大的魅力在于一些盘中波动的细节可以显示出多空力量的变化，进而帮助我们分析价格的波动方向。在全天的交易中，多方或空方的操作总有露出"底牌"的时候，这时我们就可以通过分时图上的一些细节，发现多空"底牌"，正确地把握价格的波动轨迹。

1.2.5　波段交易是概率制胜

股票交易的目的在于盈利，但任何人都不可能每笔交易都盈利。只要能做到赚时多赚、亏时少亏，十笔交易中有六七笔交易可以获利出局，那我们就能成功地让账户资金实现快速增值，成为技术分析的真正高手，但其难度是很大的。

首先，股市的运行不平稳，在弱市环境中炒股，短线被套、中线套牢的概率会大增。其次，时机的把握也是一门学问，什么时候更适于布局绩优股？什么时候可以大胆追涨题材股？仓位的调度如何？一笔错误的交易会带来极为重大的风险。最后，无论是波段交易还是中线布局，我们的依据是什么？盘面发出的信号是否可靠？我们是仅仅依据这些信号来进行简单的买卖，还是能真正理解这些信号隐含的市场信息？

不擅长技术分析的投资者在长期交易之后，会发现一笔波段交易的成功概率难以超过 50%。也许刚开始的一两笔交易能获利，但长期这样下去，交易方向的不确定会导致投资者在仓位控制上出现严重失误，进而可能因为市场的系统性风险，或个股的"黑天鹅"利空消息而陷入满盘皆输的境地。

摆在我们眼前的一个重要问题是：如何提升波段交易的成功率？我们已经接触了技术分析方法，了解了它可以分为多个种类。那么，我们在实盘操作时，该运用哪种技术分析方法呢？换句话说，我们知道好的波段交易模式是建立在技术手段之上的，但是，我们要如何在不同的技术手段之间进行取舍呢？笔者认为好的波段交易模式需要满足两个条件：一是买卖信号相对可靠，二是实时性较强。对于第一个条件，量价、K 线、指标等技术手段有较好的发挥空间，但是，对于第二个条件，这些手段则常常出现迟滞。

在上蹿下跳的股价波动中，我们会发现个股在波段低点、高点的停留时间往往很短暂，很多时候，某个交易的盘中会突然出现大幅度的振幅，股价走向也迅疾转折。因而，传统的技术分析方法在一些对实时性要求较高的波段操作中显得力不从心。

分时图则摒弃了这一缺点，它是盘中多空交锋的实时呈现，多空力量的转变都实时反映在分时图中。只要我们善于解读，就能在盘口波动中把握高点和低点，进而展开成功的波段交易。

任何一种技术分析手段都可以看作一种波段交易模式。但是，一种波段交易模式并不是一套独立的交易系统，我们将这些技术分析手段大体分为共振与背离。所谓共振，是指多种技术分析手段均在某一时间段内发出了方向相同的买卖信号，而背离则是指它们发出了相反的买卖信号。在操作中，本着风险控制的原则，只有当它们都发出买入信号时，我们才宜实施买股操作，此时盈利的概率更大；反之，当大多技术分析手段发出买入信号，而某种技术分析手段发出卖出信号时，此时买入的成功率将大打折扣。

1.3 分时图交易体系的构筑

在短线交易中，分时图不仅是决定交易方向的核心，它往往还能决定我们进行交易前的最后一步操作。在利用分时图展开交易之前，我们还有一些准备工作需要了解，其中包括对趋势的判断、K线的运行方式、量价的配合等，这些技术面要素既是开展分时交易的基础，也是进行短线技术分析需要掌握的内容。本节中，我们以构筑分时图交易体系的框架为目标，逐一盘点这些基础性的技术内容，对于其内容更为详细的讲解，则放在下一章。

1.3.1 趋势准备与仓位控制

在股市中，我们常听到"永远顺着趋势交易""绝不可逆趋势而动"等说法。股票市场中存在着趋势，而且趋势的运行状态直接决定着我们的仓位控制。是重仓持有，还是轻仓出击参与？是中线布局，还是短线出击？股市中的趋势指的是什么，我们又应如何结合趋势来控制仓位呢？

道氏理论最早揭示了金融市场趋势运行的规律，其主要内容体现为以下几条。

（1）金融市场中的价格走势依据"波动级别"可分为3种：基本趋势、折返走势、短期波动。

（2）基本趋势可以分为3种：上升趋势、下降趋势、横向震荡趋势。

（3）上升趋势与下降趋势又可以分为3个阶段。上升趋势的3个阶段是筑底、持续上升、探顶；下降趋势的3个阶段是筑顶、持续下降、探底。

（4）交易量可以验证趋势。

（5）一轮趋势有强大的惯性，反转时会有明确的信号。

趋势形成之后，我们要顺势而为，绝不可主观臆断，与趋势为敌；否则，轻则无法获利、难有斩获，重则亏损累累、惨淡出局。具体的趋势判断，我们会在2.1节中详细说明，本节主要结合趋势运行特征，讲解在操作及仓位控制上要有一定的灵活度。

在上升趋势中，我们可以进行中长线持股、阶段性高抛低吸或相对激进的追涨。此时的操作可以相对积极些，因为重仓的风险不大，可以结合股价波动，实施上涨后减仓、回调后加仓的滚动操作。短线涨幅不大时，不宜减仓过度或清仓离场，以免踏空。

在横盘震荡趋势中，我们不宜进行中长线布局，更适宜开展波段操作，可以结合大盘的波动情况在箱体震荡中进行高抛低吸、反复买卖。除此之外，总有一些个股能够借题材而出现独立上攻的行情，这也是参与题材股的好时机。在仓位的控制上则要相对保守一些，以规避箱底买入后可能出现的破位风险。

在下降趋势中，我们只能展开短线反弹操作。而且，由于博取反弹收益的难度较大，在仓位控制及操作手法上，我们应选择快进快出、轻仓参与的策略。

1.3.2　个股准备与买入时机

投资者进入股市后，所买卖的对象是具体的某只个股，而不是股市整体。因此，当股市好的时候，如果选择了错误的股票，也难以获利；同样，当市场处于弱市状态时，选择了好的股票，一样可以获利丰厚。对于交易者而言，股票的好坏之分就是能否为其带来利润。严格来讲，除了少数亏损股、ST股票的风险较大之外，对于大部分股票来说，时机的选择，即买点的选择尤为重要。

下面，我们结合股票的类型来讲述这些股票的买点选择问题。

首先，依据股本大小，股票可以划分为大盘股、中盘股、小盘股、袖珍股。股市是一个资金驱动的市场，个股的中短期上涨或下跌是由资金的进出决定的。如果一只个股的总股本很大，推动它上涨所需的资金就要更多，这类股票往往活跃性较差；当然一旦启动，这类股票往往具有很强的短线爆发力。结合当前的 A 股市场来看，总股本小于 5 亿股的股票，股性往往更为活跃，短线交易中可以重点关注。

其次，依据上市公司的基本面情况，我们可以把股票分为绩优股、成长股、绩差股、ST 类股。其中绩优股和成长股最值得关注。

绩优股，顾名思义，主要是指那些经过持续发展后规模较大、市场份额稳定、信誉优良的上市公司的股票。但这类股票往往缺乏成长性，只宜在股市大跌之后，引发其进入低估区间时，中长线买入布局。

成长股也值得关注。企业的快速成长也同步对应着股价的持续上涨，是我们进行中长线布局的最优选择。但成长股较难把握，是股市中的稀缺品种。对于成长股，如果我们认定一家企业未来有高速发展的能力，则可结合股市的震荡在其中短线回调较为充分时买入布局并做好长期持有的准备。但是，买入成长股的风险也是较大的，因为这类股票往往处于较高的估值状态，如果在我们买入之后，企业的高速成长戛然而止，则其随后的价值回归空间还是极大的。

最后，我们可以依据个股的历史波动情况，特别是近一两年内的波动情况，来观察其到底是上下波动幅度远超大盘的活跃股，还是波动较窄的"肉股"。一般来说，在没有题材驱动或重大消息刺激的情况下，个股的股性能够在较长时间内得以保持。只要这类个股有一定的业绩支撑，我们在进行波段操作时，就能够很好地结合它的前期波动情况把握买卖时机。下面，我们结合一个案例来看如何结合个股特性把握买入时机。

图 1-8 所示为大秦铁路 2015 年 5 月至 2019 年 12 月走势图，从个股的基本面可以看出，这是一只业绩长年较为稳定的绩优股。从 2015 年下半年开始，个股受大盘带动，经历了长期、深幅的下跌；2016 年 4 月之后，股价在 6 元区间企稳，跌破了净资产。这表明个股已进入了明显的价值低估区间，随着市场回暖及价值回归，个股将有不错的上升空间。对于中长线交易来说，此时就是一个极好的买入布局时机。

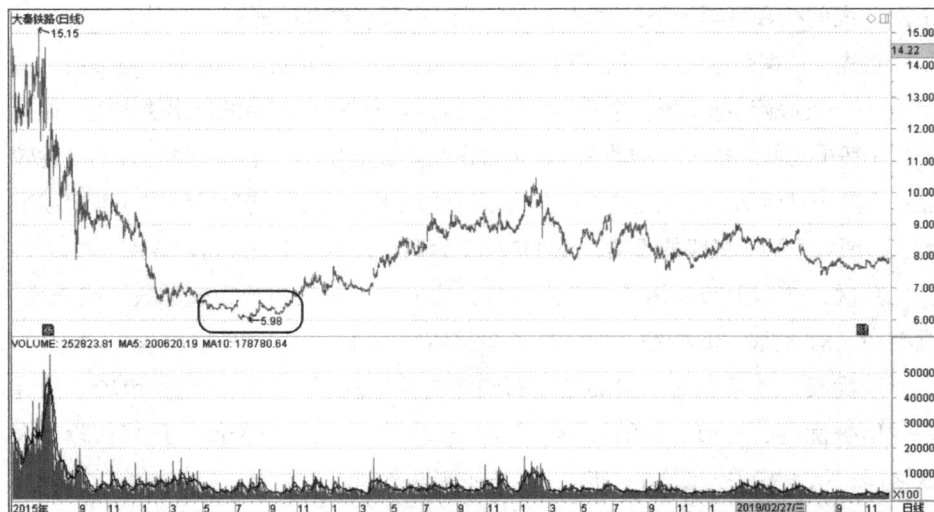

图1-8　大秦铁路2015年5月至2019年12月走势图

无论是中线选股还是短线出击，了解个股的基本面，可以让我们更好地规避风险。毕竟，选择基本面较好的个股，也就意味着掌握了操作上的主动权：涨时，可以减仓、换股；跌时，可以持有、补仓。对于普通投资者来说，以下几个基本面指标值得关注。

1. 市盈率

市盈率也称本益比、股价收益比率或市价盈利比率。市盈率＝（当前每股市场价格）÷（年度每股税后利润）。

股票没有好不好的问题，只有贵不贵、值不值的问题，成长性好的股票若是其股价明显被高估，则仍有着较大的下跌风险。市盈率将每股收益与股价联系起来，帮助我们更好地看清一只个股当前的估值状态是高估还是低估。

市盈率低于20倍的个股更易获主力关注。市盈率也能反映股市整体的估值状态是处于泡沫区间，还是位于价值洼地。以国内股市的历史表现来看，当市场平均市盈率低于20倍时，股市系统性风险较小，有投资价值；反之，当市场平均市盈率超过40倍时，股市存在泡沫，应注意风险。此外，对于不同类型的个股，其合理的市盈率也有所不同。成长性相对较好的行业，如新能源、基因技术、信息安全等，股份可以享有一定的溢价空间，但是其市盈率也不宜超过40倍，30倍左右是较为合理的估值区间。

2. 市净率

市净率 =（当前股票价格）÷（每股净资产），代表的是投资者愿意以怎样的价格购买企业的每股净资产。市净率过低，说明企业没有用好自己的资产来创造利润；市净率过高，往往意味着企业已最大限度地利用了手中的资产来创造利润。在财务管理理论中，这个数值在 3 左右为优良。

3. 净资产收益率

净资产收益率 =（净利润 ×2）÷（本年期初净资产 + 本年期末净资产）。这一数据充分考虑了企业净资产的变化，可以衡量企业运用自有资本的效率，是评估企业获利能力的一个重要财务指标。在选择长线成长股时，连续 3 年净资产收益率较高且营收稳步扩张的企业更值得关注。

1.3.3 K 线准备与模式支撑

趋势决定着买卖策略，但在很多时候，趋势运行状态往往并不明显，这时，K 线模式可以为分时图交易提供很好的指导。当 K 线模式为分时买入信号提供支撑时，我们买入的胜算更高；反之，则会出现偏差。

单根 K 线，我们其实体反映了多空交锋的结果，影线则是多空双方在盘中交锋情况的体现。上影线更多地体现了多方上攻遇阻的情况，下影线更多地体现了空方抛压在盘中遇到的阻挡情况。结合股价的短线波动情况，利用 K 线的实体、影线长短，我们可以很好地了解多空力量的变化情况。

除此之外，我们还可以依据两根 K 线的位置关系了解多空力量的转变。组合 K 线是市场运行轨迹的体现，也是多空能量转变的展示，同样蕴涵了丰富的涨跌信息。

对于分时图交易，K 线的最大作用还是其所呈现的股价运行模式，常见的 K 线模式有突破模式、宽震模式、整理模式、上升模式、下降模式。一笔分时交易是否展开，取决于当前的价格走势处于何种 K 线模式，分时图处于这一模式中的什么点位。例如，当看涨分时图与 K 线的突破模式相伴出现时，就是一个很好的短线切入点。下面结合案例加以说明。

图 1-9 所示为宝泰隆 2019 年 2 月 25 日分时图，当日的盘口分时形态呈现出以下特点。

（1）盘中多次出现流畅的上扬形态，这是主力资金积极参与的标志之一，也是个股短线启动的信号之一。

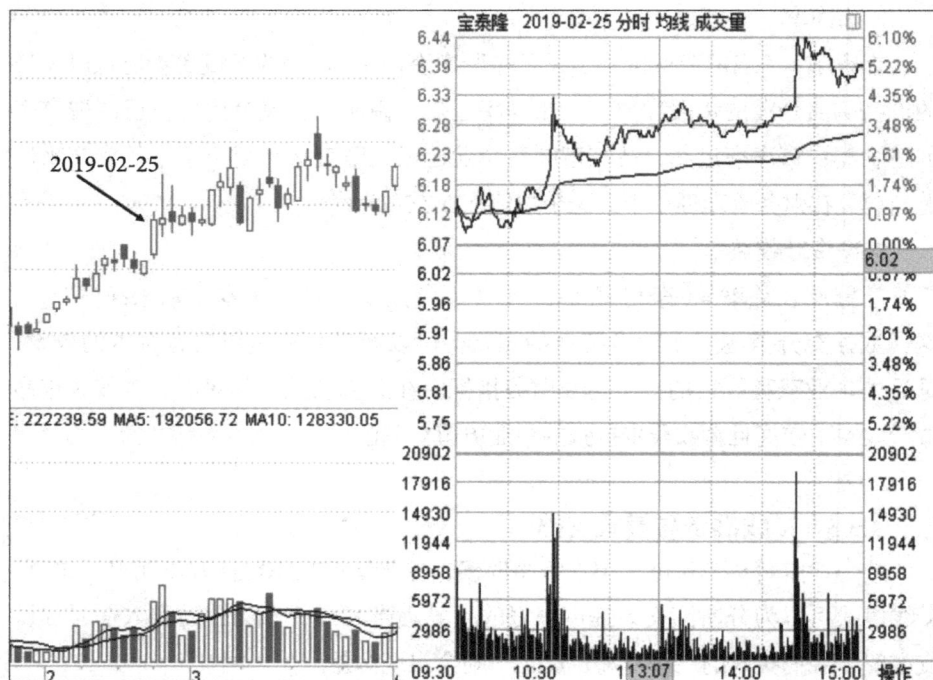

图 1-9　宝泰隆 2019 年 2 月 25 日分时图

（2）盘中回调不踩均价线。在每一波流畅上扬之后，可以看到随后的回落并没有向下靠拢均价线，而是始终与其保持一定距离，这种形态是多方占据明显优势、空方抛压较轻的标志。

（3）盘中股价上扬时，盘口量能充分放大。这体现了买盘资金的大量涌入，是做多动能充足的标志。

综合以上盘口特征，这只个股的短线上涨潜力较大，是看涨信号。从 K 线运行来看，当日处于长期盘整后的突破位置点，分时图的上涨形态与 K 线的突破模式相伴而出，这就是一个可靠的短线买入信号，K 线的突破模式成立，还保证了个股的短线上攻空间。操作中，投资者可以积极追涨买入。

下面我们再来看一个案例，同样是看涨的分时图，当其出现在 K 线模式的不适当位置点时，所发出的上涨信号是否准确呢？

图 1-10 所示为隆基股份 2019 年 9 月 24 日分时图，从分时图来看，早盘及盘中均出现了极为流畅的上扬，上扬时量能放大，大资金推升迹象明显。这样的分时图蕴涵着看涨信号，常常作为短线买入信号。

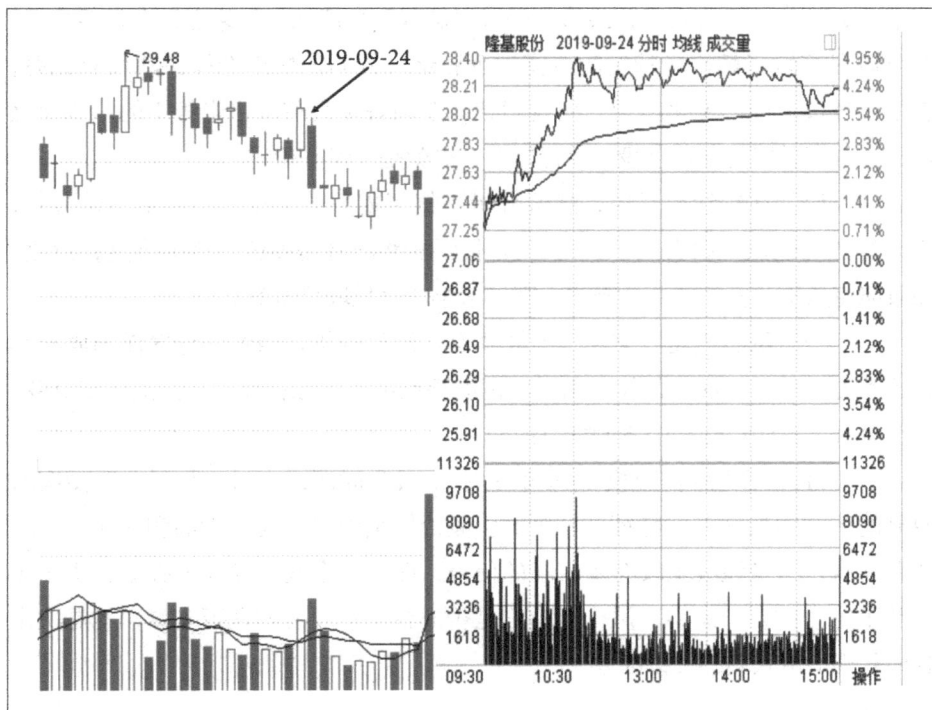

图 1-10　隆基股份 2019 年 9 月 24 日分时图

　　但是从图 1-10 左侧可以看出，个股的运行模式呈现上下宽幅震荡的箱体模式。对于这种模式，当股价到达箭头所指的箱顶位置点时，会受到短线获利盘、中线解套的双重抛压，突破难度极大，这并不是一个理想的短线买股位置点。

　　因而，虽然分时图发出了买入信号，但结合 K 线模式运行来看，短期并非买入时机，追涨的风险较大。利用 K 线模式所蕴含的市场信息，再结合分时图的买入时机，我们就可以更为精准地把握短线交易。

1.3.4　量价准备与信号验证

　　"价、量、时、空"中，价格、时间、空间三者的重要性不言而喻，成交量与三者并列，其重要性可见一斑。从市场含义来分析，成交量是多空双方交锋力度的体现，也代表着主力资金的市场行为。

　　量价分析的实质是动力与方向的分析，不同的量价形态蕴涵了不同的市场信息。很多时候，我们发现价格走势并不见波澜，但随后价格却突然加速上涨或下跌。此时，仅仅依据 K 线形态是难以解释和预测的，如果能结合量能来看，就可以很好地了解市场状况的改变。个股运行方向的快速选择并非没有先兆，它早已通过量能的变化呈现，而我们若能正确解读当前价格走势中的量能变化含义，就可以提前预判个股的运行方向，这就是"量在价先"。

可以说，在短线交易中，量价分析占据了重要的地位。不了解量价分析，不懂得如何运用量价分析，再好的技术手段也将黯然失色、有失准度；反之，如果能将量价分析有效结合起来，则能事半功倍且屡见奇效。

利用分时图实施短线交易，同样要重视量价分析，当看涨分时图与同样具有看涨含义的量价形态相伴而出时，短线买点更为可靠；反之，则宜静观其变、等待时机。下面结合一个案例加以说明。

图 1-11 所示为中信建投 2019 年 8 月 27 日分时图，当日的个股分时图有着明显的多方力量强势的特征。开盘时，股价持续上扬，成交量温和放大，入场资金踊跃，这是短线上攻有望启动的信号；而且，个股收盘前的强势也进一步体现了主力的参与意愿。那么，量价是否配合、K 线模式是否支撑，就是决定我们是否追涨入场的关键因素。

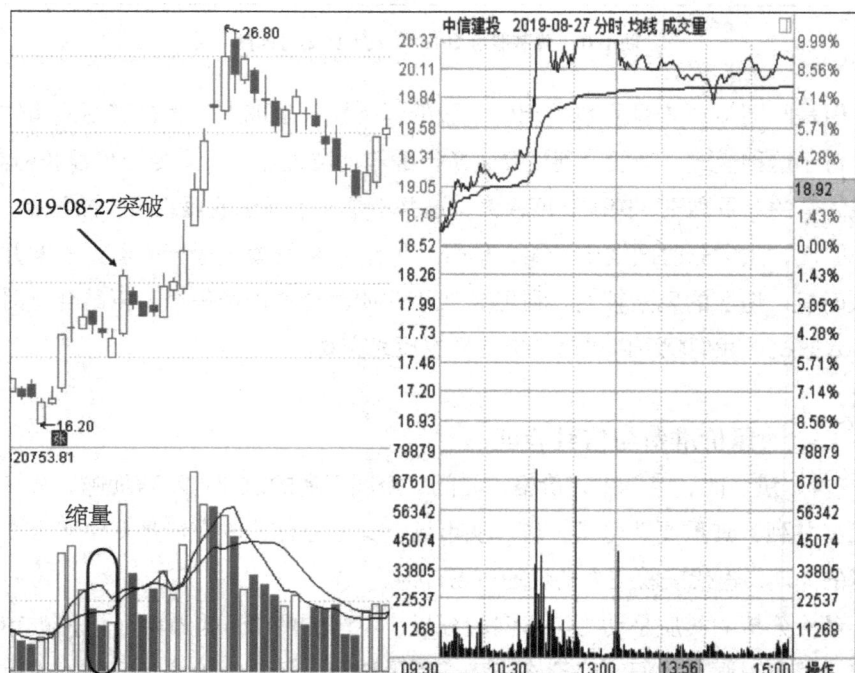

图 1-11 中信建投 2019 年 8 月 27 日分时图

图 1-11 中结合 K 线图来看，当日该股处于突破形态中，短线上攻空间已打开。当日的长阳线突破了短期缩量整理平台，这种缩量平台是市场浮筹相对较少、主力积极锁仓的标志之一，一旦个股开始突破这样的缩量平台，则往往代表着主力的参与行为。

综合分析来看，个股的分时图发出上涨信号，量价关系予以配合，K 线模式提供支撑，因而此时出现了一个明确的短线买入信号，买入的成功率极高。

量价形态是一种重要的判断依据，但在很多时候，个股上涨时并没有明确的看涨量价形态予以配合，此时，我们就要以分时图信号为准了。但是，在实施买入操作时，一旦发现量价形态正发出相反信号，则不宜进行操作，以规避可能出现的短线下跌风险。毕竟，分时图只是当日多空交锋的呈现，多方力量的优势局面可能只是昙花一现，而这往往通过量价形态得以反映。可以说，综合分析的方法是提高交易成功率必不可少的手段。

1.3.5 盘中分时把握最佳时机

与其说分时图是一种短线交易手段，不如说它是一种超短线工具。超短线比短线更进一步，更加注重盘中的最佳买卖时机。这样，在当日买入后，往往在收盘前就可小幅度获利，从而使这笔交易处于主动地位。而量价、K 线等并没有明确的盘中买卖信号，若等到收盘时再决定交易，则运气成分较大，对于超短线来说，这并不是最佳的买卖点。能够体现盘中的买卖时机可以说是分时图独有的魅力之一。

图 1-12 所示为海南橡胶 2019 年 10 月 23 日分时图，个股当日高开后快速上封涨停板，这是一个极为强势的短线上涨形态。但多空力量的转换往往也是十分迅捷的，盘中随后开板、走弱，表明空方抛售明显。结合个股中短线涨幅较大的形态来看，这变成了一个分时图卖出信号。

在操作中，我们要寻找一个恰当的盘中卖出点，当股价反弹至均价线附近时，基于当日空方占优的局面，均价线将有强阻力作用，此时就是盘中的最佳卖点；而如果依据量价、K 线等方式，并等到收盘再决定的话，短线利润就将收窄。

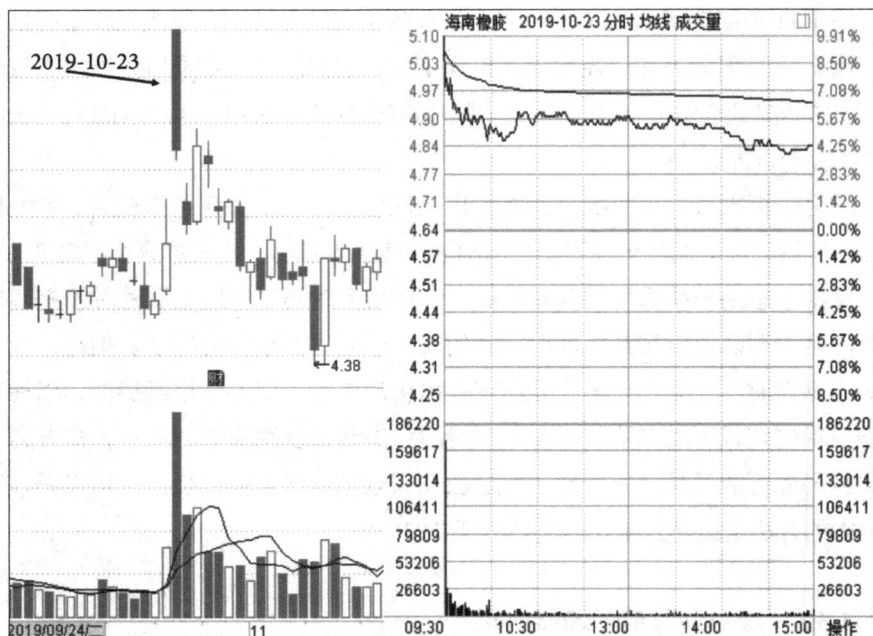

图1-12　海南橡胶2019年10月23日分时图

1.4　多角度理解分时图异动

分时图异动，顾名思义，是指盘中出现了较大幅度的波动，可能是向上飙升，也可能是大幅跳水。对于分时图异动，最直接、简单的理解是源于资金推动，买入的资金更强，则分时上涨；抛售的资金更多，则分时下跌。但是，这只是表面现象，如果不了解资金的买卖方向为何如此，则会本末倒置，无助于我们判断股价运行的方向。

本节中，我们将寻根究底，看看市场及个股的哪些因素影响着场内外资金的流动方向，从而导致了股价的涨跌，这些股价变化的内在因素也为我们进行短线交易提供了明确的方向指导。

1.4.1　从政策面消息角度理解

股市是经济变化的晴雨表，每当国家出台相关的产业政策、区域政策或召开相关经济工作会议时，股市中的相关个股往往就会有一番表现。而且，在所有的题材类型中，政策面消息引发的题材行情，其持续力度、强度以及带动的个股数量,都是最强、最多的。投资者一定要关注政策面消息的导向。

政策面消息主要分为宏观性政策、行业政策、区域政策。其中,宏观性政策,特别是金融领域的政策,对股市整体走向有一定的影响;行业政策、区域政策则分别影响着与其相关联的个股。

在实战看盘中,我们可以从新闻、报纸、网站等渠道及时获取政策面的最新消息;并结合网站上的评论、分析性文章,了解哪些个股将受益于这一政策,其受益程度如何;再结合同类个股的表现分析其影响力度如何,判断其是能够促成短线题材行情,引出一波强势上涨,还是只能引发价格的短暂波动,从而决定是追涨买入还是逢高卖出。需要注意的是,《关于严禁国有企业和上市公司炒作股票的规定》已禁止国有企业和上市公司炒作本公司的股票,但实际操作中有关现象并未杜绝,在分析个股时,请投资者注意此类消息,需谨慎投资。

图 1-13 所示为完美世界 2019 年 11 月 19 日分时图,个股当日开盘后快速冲高,经几波上涨后强力封板,分时图异动明显。那么,引发个股如此强势上涨的原因是什么呢?结合同期的政策面消息,我们可以更好地理解。

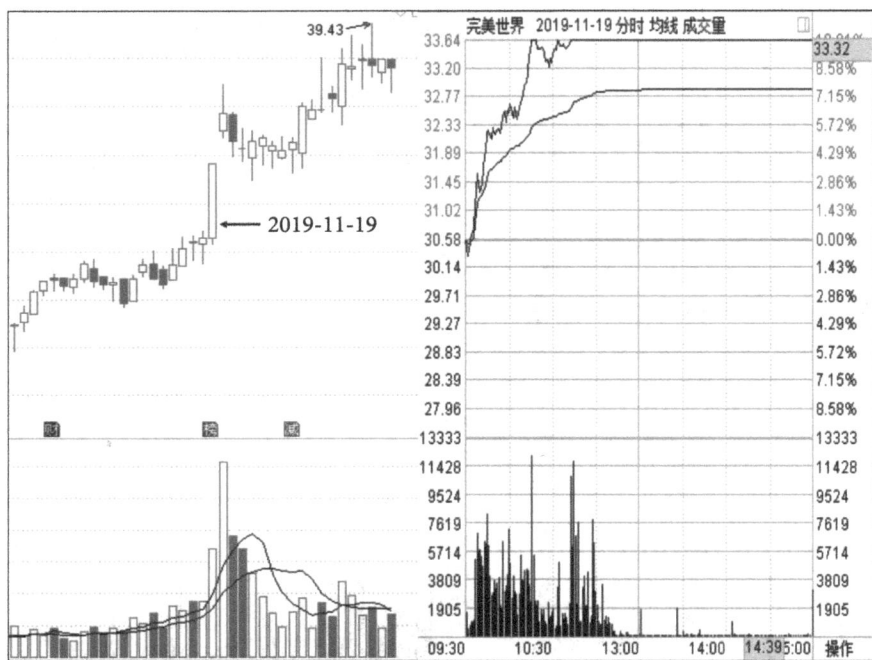

图 1-13 完美世界 2019 年 11 月 19 日分时图

个股上涨当日,谷歌云游戏上线,成为 5G 技术新的落地应用场景,市场中的资金至少在下一个 5G 技术应用场景落地之前看好游戏行业，所以长城动漫、完美世界、掌趣科技等个股都呈现上涨趋势。

1.4.2　从个股关联消息角度理解

对于上市公司，一些实质性的消息对其价格走势有着重要的影响。无论是短线上的快速波动，还是中线上的大级别方向选择，只有正确解读消息性质，结合个股当前所处的位置区间及消息对价格波动方向的影响，我们才能在交易上"领先"于股价。

一般来说，业绩持续增长、产品供不应求、技术研发获得突破、确定重组方向等利好性消息，对股价的上涨具有较强的支撑作用；反之，业绩下滑、产品滞销、工人罢工、受到处罚、重组遇阻等利空性消息则有较强的助跌作用，对股价的上涨也会形成压制。而一些特别重大的利好或利空消息，如重大资产注入或重组失败等消息公布时，股价的走势往往是连续的涨停板或跌停板。

图 1-14 所示为海正药业 2019 年 10 月 31 日分时图，个股当日拉出长阳线涨

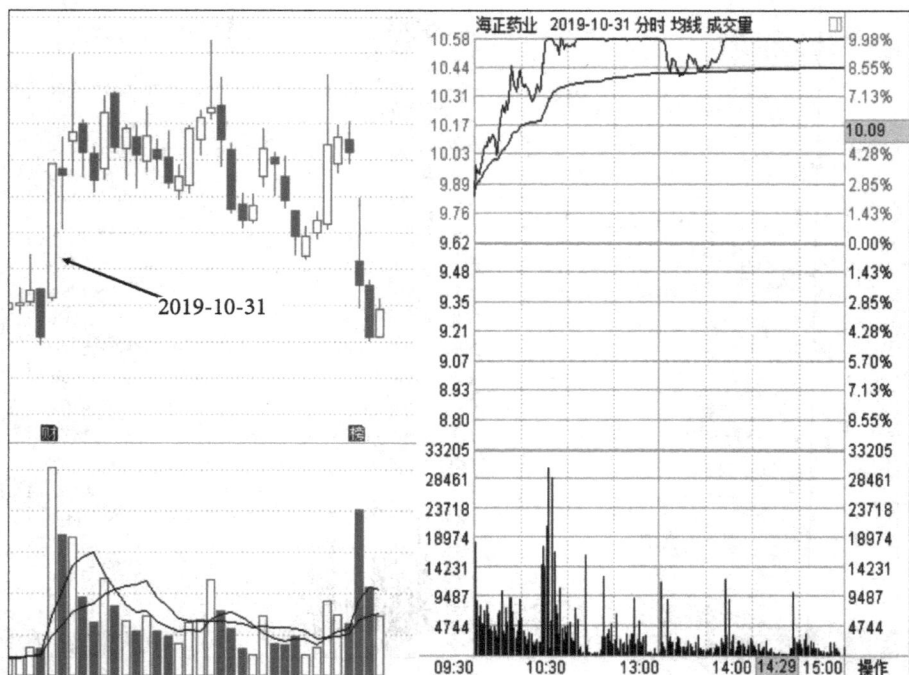

图 1-14　海正药业 2019 年 10 月 31 日分时图

停，盘中走势相对较强。从 K 线图上看，股价一举突破了低位整理区，股价的这种异动与该股当日发布的消息面有关。

当日涨停源于海正药业发布的 2019 年三季度报表中的巨额净利润，但如果我们仔细看财务报表，会发现其 2019 年三季度的扣非净利润还亏损了 4 亿多元，巨额盈利则来自非经常性收益；并且海正药业宣布改革后，出售了部分股权，走聚焦、优化的路线，三季度报表是企业改革的一份答卷，但这份答卷并不令人满意，因此仅在报表公布当天引发了一天的行情异动。

改革并不容易成功，所以无法引发更加持久的共识，在长期震荡之后，股价又回到了前期的位置。

1.4.3　从市场消息角度理解

股票市场是一个敏感的市场，很多消息，即使是并不确定的消息也能对个股走势产生明显的影响，因为投资者都有这样的共识：等到消息明朗时再实施买卖交易，或许为时已晚。利空性的消息多会使股价盘中跳水，利好性的消息则会使股价盘中飙升。

市场消息也是一种预期，反映了市场对于个股的态度，表明市场是看到它正向、积极的一面，还是看到它隐藏、消极的一面。在市场消息的推动下，一些个股即使业绩不佳，也能强势上涨，原因就是如此。当我们发现某只个股不明原因地强势上涨或独自跳水，而企业同期也没有发布消息时，不妨关注此股同期是否有相关的市场消息，这对于我们分析个股短线走向有一定的指导性作用。

实盘交易中，对于股价盘中不明原因的异动，我们可以结合同期市场的消息来解读，并且应结合个股当前所处的位置点——高点位出现利空性消息预示着较大的风险，而低点位的利好性消息则隐藏着会出现波段行情的信息。下面我们结合一个案例加以说明。

图 1-15 所示为东方通信 2019 年 2 月 11 日分时图，个股在盘中快速拉升并最终上封涨停板，盘中的这种明显的异动走势源于市场的一种预期，也可以理解为市场消息。

2019 年 5G 正式开启商用，5G 相关个股都不同程度地上涨。东方通信股票简称中有"通信"二字，也被大家误认为有 5G 概念，即便东方通信发出声明表明自己与 5G 概念并不相关，依然抵挡不住资金涌入。

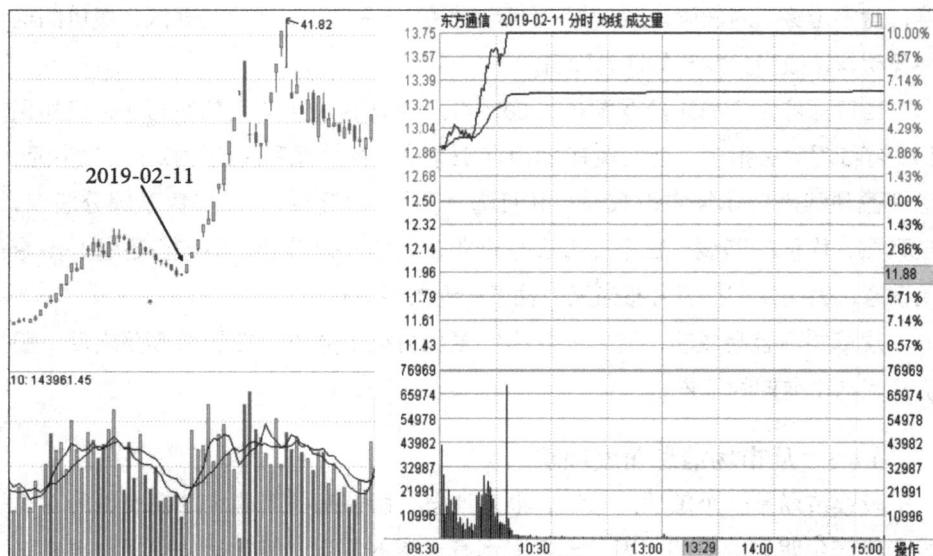

图 1-15　东方通信 2019 年 2 月 11 日分时图

1.4.4　从大股东增减持、解禁角度理解

大股东的市场行为往往既改变着股票筹码的供求关系，也影响着投资者的买卖决定。大股东在二级市场中的增持、减持行为不仅体现了自己对企业未来发展前景、当前估值状态的一种判断，也会对市场投资者产生巨大的心理影响。

一般来说，增持对二级市场走势有利好作用，当这种市场行为出现在股价明显的低位区时，个股的中波段上涨行情有望借此出现；减持对二级市场走势有利空作用，当这种市场行为出现在股价明显的高位区或下跌途中时，个股的中波段走势看跌。

除此之外，有一种情况值得我们重点关注，那就是限售股的解禁。限售股主要有两种情形。

一种是企业作为新股登陆股市，即 IPO（Initial Public Offering，首次公开募股），网下申购的股份锁定期限为 3 个月（自新股上市之日算起）；IPO 前的股东所持有的股份一般锁定 12 个月，但控股股东及实际控制人持有的股份要锁定 36 个月；IPO 前 12 个月内增资扩股的股份要锁定 36 个月。

另一种是老股的定向增发，参与增发的持有者股份的锁定期为 12 个月。

其中，"IPO 前的股东持有的股份一般锁定 12 个月"，是我们在参与新股交易时要重点关注的。由于一级、二级市场的巨大差价，持股者拥有巨大的获利空间，因此往往都有着较强的抛售意愿，在解禁前后会引发股价的快速下跌。这种下跌无论是因为解禁股的抛售行为，还是因为持股者出于对解禁的担心从而集中离场的行为，都是个股风险的表现。

图 1-16 所示为分众传媒 2019 年 4 月 25 日分时图，当日开盘后股价放量跳水，盘中走弱，尾盘再度跳水，收盘时跌幅超过 9%。查看个股中短线走势，股价已处于相对低位，消息面上也没有利空，但为什么仍出现了这种放量大跳水的盘中走势呢？其实，如果仔细分析就会发现，这与个股即将迎来的解禁潮有关。

图 1-16　分众传媒 2019 年 4 月 25 日分时图

分众传媒在 2019 年 1 月解禁的可售股数量为 62.65 亿股，解禁可售数量占比 42.68%。在如此多的解禁抛压预期与抛压之下，分众传媒的股价从 2018 年 7 月开始下跌，一直跌至 2019 年年末才企稳。

1.4.5　从大盘带动角度理解

虽然指数的运行只是市场平均化的一种表现，但是在实际表现上，大盘指数的上下波动对个股有着很强的影响力。很多个股之所以能在午盘后出现强势、看似独立的飙升走势，往往与当日早盘阶段指数的稳健运行密不可分；反之，一些个股在没有传闻或消息触发的情况下出现"莫名其妙"的跳水，往往也正是源于当日指数的弱势运行。

个股在股市中运行，虽然其走势具有一定的独立性，但是却受到大盘极大的影响：大盘上涨表明市场人气较高，个股多会随之上扬；反之，大盘跳水会引发场内资金担忧，个股多会随之跳水。在参与股市交易时，我们一定要关注大盘的运行状况，没有一个稳健运行的指数就没有足够的人气，个股也难有好的表现。此时，投资者更应持观望态度，等待时机，而不是勉强交易，否则一旦资金被套牢，就丧失了股市交易的主动权。

图 1-17 所示为华能国际 2019 年 11 月 8 日分时图，当日开盘之后，个股处于小幅度下跌状态。从日 K 线图来看，此时的阶段性回调幅度已经相对较大，那么，在这样的情形下，为什么尾盘阶段又出现了放量跳水呢？其实，这与当日大盘的弱势运行有关，正是大盘的弱势下跌格局引发了资金的集中出逃。

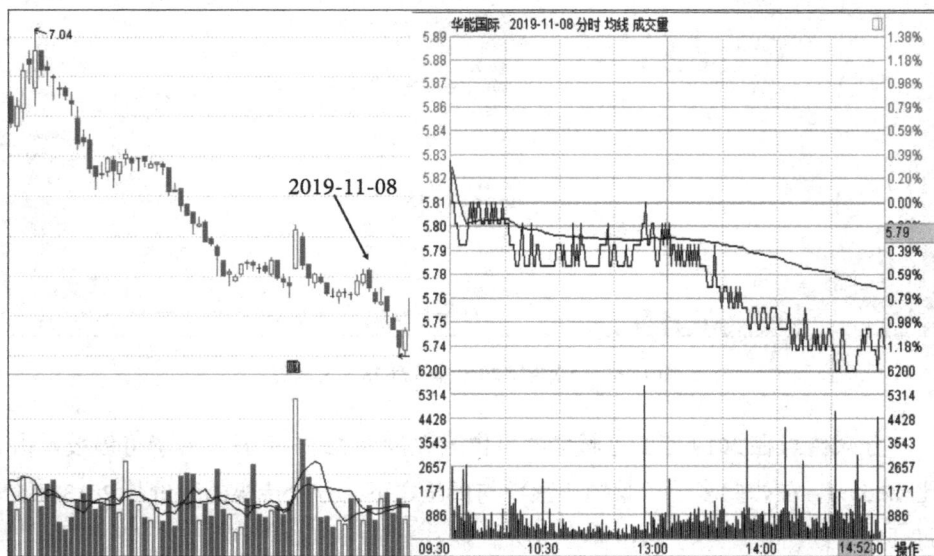

图 1-17　华能国际 2019 年 11 月 8 日分时图

图 1-18 所示为上证指数 2019 年 11 月 8 日分时图，当日大盘走势很弱，午盘前、收市前均出现了小幅度的跳水。而且，当日的权重股走势相对较强，这

使得中小板块个股的跌幅明显高于指数，市场处于弱势格局中。日 K 线图上，指数处于反弹后的高点，短期内仍有下跌空间，因此在操作上，我们一定要结合大盘的走势。对于该指数，若当日抄底入场，投资者将被短线套牢。

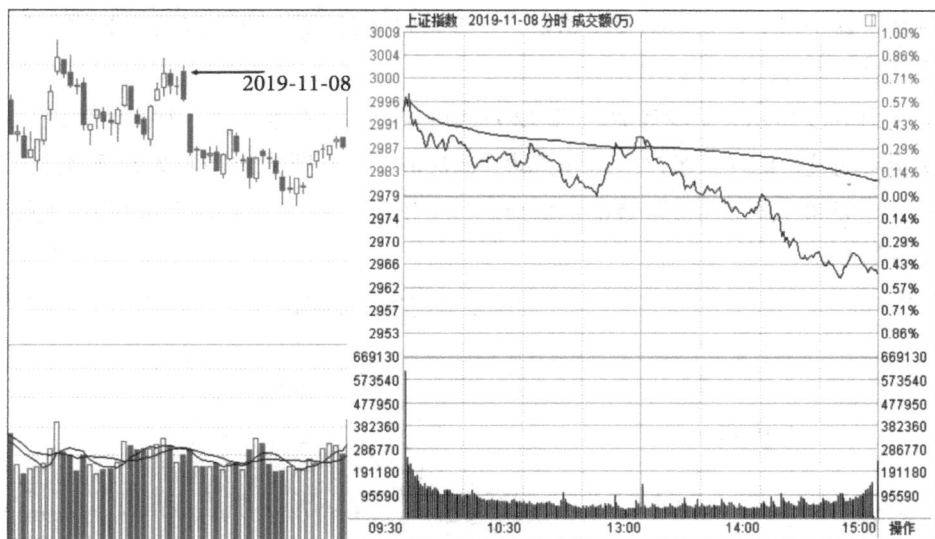

图 1-18　上证指数 2019 年 11 月 8 日分时图

1.4.6　从热点题材角度理解

题材也是使股票价格上涨的一种因素，它能够打开市场的想象空间，激发投资者的投资热情。题材的类型多种多样，如高送转题材、资产注入题材、扭亏为盈题材、产品涨价题材、股权或土地增值题材、体育活动或重大庆典题材等。凡是可以引发投资者关注、吸引资金参与的相关事件，都可以成为热点题材。

在使用题材这个概念时，我们主要指的是一类个股，而非某只单独个股。某种题材必然涉及多只个股，这个题材若成为某个阶段的市场热点，则这些题材股就构成了当时的热点板块，而这个板块的组建由于有着很强的实时性，是与当前热点挂钩的，所以这个板块在股票行情软件中一般是查不到的，但我们仍可以将其称为板块。

热点题材股常常能演绎出完美的短线飙升，这种上涨看似不牢靠，但是从中短线的角度来看，题材股却完美地诠释了"强者恒强"这个股市定律。很多题材股甚至能够实现中线级别的大幅度上涨，这正是源于资金驱动，也反映了股票投资重在预期的股市特点。

在股市企稳的背景下，我们会发现很多大盘股、绩优股的上涨情况并不理想，这时能创造高额利润的并不是那些所谓的蓝筹股、绩优股，而是题材股。认清了这个事实，我们就要遵循它，多参与题材股，远离那些毫无题材面、与市场热点相去甚远的冷门股。

图 1-19 所示为漫步者 2019 年 12 月 4 日分时图，午盘之后，个股节节上扬，资金参与迹象明显，盘口的这种异动是偶然波动吗？图 1-20 所示为赣锋锂业当日的分时图，虽然与漫步者的盘口形态有所不同，但其收盘前同样出现了大幅度的飙升。

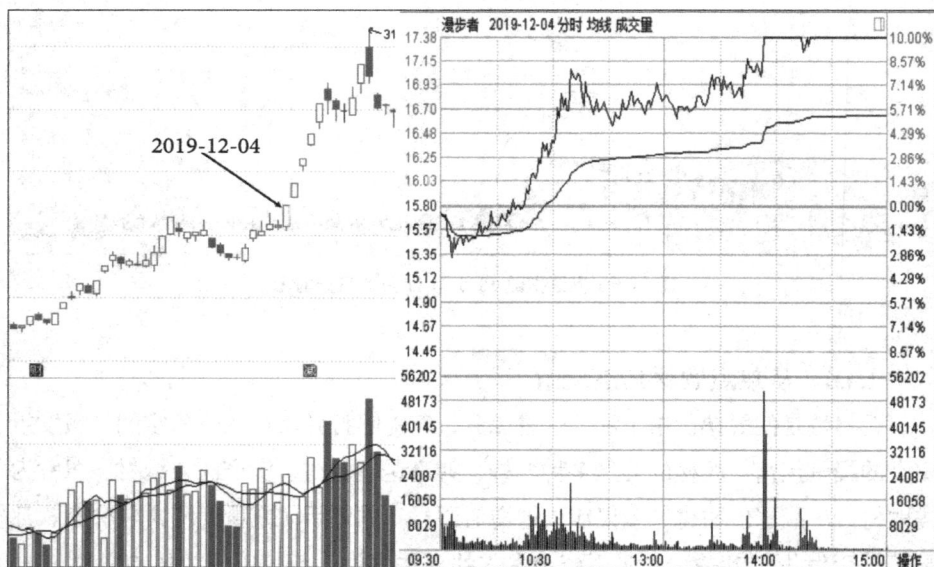

图 1-19　漫步者 2019 年 12 月 4 日分时图

看似毫无关联的两只股票，它们的盘中异动原因却是相同的，都是市场对于智能穿戴题材股的参与。

结合当时的消息面来看，在国内的无线耳机呈现出风生水起的繁荣景象之际，智能穿戴将成为新零售概念之下的新风口。

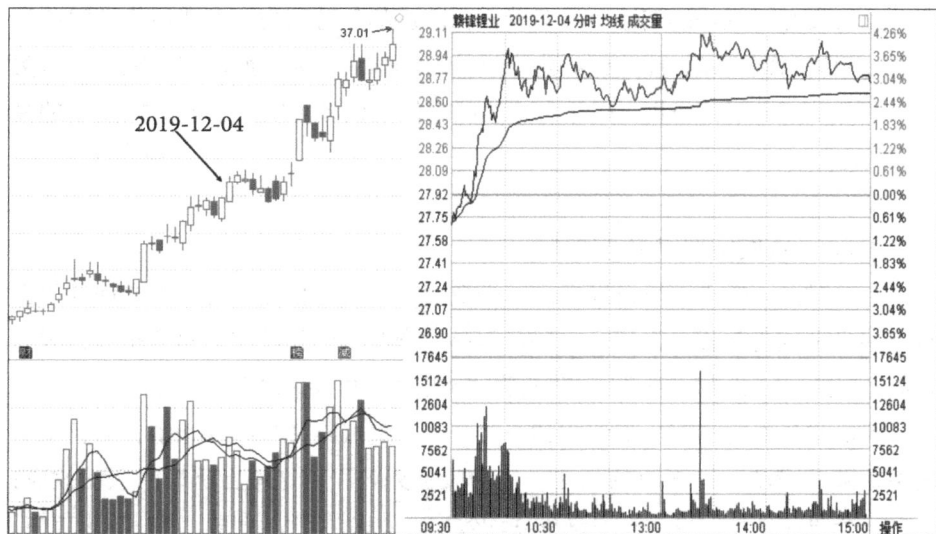

图 1-20 赣锋锂业 2019 年 12 月 4 日分时图

1.4.7 从龙头股角度理解

龙头股是一个纯粹只适用于二级市场的概念，是指在某段时间内，涨幅、涨势均领先于同类股票的极少数个股。在同类热点股票中，虽然大多数的走势都强于大盘，但真正的龙头股往往只有一两只。

股票市场中的热点往往是以板块的方式呈现的。所谓板块，就是有着共同属性的一类股票的集合。常规上，划分板块的标准主要有 3 个：行业、地域、概念。除此之外还应引入题材，具有相同题材的一类股票也可以划分为一个板块。对所有股票进行板块式划分，既是为了统计分析，也是为了向投资者更好地呈现市场的运行情况。如果某一板块在某个阶段的走势明显强于大盘，其中一些个股甚至出现大幅飙升，这样的板块就可以称为热点板块。

在某一段时间内，热点板块的整体表现会明显好于大盘，但是，热点板块中的个股也往往分极明显，有的个股强劲飙升，有的个股却走势平平。因此，仅识别热点板块是不够的，如果错误布局了热点板块中的"肉股"，同样难有斩获。这时会有一些个股因为盘小绩优、题材纯正、想象空间大等原因获得主力资金的重点参与，它们无论是从涨幅还是涨势来说，几乎都是同一板块中最为突出的个股，这就是龙头股。

龙头股对同板块的其他个股有着极强的影响和号召力，龙头股上涨时冲锋在前，回调时则抗跌，能起到稳定市场信心的作用。龙头股的涨跌往往对同类个股的涨跌有着示范作用。关于龙头股的案例，读者可以参考图 1-19 所示的漫步者的走势。

1.4.8　从板块联动角度理解

一些时候，热点板块已经形成，少数相关个股也扶摇直上，但是往往仍会有一些品种的走势相对滞涨，这些看似是"肉股"的品种实则暗含机会，因为它们随时有可能成为补涨品种，我们称这种现象为板块联动效应。

板块联动效应指同一板块内的个股，某一只或某几只率先上涨，而且涨势凌厉，随后带动了同板块的其他一些个股强势补涨，这是上涨时的联动效应；反之，个股在下跌时也存在着这种联动效应，此时体现为补跌。现在的股市中，板块内个股之间的联动效应显著，同类题材股之间的联动性也极强，如果我们未能及时捕获龙头股，那么在龙头股已经诞生的情况下，不妨把重点放在有潜力的补涨股上。

如何更好地挖掘补涨品种？同一板块中的个股数量众多，若不能准确辨识，即使知道将有补涨品种出现，也无济于事。一般来说，我们采用横向比对与纵向比对的方法进行辨识。

（1）横向比对。将处于同一热点板块中的上市公司按主营业务、业绩、股本等进行排列，如果发现某只股票的主营业务与当前板块中的领涨股的主营业务基本一致，但其总体涨幅较小，则可以考虑买入。这类个股随后出现补涨的概率极大，有些补涨品种甚至可能会出现后来者居上的情况，特别是一些热点性较高的题材，其补涨品种的上涨潜力往往极为惊人。

（2）纵向比对。指不局限于分析当前的热点板块，而是分析与当前热点板块相关的行业及企业。如果某家企业身处热点板块的上、下游行业，拥有同样的受益题材，而其股价仍旧在低位蛰伏，那么这样的股票很有可能成为后续的补涨品种。这种方法在强势市场中较为有效，在弱势市场中用处不大，毕竟弱势市场中的入场资金较少。

图 1-21 所示为宝钢股份 2019 年 11 月 19 日分时图，个股在尾盘出现了异动，这是短线启动信号还是偶然波动导致的？离开市场或板块以孤立的方式分

析个股显然不是一个好方法，这是一只钢铁股，所以我们不妨关注一下同类个股的表现。

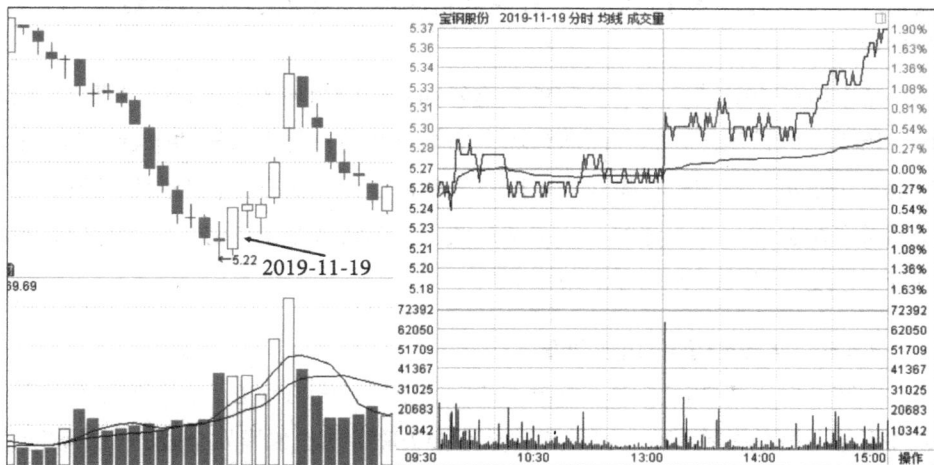

图 1-21 宝钢股份 2019 年 11 月 19 日分时图

查阅股票行情软件就会发现，它属于钢铁板块，在此之前，很多钢铁股均出现了不俗的反弹上涨行情。图 1-22 所示为华菱钢铁 2019 年 9 月至 2020 年 1 月走势图，在 2019 年 11 月 19 日之前，股价反弹幅度达到了 10%。此外，我们

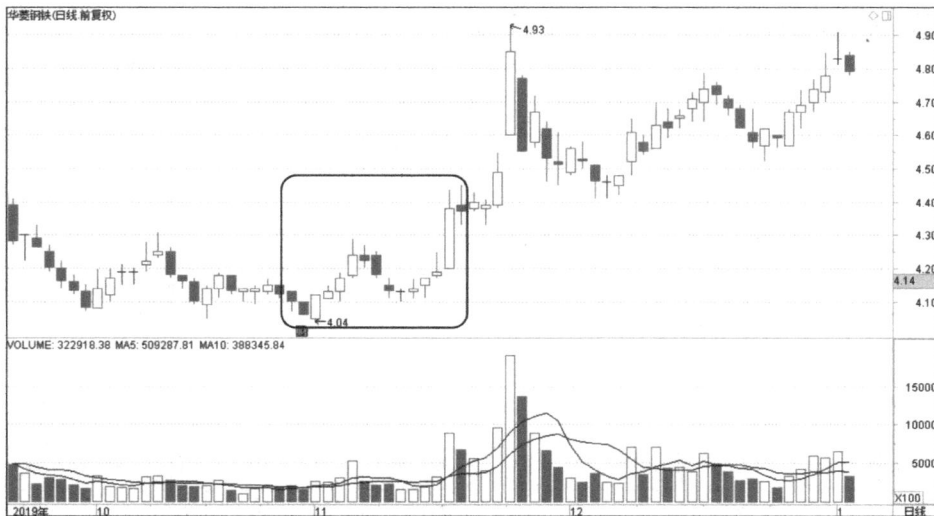

图 1-22 华菱钢铁 2019 年 9 月至 2020 年 1 月走势图

发现三钢闽光、久立特材、永兴材料、杭钢股份、新日恒力等同类个股短线的反弹力度均较大。这提示我们钢铁行业是当前市场资金关注的热点之一，虽然没有连续涨停的"黑马"股，但是那些仍旧蛰伏于低位的零售股可能存在一定的补涨空间。

宝钢股份2019年11月19日的尾盘异动是一个明显的信号，此股盘小、绩优，历史上股性活跃，结合同期市场上的热点及当日的盘口异动来看，其有望出现补涨走势，投资者在操作中可以积极关注。此股次日并没有大幅低开，而是回补了尾盘的异动上涨空间，这是短线上攻趋势较强的信号。在操作中，投资者可以及时买入，从补涨行情中获利。

1.4.9 从场外事件角度理解

影响个股走势的因素绝不仅限于政策、个股、题材等方面，一些社会生活事件看似与股票关系不大，甚至没什么直接关联，却也能引发个股的短线波动，这就是场外事件因素。场外事件多种多样，例如某项科学研究取得突破，可能一些坐拥相关材料的企业就会获得市场关注，从而导致股价呈现短期强势格局。下面结合一个案例加以说明。

2020年1月3日出现的突发新闻，引发中国石油的股价自盘中拉起，突破了前期高点，至于后势如何，就要看国际局势如何发展。如图1-23、图1-24所示，中国石油、泰山石泊的股价都在当天有不同程度的上涨。

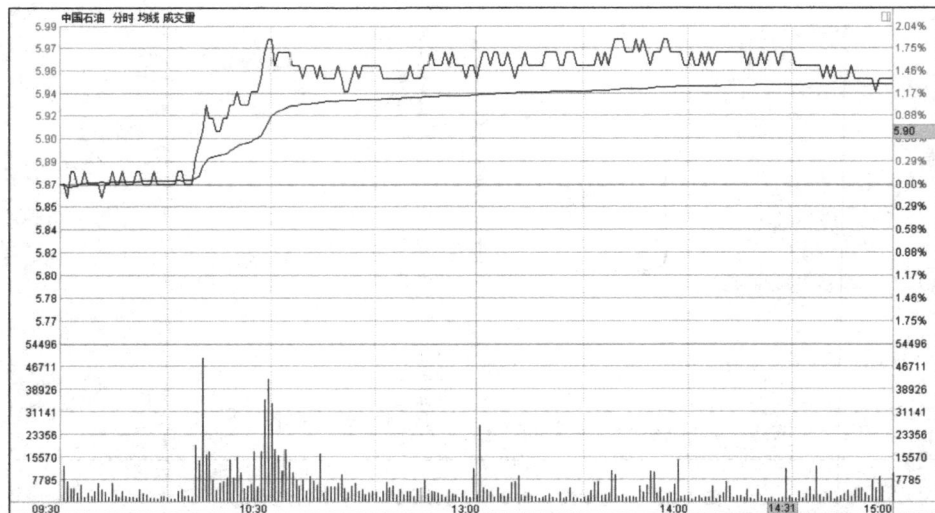

图1-23 中国石油2020年1月3日分时图

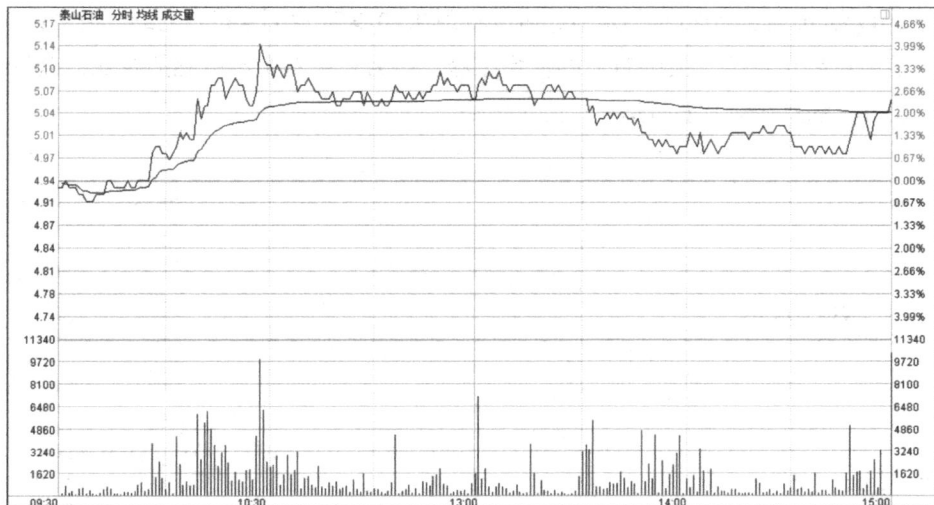

图1-24　泰山石油2020年1月3日分时图

但是，国际局势变幻莫测，场外事件对个股走势的影响往往是极为短暂的，投资者如果追涨买入，很有可能被短线套牢。在实盘交易中，投资者应充分注意到追涨此类股票的风险并控制好仓位。

1.4.10　从原材料价格角度理解

原材料是一个通俗的说法，它是指企业生产制成品时直接需要的材料。企业获得原材料可以以进货的形式，也可以以自己开采、种植、大量囤货的形式。形式上的不同，造成了原材料价格的波动，从而影响着企业业绩。

关于原材料对企业的影响，我们不妨借助大宗商品来理解。大宗商品指同质化、可交易，被广泛作为工业基础原材料的商品，如原油、有色金属、农产品、铁矿石、煤炭等，分为能源商品、基础原材料和农副产品3个类别。大宗商品的价格波动幅度通常较大，这对相关上市公司的业绩造成了明显的影响。

例如在股市中，我们可能会发现这样的情况：一个较长的节假日之后，黄金类股票的价格直接大幅度高开。如果从原材料价格来分析就很好理解了，这很可能是因为放假期间的国际金价出现了较大幅度的上涨。

图1-25所示为中金黄金2019年12月4日分时图，个股当日大幅高开，突破了低位整理区间，盘口中的这种异动源于金价的变化。图1-26所示为黄金主

连2019年10月至2020年的走势，可以看到在2019年12月4日之前的一波变化，因黄金价格出现了一波强有力的反弹上涨，作为一家对金价敏感的企业，金价的反弹上涨直接对其股价运行产生了影响。

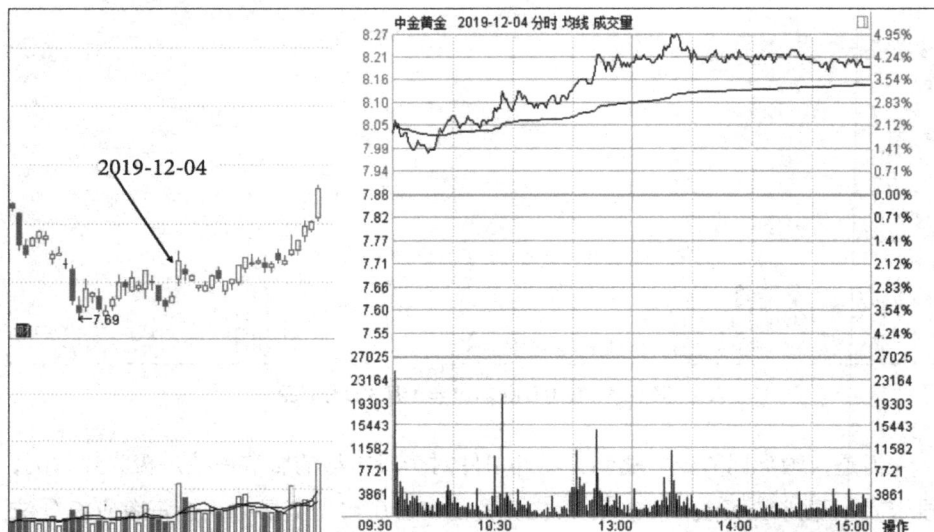

图1-25　中金黄金2019年12月4日分时图

图1-26　黄金主连2019年10月至2020年1月走势图

　　从图 1-25 左侧的日 K 线走势来看，个股于 2019 年 12 月 4 日高开突破后，出现了一波极为强劲的上攻行情，这也说明原材料价格的变化对股价的运行有着很强的影响，而且其影响还有一定的持续性。在操作上，我们应把握这个特点，在股价刚展开突破时及时买入布局。

1.4.11　从外围市场波动角度理解

　　全球经贸往来的频繁促成了各国、各地区股市之间的相互影响，特别是美国股市，它的走势直接影响着欧洲股市。当美国股市短期波动幅度较大时，它对国内的 A 股市场同样有一定的影响，虽然这种短期影响更多是源于心理层面。

　　美国股市交易的时间段为：夏令时晚上 9：30—次日凌晨 4：00（北京时间），冬令时晚上 10：30—次日凌晨 5：00（北京时间）。在 A 股每日开盘之前，美股已经结束了最近一个交易日的交投。若美股在最近一个交易日出现了大幅度的波动（如大幅度的上涨或下跌），往往会对 A 股当日的开盘及盘中走势产生明显的影响。由于股市对场内外的利空或利好消息具有放大效应，在 A 股市场处于明显的弱势或强势状态时，外围市场的暴涨暴跌对 A 股的短期影响往往十分显著；但当 A 股处于较为独立的震荡整理格局中时，外围市场波动的影响力度则大大减弱，大盘运行有着更强的独立性。

　　各个国家是完全不同的经济体，外围市场波动对本国股市产生的影响是极为短促的。但是，如果外围市场连续向某个方向大幅度变动，则要注意其影响力的累加性，在操作中，投资者应调整仓位以便更好地应对。

1.4.12　从主力行为角度理解

　　主力与散户的交易风格是不同的，主力的实力强大，信息优势明显，对个股及市场热点的判断也更为精准，他们是个股走势的引导者，一些吸筹数量较多的主力有着很强的买卖能力，能引导个股的走向。

　　可以说，有主力参与的个股，当其开始向上运行、突破启动时，个股的短期及中长期一般会存在着较为强劲的上涨力度。若能很好地辨识出主力的参与行为，我们就可以第一时间跟进买入，从而实现最佳的时间收益比。

　　当然，主力的买卖信息是不会透露给市场的，但主力的买卖行为是可以反映在盘面形态上的。从技术分析的角度着手，我们是有能力把握主力动向的。

盘口分时图形态往往就是最好的切入点，无论主力吸筹、拉升还是出货，一些典型的盘口分时图都会呈现主力的市场行为；反过来，也正是主力的相关市场行为造就了这些形态特征明显的分时图。

从主力市场行为的角度来分析，我们对于分时图的异动形态就有了更进一步的认识，而不再局限于表面的多空交锋。此时，我们了解到充当多方或空方的很可能就是主力资金。在此基础上，结合主力的买卖流程、股价的中短线运行情况，我们就可以更好地把握个股当前处于主力参与的哪个环节，进而展开相应的买卖操作。

很多时候，若结合主力的因素来分析个股的盘中运行，问题往往会迎刃而解，特别是当个股没有消息刺激或题材驱动时，这种分析思路做出的判断往往更为准确。下面结合一个案例加以说明。

图 1-27 所示为中远海能 2019 年 12 月 26 日分时图，当日个股小幅低开高走，盘中持续走高，入场资金踊跃，全天的交易量较大，当日的分时运行也很强势，分时线基本站于均价线上方。结合个股当前所处的位置区间，这很可能是主力吸筹（或加仓）、有意参与个股的信号。

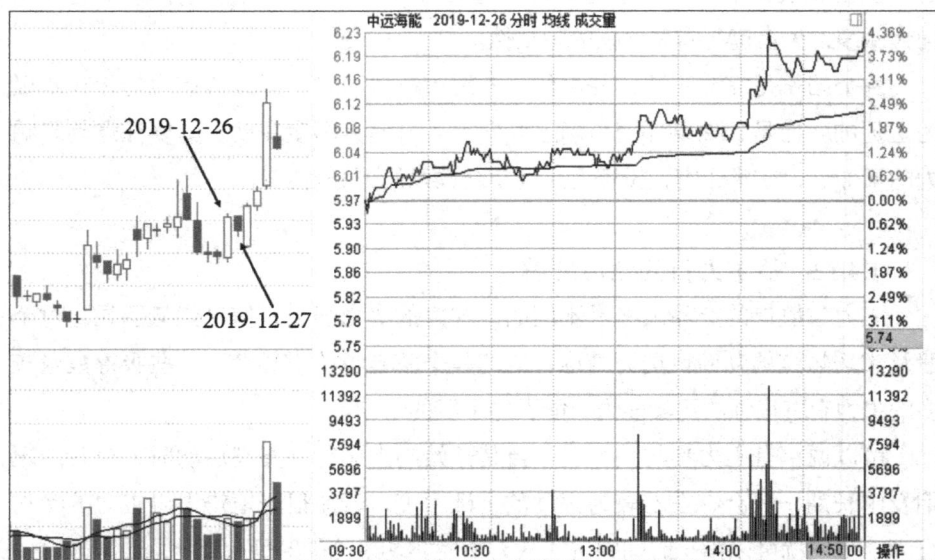

图 1-27 中远海能 2019 年 12 月 26 日分时图

但是，当日的量能放大较为明显，说明短线获利抛压较重。在操作中，投资者可以继续观察，此时个股刚刚突破低位整理区，如果有主力积极参与，在主力锁仓、买卖的情况下，股价是有能力在这个突破点站稳的。图 1-28 所示的分时图给了我们进一步分析、判断的依据。

图 1-28 所示为中远海能 2019 年 12 月 27 日分时图，当日个股高开低走，全天走势较弱。虽然是弱势型的分时图，但当日量能较上一交易日的量能显著缩小，突破点出现大幅缩量伴以分时图中小幅度的高开低走的弱势形态，这可以看作是主力在参与前的一次短暂整理行为。正是因为主力的积极锁仓，市场浮筹相对较少，才形成了这种缩量回落的形态，这也验证了图 1-27 中对主力参与行为的推断。

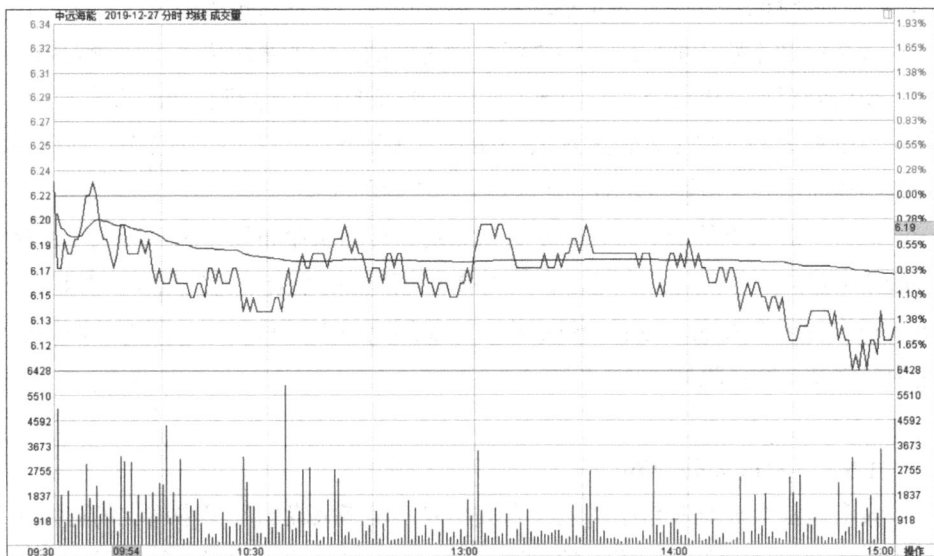

图 1-28　中远海能 2019 年 12 月 27 日分时图

在操作中，借助分时图及中短线股价位置等盘面信息，从主力市场行为的角度来分析、判断，投资者可以对价格走势做出更好的预测。

1.5　对交易的风险意识

如果把股票交易比作游戏，那它恐怕是这个世界上最具有"魔力"的游戏之一了，它可以让我们的资金快速增长，也可以让其快速缩水。在股票交易中，短线投资与长线投资很难划清界限，当我们想要短线投资、博取短期收益时，却发现那些长期蛰伏的白马股启动了；当我们想要长线持有、买入白马股获取分红时，却发现市场上的题材股一片火热，"涨声"不断。

可以说，市场总是充满魅力的，而我们却总是踏错节拍，不仅失去了机会，还放大了风险。股市中的风险用文字来说明总是显得苍白无力。本节我们将在了解个股风险及系统风险的前提下，结合一些常见的股市风险类型来讲解，以帮助读者对股市风险形成一个相对全面的了解。

1.5.1 个股风险应对

个股风险也可以称之为非系统性风险，是指个股及其相关联的一些个股出现了大幅度的下跌走势。这可能是消息面诱发的，例如重组失败、业绩大幅下滑、受到处罚等，也可能是一些场内外事件诱发的，如解禁股抛售、估值过高、停牌后的补跌等。总之，在大盘风平浪静的情况下，一些个股完全有可能因自身的问题而出现"雪崩"走势，这就是个股的风险所在。

规避个股风险的最好方法就是分散布局，即将资金布局在多只股票上，这些股票最好来自不同行业、地区，是具有不同属性的个股。我们只要看看基金、机构投资者就会发现，他们一般都不会过于重仓持有某只股票，其中的原因就是为了规避个股风险。

1.5.2 大盘风险应对

大盘风险会波及股市中的绝大多数个股，是指大盘出现了中线上的持续下跌（累计跌幅较大）或短线上的快速下跌。在大盘风险出现时，往往只有占比极少的一些股票能够逆市抗跌，不随之跳水，考虑到股市中有几千只个股的事实，我们能买到这类股票实在是一个小概率事件。这也提示我们，分散布局的方法是无法规避大盘风险的。

对于大盘风险，我们一般无法完全规避，但可以通过交易方式尽可能地保护本金安全，争取在大盘风险出现时减少损失，其中最好的一个方法就是灵活的仓位控制。

之所以说灵活，是因为在仓位控制上，我们要结合市场来把握，当股市气氛节节高涨、一片拉升时，股市往往也处于整体高估的状态，投资者基于眼前的盈利，往往会忽略指数可能出现深幅调整的风险。此时，我们就要择机减仓、轻仓参与，既不至于踏空行情，也不用担心指数可能出现快速调整。

反之，当股市整体经过暴跌，大多数个股已达到或接近历史上的低估区间时，一旦价格走势企稳，则可以适当增加仓位，但要设立好止损价，且也不宜重仓，因为跌势难言底，历史上的低估只可借鉴，不可作为参照。而在处于震荡行情、股市运行方向不明朗时，投资者则可结合股价的上下波动，实施低点加仓、高点减仓的策略，以此来控制风险。

当然，任何一种仓位调度方法都有它的不足之处。例如，对于低位抄底的交易，投资者是以重仓博取行情反转的收益为首要目标，还是只是适当参与，以规避破位下行的风险为首要目标，这既与技术分析能力、经验积累直接有关，也与投资者的交易风格有关，没有必要设定条条框框来遵守。投资者不妨在积累了较丰富的实战经验之后，以自己认为适合的方式灵活把握。但是，在经验不足的情况下，笔者认为还是应以风险控制为首要目标。

对于大盘风险的判断，一是要结合股市的估值状态及中短期波动情况，二是要能读懂大盘指数分时形态的市场含义。有几种较为典型的指数分时图形态预示了转向时机，我们在下一章中会进一步讲解。

1.5.3 买卖亏损股是高风险

亏损股能够得到市场追捧，进而大幅上涨，这与它的潜在重组题材密不可分。但是，这其中也隐藏了巨大的风险，特别是当重组结果不理想时，例如终止重组、重组缩水、标的物价值虚高等，当其复牌消息公布时，个股出现连续无量跌停板的概率较大，容易造成投资大幅亏损。

而且，这类有预期重组题材的亏损股在停牌之前，价格往往已被炒高，即使复牌时能够预期重组，随后的上涨空间也较为狭小。综合来看，参与此类个股，特别是高位区参与，是极不明智、毫无风险意识的交易行为，是一种以大额本金博取蝇头小利的高风险交易行为。

图 1-29 所示为退市 ST 昆机，即原 *ST 昆机 2016 年 11 月至 2018 年 7 月走势图，停牌之前，该股的日内振幅达到了 8%，而且还出现了强势上涨的行情，这正是市场对重组题材的参与结果。但复牌之后则是另一番景象，重组不及预

期、市场的冷遇、因亏损被 *ST 处理等因素，导致其出现了连续无量一字跌停板，持股者难以卖出，亏损惨重。其实，查看个股的净资产就可以看到，其停牌前的价位远高于实际价值，只要稍有风险意识，投资者就不会买入这类股票了。

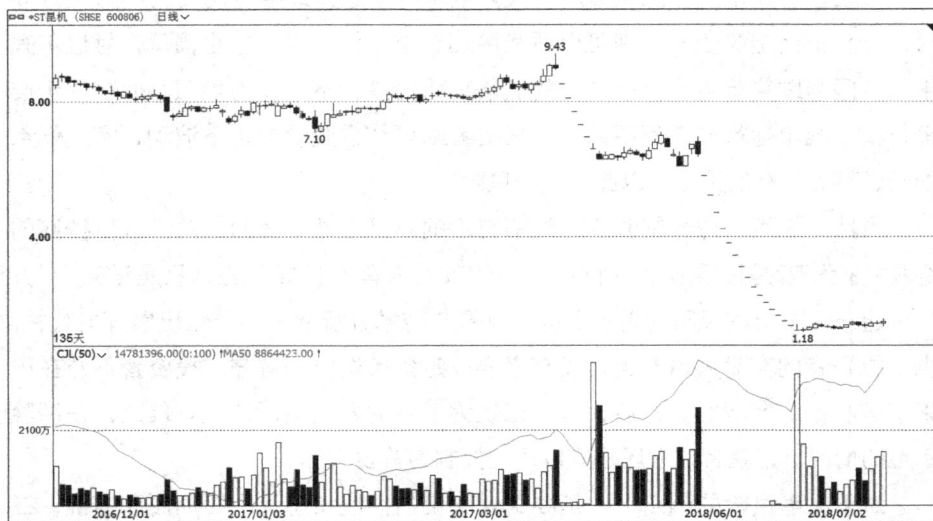

图 1-29　退市 ST 昆机 2016 年 11 月至 2018 年 7 月走势图

1.5.4　追涨的风险与策略

一些题材股或主力参与的个股在短线大幅上涨之后，其高点位总是伴随着高风险，因为这时的主力有着较大的获利空间，随时可能会反手出货，一些主力甚至会实施快速抛售的出货方式，如果我们因个股强势上涨而不明智地追涨入场，则很有可能被套牢在高位。

在操作中，判断哪些个股能够追涨，追涨时如何控制仓位，追涨买入后如何应对股价变化，这既需要我们有丰富的短线交易经验，也需要我们有一套应对之策。

一般来说，个股短线涨幅相对较小，特别是行情刚刚启动的前两日，此时追涨的风险较小，但第二日的早盘冲高之际并不是理想的追涨时机，我们不妨等收盘时或下一交易日再决定。从概率的角度来看，很多个股在启动第一日最为强势，第二日主力则很可能早盘参与，但只要第二日保持强势状态，第三日的风险反而会相对降低。但是，也有一旦个股的短线涨幅超过了 30%，不过即使其题材较好，投资者也宜轻仓参与，以控制风险。

追涨时，投资者还要关注个股上涨的原因，是因题材上涨，还是完全没理由地独自飙升。题材性的上涨更为真实，它能够获得市场的认可，因而在上涨过程中易获得支撑；没理由的上涨则往往是主力参与的结果，若个股没有业绩支撑，这种上涨往往会极为短促，是短线高点，主力反手抛售出货的概率也随着上涨而加大。下面我们结合两个案例来看追涨的风险与策略。

图 1-30 所示为世纪星源 2019 年 6 月至 2020 年 1 月走势图，个股因与银行签订最高综合授信合同而强势上涨，连续上涨之后，又出现了两个放量涨停板，短线涨幅近乎翻倍。虽然题材的热度极高，但由于短线涨幅过大，在箭头所指处买入的风险远高于获利机会。

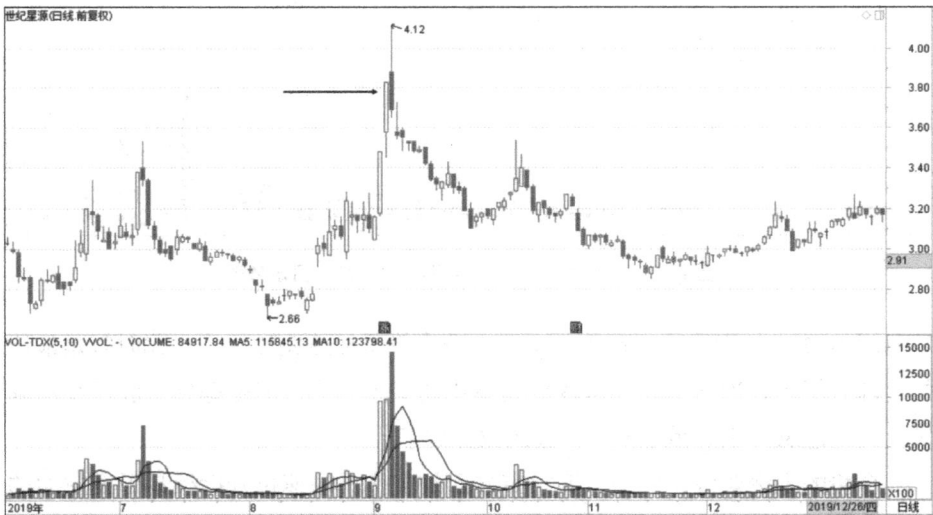

图 1-30　世纪星源 2019 年 6 月至 2020 年 1 月走势图

对于题材引发的短线飙升走势，我们一要结合题材热度把握追涨时机，同时还要结合个股开板的位置点。以世纪星源为例，与银行签订综合授信合同是突发事件，想要参与，投资者只能追涨入场。但是此股连续 3 个无量板，直到第四日才开板，此时追涨买入，虽然从走势上看确实有不错的短线盈利空间，但考虑到这是事后结论，所以其可操作性并不强。其实，雄安新区的题材股有很多，一些个股在题材出现后的第二日或第三日就开板了，它们同样是题材纯正的概念股，在选择追涨品种时更值得关注。

图 1-31 所示为飞亚达 A 2019 年 8 月至 2020 年 1 月走势图，该股已于 2020 年 2 月更名为飞亚达，个股以长期、小幅度的方式缓缓攀升，累计涨幅不大，这种独立的走势格局提示我们可能有主力资金参与其中。盘中拉升环节是最能创造时间收益比的。

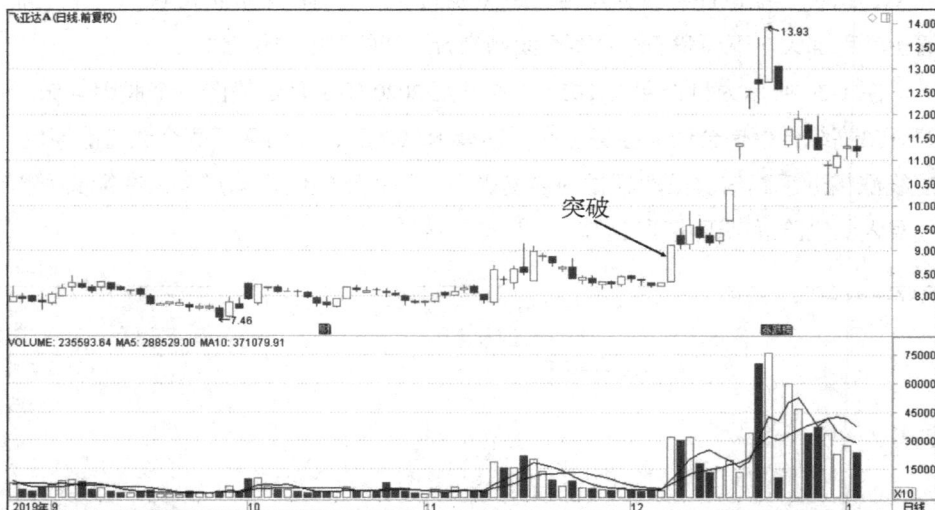

图 1-31 飞亚达 A 2019 年 8 月至 2020 年 1 月走势图

图 1-32 中长阳线的出现使得个股上涨走势呈加速突破状态，此时就是最佳的追涨入场点，次日的盘中震荡也是不错的买入机会，但是等到个股短线涨幅较大，超过 30% 时，就是一个危险的位置点了。

个股的上涨若没有业绩、题材等方面的支撑，快速拉升后极易引发主力的快速出货。这种独立启动的个股常常源于市场上的游资，而游资的方式就是拉升后快速离场，前期布局的筹码越多，随后在高点的抛售力度往往就越大。在操作中，投资者切忌追涨这类看似突破形态完美，实则高点无支撑的个股。

1.5.5 抄底的风险与策略

抄底是大多数投资者喜欢的一种交易方式，因为买在了股价中短期内的最低点，比市场平均成本明显低很多，但抄底看似风险较小，实则暗含危机。从趋势运行的角度来看，在没有充足依据的情况下，只因为股价近期下跌幅度较大就买入，是一种主观臆断性的交易行为，做出这一行为后投资者常常会受到市场的惩罚。

抄底的最大风险源于过于自信，我们总是想当然地认为股价已跌无可跌，从而不去设立合理的止损价。如果股价短期未见反弹，我们就寄希望于中长线，殊不知，个股在所谓的底部盘旋一段时间之后，很有可能再度出现深幅下跌，从而将抄底盘牢牢套于"半山腰"。

图 1-32 所示为华润双鹤 2018 年 5 月至 2019 年 3 月走势图，个股经历了两波大幅度下跌，跌幅极大，而后在低位区企稳，此时或许可以抄底入场，博取反弹收益。但是对于图 1-33 中方框的这个位置，我们不可以主观认定其一定是底部，而应做好风险防控，严格设立止损价并观察盘面形态，以进一步预测方向。

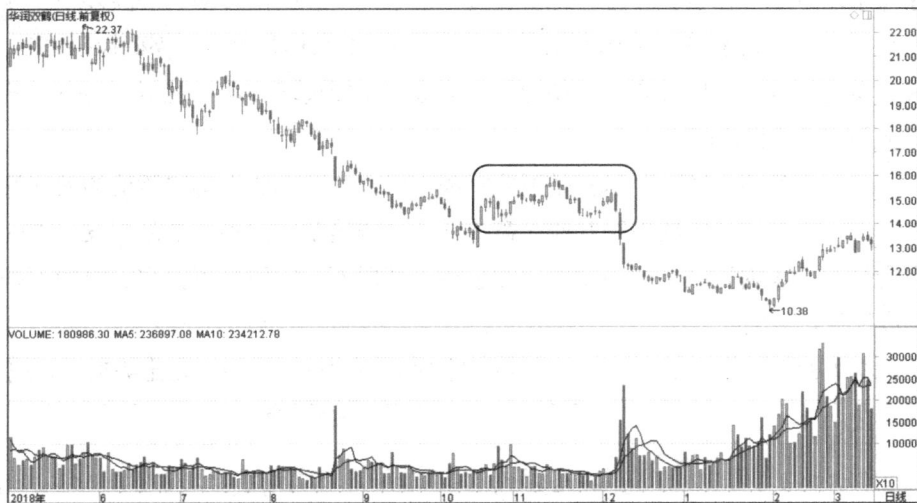

图 1-32 华润双鹤 2018 年 5 月至 2019 年 3 月走势图

个股随后出现了震荡盘升的走势，但在突破这个低位震荡区时，出现了连续两日阳线放量的形态，这是一种中短线看跌量价组合，在操作中，投资者应依据这个量价形态及时卖出。从随后的走势可以看出，个股再度大幅度下跌，股价远低于我们此前抄底的平台区，这正是跌势不言底的最好体现，也警示我们实施抄底操作时应把规避风险放在首位。

1.5.6 "闪崩"的风险警示

近年来，一种新的股市风险类型悄然出现：大盘走势稳健，指数波动幅度趋窄，但个股的表现却大相径庭，时常有一些个股莫名其妙地快速跳水，直奔跌停板，这就是"闪崩"。

造成股价闪崩的原因是多方面的，既有可能是利空消息促使个股闪崩，也有可能是过多的短线投资导致股价严重偏离价值，还有可能是主力资金的快速离场，总之，其结果就是引发场内资金的集中卖出。

这类个股有一个共同的特点，那就是前期走势明显强于大盘，或者是逆市上扬，或者是整理不跌，相对于大多数个股，它们处在明显的高位区。当市场处于强势状态时，由于场外入场的接盘资金较多，在主力的参与下，个股还能站稳于高位；但是，在弱市状态下，接盘者寥寥无几，主力最终只能选择以快速抛出的方式来出货，即打折出售。闪崩之后，个股先出现两三个跌停板，随后交投开始活跃起来，主力趁机出货。由于主力的目标是出货，筹码换手之后，短线参与者发现个股没有上涨动力，也会选择止损离场，从而使得这类个股的走势如同滑滑梯般向下。

这对于我们的风险警示就是不要抄底入场，甚至不要去博取所谓的超跌反弹行情，因为闪崩股的下跌并非大盘带动，也非确定性的利空消息引发。若闪崩走势源于场内资金的集中抛售，在承接盘严重不足的情况下，它引发的下跌幅度往往是极大的。

图 1-33 所示为白云机场 2019 年 10 月 29 日分时图，个股前期走势独立，属

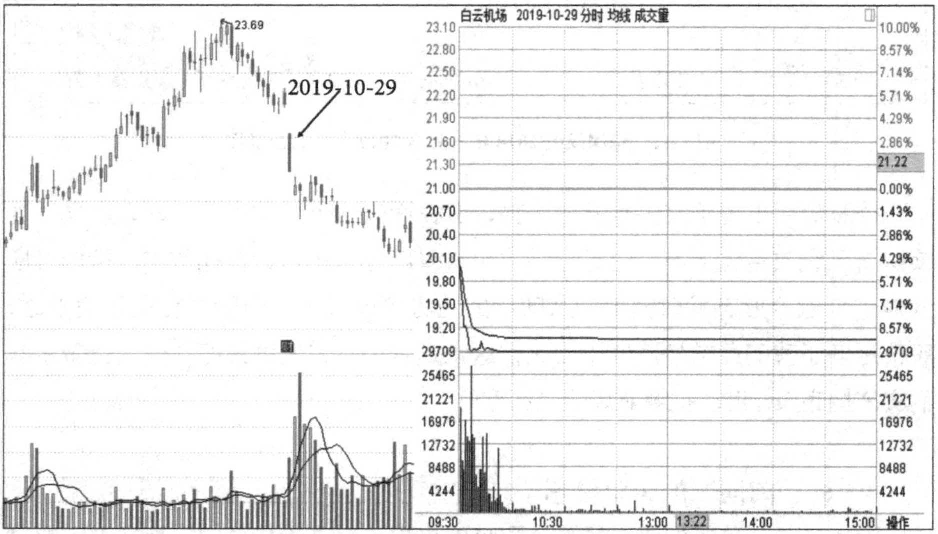

图 1-33　白云机场 2019 年 10 月 29 日分时图

· 44 ·

于逆市攀升的类型。虽然是从低点开始的稳健上涨，但个股中短线涨幅较大，而且这种上涨出现在弱市格局，大部分股票都蛰伏于低位，这也预示了这只个股随后出现的闪崩走势。

当日开盘后，股价便开始暴跌，短时间内直奔跌停，这是闪崩的典型盘口形态。从闪崩开始到低点企稳，股价短期内的累计跌幅近50%，速度快、幅度大，而且是在没有任何利空消息的背景下，足可见闪崩的风险之大。

闪崩风险是相对比较容易规避的，规避闪崩风险的首要原则就是回避高位股，中短线涨幅较大的个股尽量不要短线参与。这类个股或是没有业绩增长支撑的逆市走强股，或是高位区的逆市抗跌品种，再结合个股的估值状态，投资者就可以很好地规避了。

1.5.7 做理性的投资者

著名的技术分析大师江恩认为，投资者不能从外部找到更多交易成功的因素，相反，他可以寻求自我，认识到自身的态度和思想状态能够决定交易结果。明确而坚定的信念和态度，是成功的投资者必备的素质。一名成功的投资者必然也是一名理性的投资者，有着相对优秀的交易素质。交易素质包括交易者在股票买卖时的思维方式、价值观、市场观、行为动机，以及品质、心理素质、行为准则、交易习惯等。

在参与股市交易时，迅疾的股价变化导致账户资金常常出现较大的起伏，从而引发投资者情绪上的大幅波动。在下跌时的恐慌情绪或上涨时的狂热情绪的带动下，投资者往往会做出不理性的买卖决策。

恐惧、贪婪、浮躁、犹豫不决是一些投资者身上常见的情绪，而成功者往往能更好地控制自己的这些情绪缺陷，从而客观、冷静地看待市场，做好分析。

因情绪作用而出现的非理性交易方式多种多样。

（1）情绪化的涨买跌卖，这种交易方式可能会让投资者落入高买低卖的恶性循环。每个交易日都有一些早盘冲高、收盘前大幅滑落的个股，如果只看到了早盘的强势上涨，未经分析就盲目追入，则很有可能当日即被套牢。

（2）贪婪、恐惧心理支配下的交易。贪得无厌的结果就是忽略了风险，很可能到头来一场空；而对于下跌的恐惧，则有可能使投资者痛失即将出现的反转行情。在个股的极端波动中，这两种情绪体现得淋漓尽致，从而使得投资者很难从股市的波动中获得利润。

（3）侥幸心理支配下的交易。这常出现在交易被套之后，没有人愿意亏损卖出，因为这证明自己交易失误了。但市场是没有情面的，失误了如果不能及时改过，就是错上加错，很可能会引发更大的亏损，使自己陷入更为被动的局面。

交易的成功只是一个概率事件，没有谁能稳操胜券。情绪化的投资者即使有很好的技术分析能力，也常会因价格的波动而打乱自己的思路，做出错误的买卖决策，并很难更正自己的错误交易行为。

理性投资者则不然，他们更懂得克服情绪上的波动，让自己的操作更能符合理性的分析判断。例如在进行一笔交易前，他会衡量风险收益比，只有当这笔交易的潜在收益明显大于其蕴涵的风险时，他才会果断买入。这样，即使随后的走势与预期不符，他也会理智看待这笔交易：是止损结束，还是静待回升。理性的投资者往往能将注意力放在个股走势而不是账面的资金变化上，这有利于投资者更好地把握机会、规避风险，并且在交易错误的时候做出最正确的补救操作。

第 2 章

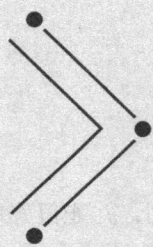

> 分时图交易技术准备

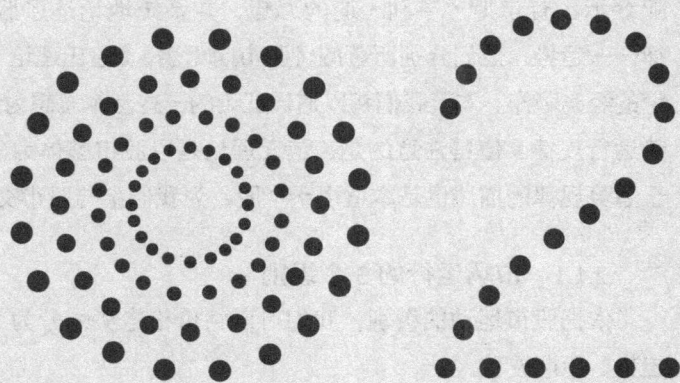

通过第 1 章的讲解，我们知道，在利用分时图进行一笔交易之前，我们要看股价的波动模式、量价配合方式、大盘的运行情况，还要适当地从主力的角度来进行分析，最后再利用分时图所特有的形态来决定交易行为。

可以说，利用分时图展开交易需要进行较多的预备性知识判断，要想更好地掌握分时图交易技术，就不能不储备这些预备性的技术知识。本章我们将以概括的方式，简明扼要地罗列这些预备性知识的大纲，力图帮助读者尽快构建一个有效的分时图交易技术基础架构。

2.1　趋势判断技术

股票市场存在客观的运行规律，遵循它，我们可以轻松获利，并能很好地规避较大级别的下跌风险；主观否定它，则将带来惨痛的后果。这个客观规律就是趋势运行规律。

趋势运行规律最早由查尔斯·亨利·道（1851 年—1902 年，道琼斯公司创立人，道琼斯指数发明者）提出，后来威廉姆·皮特·汉密尔顿和罗伯特·雷亚继承了查尔斯·亨利·道的思想，并系统地论述了股市的这种客观运行规律——趋势，他们分别所著的《股市晴雨表》《道氏理论》成为后人研究道氏理论的经典著作。本节我们将以道氏理论的一些基本思想为线索，看看股市中的趋势运行规律。值得注意的是，道氏理论是以股市整体为研究对象的，但这些关于趋势规律的描述也基本适用于个股，为我们参与股市交易提供了大方向支持。

2.1.1　市场运行的 3 个级别

依据股市运动的级别，我们可以将价格走势划分为 3 种：基本趋势、折返走势、短期波动。

基本趋势也称为主要趋势（Primary Trend），就是我们常说的趋势。它是大规模的、中级以上的上下运动，持续时间多在一年以上，并且会导致价格增值或贬值 20% 以上。

折返走势（Secondary Reactions），穿插在基本趋势的运行过程中，它与基本趋势的运动方向相反，是对基本趋势的调整与修正。折返走势持续的时间从几日到几周不等，修正幅度一般为此前一波较大涨（跌）幅的 1/3 ~ 2/3。

短期波动反映了价格在短时间（如几个交易日）内的波动情况，常常由一些偶然因素决定。

在图 2-1 中，这 3 种不同的波动级别被标注了出来。基本趋势向上，包括了从数字"1"到数字"6"的整个运行过程；折返走势体现为从数字"2"到数字"3"、从数字"4"到数字"5"的两波较大的回落走势；短期波动则指从"A"到"B"这样的小波动。

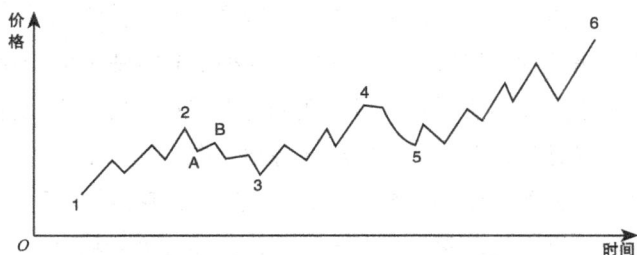

图 2-1　基本趋势、折返走势、短期波动示意图

2.1.2　3 种基本趋势

基本趋势是依据价格的总体运行方向来划分的，价格运行的大方向只有 3 种，即上升、下降、横向，这 3 种大方向对应着 3 种不同的趋势，即上升趋势、下降趋势、横向震荡趋势（也称水平趋势）。

上升趋势是价格总体走向向上的运动过程。在上升趋势中，价格的运行轨迹往往呈现出"一个上涨峰高于一个上涨峰、一个回调谷高于一个回调谷"的特点。

下降趋势是价格总体走向向下的运动过程。在下降趋势中，价格的运行轨迹往往呈现出"一个下跌谷低于一个下跌谷、一个反弹峰低于一个反弹峰"的特点。

横向震荡趋势是波峰与波峰交错、波谷与波谷交错的运动过程。图 2-2 所示为这 3 种趋势的运动方式示意图。

上升趋势　　　　　横向震荡趋势　　　　　下降趋势

图 2-2　3 种趋势运动方式示意图

了解了基本趋势的划分，折返走势就明确、具体了。例如，上升趋势中的折返走势是回调下跌，下降趋势中的折返走势是反弹上涨。

2.1.3 趋势的3个环节

上升趋势和下降趋势都有明确的大方向，是重点研究的对象，对趋势的判断结果将直接决定投资者的参与方式。为了更好地了解这两种趋势，道氏理论将其各划分为3个阶段。上升趋势的3个阶段是筑底、持续上升、探顶，下降趋势的3个阶段是筑顶、持续下降、探底。这种划分方法有助于我们进一步细致地了解趋势的形成及演变过程，对于我们把握趋势、展开实战也有一定的指导作用。当我们身处股市时，不妨冷静地想想现在的股市更有可能处于趋势运行的哪一个阶段。这样，随后再展开实战操作就会更有针对性了。

以上升趋势为例，筑底常出现在低位区，是多方力量积蓄、市场情绪慢慢回暖的一个阶段，此时多对应着股市的低估状态；持续上升是价格不断上涨、市场热情不断提升的阶段；探顶是入场买盘开始不足，市场多处于高估状态的阶段。下降趋势的3个阶段则正好相反。

2.1.4 成交量的验证作用

在趋势的运行过程中，利用成交量形态可以对现有趋势进行进一步分析和验证，以判断当前趋势的持续力度，预测后续的持续性及反转的可能。

例如，上升趋势中一般会出现持续放大的量能，这是买盘入场力度较大、买盘充足的信号，也是上升趋势稳健的标志；反之，在下降趋势中，成交量一般会整体萎缩，这是买盘无意入场、少量抛售就足以导致价格不断下跌的标志，也是跌势未见底的信号之一。综合来说，放量是升势的典型标志，缩量则是跌势的典型标志。

但是，典型的量能形态只是我们分析趋势、把握趋势的一种辅助性工具，价格走势才是第一重要的。而且，成交量并非总是跟随趋势，例外的情况也并不少见，仅从一天或几天的成交量中得出的结论是缺乏依据的。

道氏理论强调的是市场的总体趋势，是基本运动，其方向变化的结论性信号只能通过对价格的分析得出，而成交量只是起辅助性的作用，是价格运动变化的参照和验证。

2.1.5 反转信号的出现

一个既成趋势具有惯性，如果没有强大的外力作用，通常会继续发展。在价格趋势扭转之前判断出趋势结束的时点是非常困难的，投资者要懂得顺势而为，不要仅因为涨幅或跌幅就主观臆断顶或底的到来。但是，投资者也要关注市场发出的信号，因为在行情反转的时候，市场常常会发出一些较为明确的信号。

可以说，这也是一条指导实盘交易的操作准则。对于急躁的投资者，这无疑是一个警告，当趋势形成后，它告诫投资者不要过快地改变立场。从投资者的一些交易模式中不难发现，在升势中他们往往过早离场，失去了更好的获利机会；在跌势中则又早早抄底，最终被牢牢套住，当底部真正出现时，也就失去了买股布局的本金。这都是不懂得顺势操作，不关注反转信号的结果。

2.2 K 线模式识别技术

K 线模式与趋势运行是不同的两个概念。趋势阐明了一种规律，以理论为主；而 K 线模式则是以价格形态特征为主，专注于实战分析。所谓 K 线模式，我们可以将其理解为几个月内的 K 线整体运行的形态。从形态特征着手，K 线可以分为多种运行模式，这是指导我们进行短线交易的重要依据，往往也是决定一笔交易是否实施的核心前提。本节我们将看看 K 线的运行模式有哪些，以及在实战操作中如何更有效地利用这些模式。

2.2.1 横向整理模式

横向整理模式，是指价格走势长时间处于横向运行之中，并且运行过程中的上下波动幅度不大，一般在 10% 左右。

横向整理模式的出现是个股运行方向待选择的标志，其间价格上下波动幅度较小，从而使得波段交易利润不大，投资者持仓成本接近。在出现方向选择时，它会引导持股者，从而产生支撑（向上突破）或阻力（向下破位）作用。

但是，选择的方向是向上还是向下；在操作上，投资者是要追涨入场还是止损离场，这就要结合个股的整体走势情况进行分析。如果在累计涨幅巨大的高位区出现了横向整理走势，由于个股后期上涨空间狭小，此时的向上突破空间较窄，不适宜追涨；而在累计涨幅较小的位置区或中期深幅调整后的相对低位区，则有较大的概率能向上突破。

图 2-3 所示为中船科技 2018 年 10 月至 2019 年 4 月走势图，个股长期横向运行，上下波动幅度较小，这属于横向整理模式。随着整理的持续，股价运行方向也将做出选择。对于此股，随后的长阳线突破且站稳于突破点，表明个股选择了向上运行。在操作中，投资者要顺应趋势的这种变化，及时调整策略。

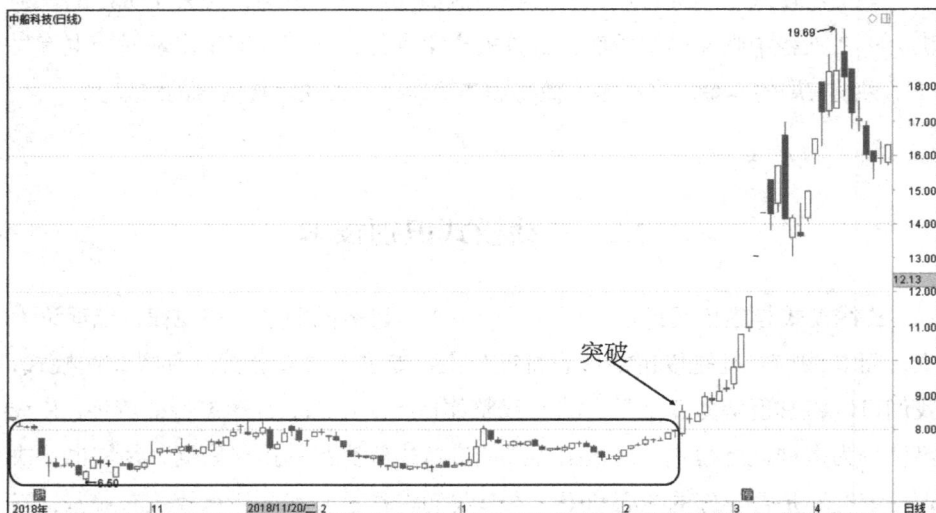

图 2-3 中船科技 2018 年 10 月至 2019 年 4 月走势图

横向整理之后，个股也有可能破位下行，因而对于横向整理模式，投资者一定要保持高度警惕，特别是持股者。

图 2-4 所示为宋都股份 2019 年 3 月至 8 月走势图，个股在中短期低位出现了横向整理走势，但此股在整理之后却破位下行。如果我们善于分析，及时跟踪价格走势，是完全有能力规避破位下行风险的。对于本例，一旦发现个股向下跌破整理区支撑位且无法快速反弹"收复失地"时，投资者就应以保护本金安全为原则，卖股离场。

图 2-4 宋都股份 2019 年 3 月至 8 月走势图

对于横向整理模式之后的价格选择方向，我们一要结合个股发出的明确信号进行判断，看信号是突破，还是破位；二是要结合价格的总体运行情况。一般来说，在下跌途中，横向整理模式出现前若没有较快、较大的短线下跌波段出现，则整理之后的运行方向多为向下，难有反弹或反转走势出现。

2.2.2 宽幅震荡模式

就运行方向来说，宽幅震荡模式与横向整理模式是一致的，其区别只是上下波动幅度。宽幅震荡模式的上下波动幅度至少要超过 20%，这种走势是多空双方交锋较为激烈，但没有哪一方明显占优的体现。当个股经过一波反弹上涨而接近或达到宽幅震荡区的上沿位置处时，会有较强的短线获利抛压及解套抛压，突破时的阻力大；反之，回落后的低点则将遇到抄底盘、补仓盘等承接盘，能起到较强的支撑作用。

在操作上，宽幅震荡模式更宜展开波段交易；而且，在结合分时图发出的买卖信号后，投资者能更为精准地把握波段低点入场时机、波段高点卖出时机。

图 2-5 所示为同济堂 2018 年 10 月至 2019 年 4 月走势图，个股走出了宽幅震荡的形态。一般来说，当市场氛围较好时，宽幅震荡走势常见于高位区；反之，当市场遇冷时，宽幅震荡往往运行于低位区。在操作上，高位区的宽幅震荡宜轻仓参与，低位区的宽幅震荡则可以适当加仓。

图 2-5　同济堂 2018 年 10 月至 2019 年 4 月走势图

在买卖时机的把握上，简单来说就是箱顶卖出、箱底买入。由于大盘带动，把握买卖时机往往并不简单，但是，我们依然应以本金安全为前提。当价格未回落到箱底附近时，若大盘走势较稳，则此时的买入仓位应控制好，只有当价格回落至箱底附近时，才可以适当增加仓位；而当股价反弹至箱顶附近时，则不宜抱有突破上攻的期望，此时应锁定利润、再寻机会。

2.2.3　短期巨震模式

短期巨震模式，是个股在短线的运行中，上下震荡幅度加剧、加快，其间的交易日中的盘中振幅往往极大。

短期巨震模式的出现，说明多空双方交锋异常激烈，没有哪一方占据了明显的上风，一般来说，我们要结合价格的前期运行情况来分析。如果价格处于持续上涨后的中短线高点，则它是多空格局发生转变的信号，应逢盘中震荡冲高之际卖出；如果是中线未见明显上涨，短线刚刚突破时，则往往蕴藏着机会，可能有主力在积极买入市场抛单。

图 2-6 所示为云天化 2018 年 12 月至 2019 年 7 月走势图。个股在持续上涨后出现了短期巨震的运动形态，这是一个风险信号，提示我们个股的上涨可能将到达尾声。在操作上，此时不宜短线买入、博取反弹收益，因为个股潜藏着反转风险。

图 2-6 云天化 2018 年 12 月至 2019 年 7 月走势图

2.2.4 回调、反弹模式

回调模式以价格的整体上行为背景，并不是指上升途中的小幅度回落，它有着内在的形态特征。我们首先从趋势线的角度来理解回调、反弹模式。

在价格整体震荡上行的过程中，我们可以画一条上升趋势线（连接相邻的两个回调低点即可得到），这样，随后若个股再继续这种震荡上行的格局，则当其再度回调至这条趋势线附近时，我们就可以结合分时图来把握买入时机了。

同理，反弹模式是以价格的整体下行为背景，如果个股在连续 3 个反弹高点呈现出了一峰低于一峰的形态，这就意味着个股极有可能步入跌途。我们此时可以画出一条向下倾斜的下降趋势线（连接相邻的两个反弹高点即可得到），随后，当个股经历一波反弹接近下降趋势线附近时，我们可以结合分时图展开卖股操作。

对于难以画出趋势线的上升、下降趋势，只要没有出现明确的反转信号，则任何反方向的波动都应理解为短暂、难以持续的折返走势，投资者积极利用分时图形态加以验证并展开操作即可。

图 2-7 所示为飞亚达 2019 年 9 月至 12 月的走势图，在个股震荡上行的过程中，将波动中的相邻低点进行连接，得到一条反映上升中支撑位的上升趋势线。每当股价短线回调至此线附近时，就是较好的短线入场时机，这也使个股阶段

性处于回调模式之中。利用趋势线，我们可以更好地把握个股的短线回落性质，从而在仓位控制、入场时机上有一个更为准确的判断。

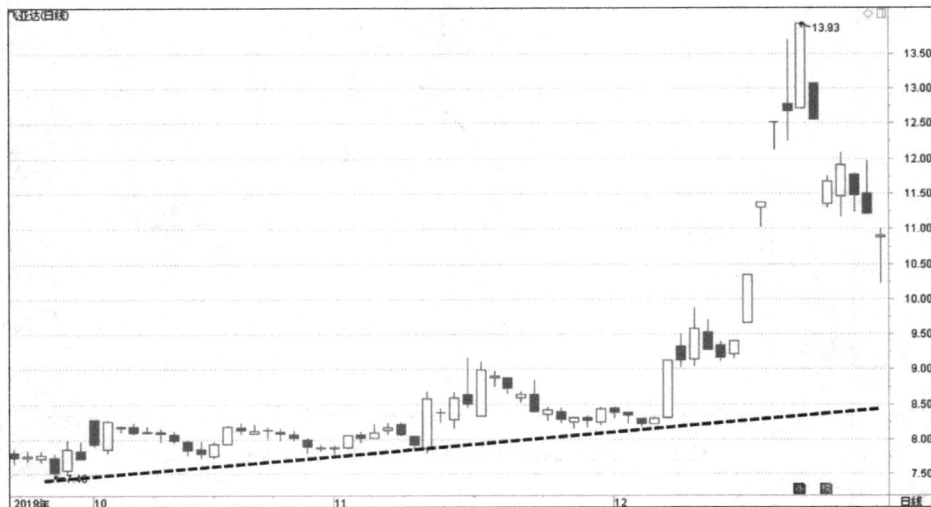

图 2-7　飞亚达 2019 年 9 月至 12 月走势图

趋势随时有可能发生转变，当我们利用这根趋势线指明方向的时候，也要注意它对趋势转向的反映。当股价回落跌破了趋势线、累计涨幅也相对较大时，应注意趋势反转的风险。在操作上，一旦发现趋势线未形成支撑作用，就应果断止损离场。而且，随着震荡上扬的持续，当股价回调至趋势线时，我们参与的仓位应一次少于一次，这样才能更好地锁定利润，不因行情反转而前功尽弃。

2.2.5　跳空缺口模式

缺口是指连续两个交易日之间的成交价存在空挡现象。第二个交易日的最高价低于第一个交易日的最低价，这是一个向下跳空缺口；第二个交易日的最低价高于第一个交易日的最高价，这是一个向上跳空缺口。

向上跳空缺口出现在低位区的整理走势之后，是突破行情来临的标志；向下跌空缺口出现在高位盘整后或高点反转初期，是大跌行情来临的标志。在操作中，我们应注意规避风险，把握机会。

图 2-8 所示为东方航空 2018 年 10 月至 2019 年 4 月走势图，个股在长期整理之后，以一个向上的跳空缺口开启了一波中级上升行情。缺口是行情出现的

信号，也是预判价格走向的重要依据。

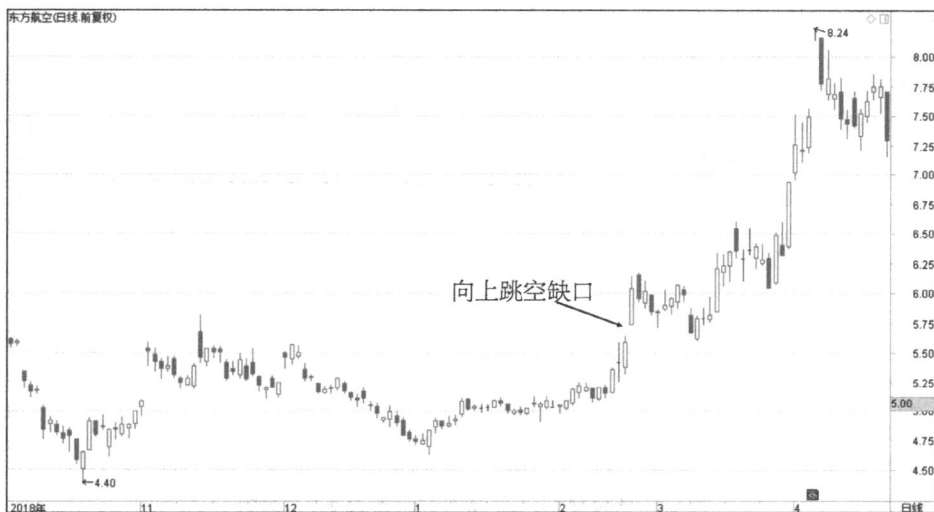

向上跳空缺口

图 2-8 东方航空 2018 年 10 月至 2019 年 4 月走势图

2.2.6 加速推进模式

加速推进可以分为加速上升模式和加速下跌模式，顾名思义，是价格走势沿着上升或下跌通道的加速运行。在上升通道中，长阳线或涨停板是加速上升模式的标志；在下跌通道中，长阴线或跌停板是加速下跌模式的标志。

在加速推动模式中，我们要顺势而为，不要过早抄底逃顶，但也应及时观察反转信号是否出现，从而把握最佳的短线买卖点。

图 2-9 所示为大悦城 2019 年 10 月至 2020 年 2 月走势图，个股以连续阴线跌破整理区支撑位，这是价格走势进入加速下跌模式的标志。此时，投资者绝不可贸然抄底入场，只有个股走势明显企稳或短线发出了反弹或反转信号时，才可以试探性买入。由于这种短线买入行为属于博取反弹行为，风险相对较大，因此在操作上我们更应控制好仓位。

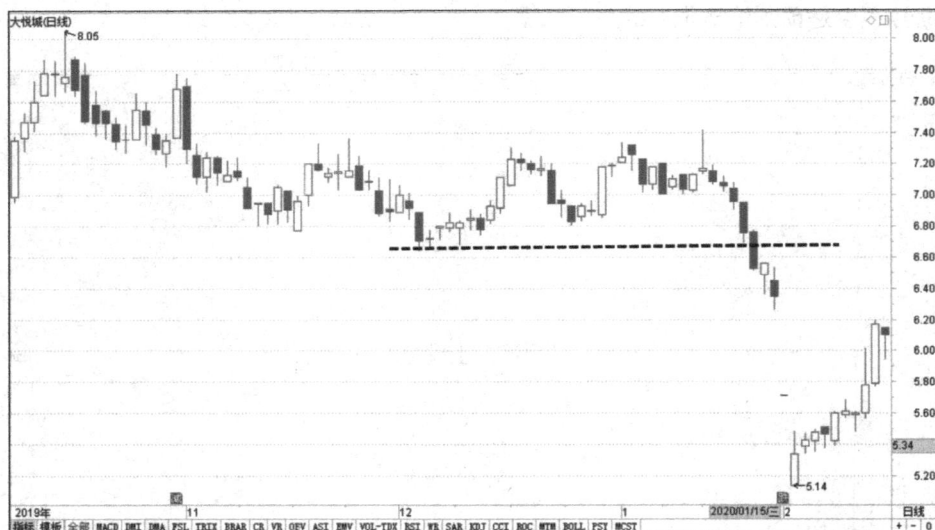

图 2-9　大悦城 2019 年 10 月至 2020 年 2 月走势图

2.2.7　穿越密集区模式

密集区也可以称为筹码密集区。筹码分布是一个重要的概念，它可以用来衡量投资者的持仓成本分布情况，在股票行情软件中，投资者可以查看个股的筹码分布图。

筹码分布图与 K 线图处于同一坐标系中。一般来说，被调用时，它将显示在 K 线图的右侧，其形态看起来如同一个侧置的山峰。其实，这些"山峰"是由一根根横线叠加而成的，每根横线都代表着这个价位上的筹码数量，横线越长，此价位的筹码越多，即以这个价位为持仓成本的筹码数量越多。

了解了筹码分布状态，就等于了解了投资者的持仓成本分布情况。利用筹码分布图，我们可以清晰地看到是高位区的筹码更多，还是低位区的筹码更多，或者是大量的筹码散乱地分布在广阔的价位区间内，这对我们分析、预测价格运行有着明确的指导作用。

筹码密集区是指大量的流通筹码分布在一个相对狭小的价格区间内，这意味着市场上绝大多数投资者的持仓成本都位于此价格区间。密集区的形成源于筹码的充分换手，这往往是横向整理或震荡走势的结果。

价格走势由下向上穿越筹码密集区，意味着绝大多数持股者解套，处于短线盈利状态。在穿越密集区后，中短线抛压会陡然增加，此时，若价格走势能够企稳，不出现大幅回落，多标志着有主力积极参与。只要个股在中线上处于低位，那么随后的行情还是值得期待的。

图 2-10 所示为太极集团 2019 年 6 月 19 日的筹码分布图，个股在 11 元左右出现了震荡，构筑了一个筹码密集区间。随后，股价向下破位，在经历了低点企稳、整理突破上攻之后，股价向上穿越了 2019 年 6 月 19 日所呈现的这个筹码密集区，而且在突破时股价上涨稳健，未遇到较大抛压，这是主力积极参与的信号。

图 2-10　太极集团 2019 年 6 月 19 日筹码分布图

筹码密集区对价格有较强的阻挡作用，中线遇解套抛压，短线则遇获利抛压。在操作上，个股回落下探这个筹码密集区时，它原有的阻力作用在被突破后将转变为支撑作用，此时就是较好的短线入场时机。

2.3　大盘指数分析技术

股价走势离不开大盘环境。股票市场是一个整体，个股的走势虽然具有一定的独立性，但是我们不能孤立地看待个股，要把它放在整个市场中分析，这样才能更好地了解个股波动，把握其运行轨迹。因而，投资者对于股市整体的走向要有一个相对明确的判断。本节中，我们主要了解大盘指数的分析方法。

2.3.1　反映市场的几种指数

指数，也称为股票指数或股票价格指数，它由证券交易所或金融服务机构编制，用来反映股市整体或某一类股票的平均走势情况。

"大盘"只是一种通俗的说法，我们所说的"大盘"其实就是指股市这个整体，在国内股市中，它指的是上证综合指数（也称为上证综指、上证指数）。通常，我们用上证指数来反映股市的运行情况，除此之外，还有几种反映股市运行格局的指数是需要关注的，包括上证50指数、创业板指数等。

上证50指数是根据科学客观的方法，挑选上海证券市场上规模大、流动性好的最具代表性的50只股票组成样本股，以综合反映上海证券市场最具市场影响力的一批优质大盘企业的整体状况。

创业板指数是用于反映创业板运行情况的指数，由最具代表性的100家创业板上市企业股票组成。

在同花顺、大智慧365等股票行情软件中，按数字快捷键"03"可以调出上证指数，输入拼音首字母"sz50"可以调出上证50指数，输入拼音首字母"cybz"可以调出创业板指数。

2018年，新股IPO发行提速、市场投资理念转变等因素使得大盘指数长期处于横向震荡滞涨格局，但市场的分化却十分明显，反映蓝筹绩优股的上证50指数不断创出新高，而反映中小盘股的创业板指数则屡创新低。可以说，市场上存在着机会，也暗藏着风险，不了解这种结构性的分化，不了解反映这些结构性分化的指数，是难以在股市中获取利润的。

2.3.2　上证指数与上证领先指数的区别

查看上证指数的分时图，可以发现有两条形态相近的曲线，一条代表着上证指数，那另一条曲线代表着什么？二者的区别是什么？

这要从指数的计算方法说起。指数的计算方式主要可以分为两种——加权平均法和算术平均法。加权平均法既考虑个股的股价，也考虑个股的股本。股本越大，则权重越大，对指数的影响就越大。在使用这种计算方法时，股市中的那些大盘股对指数的影响更大。上证指数就是采用这种计算方法。

算术平均法仅考虑个股的股价，而不考虑个股的股本，通过将所有股票的价格进行简单的相加后再平均即可得出指数。中小盘股的股价往往更高，因而这种计算方法能更好地反映中小盘股的整体运行情况。这就是上证指数分时图中的另一条曲线的计算方法，这条曲线被称为上证领先指数。

2.3.3 两种指数呈现市况

一般的市场环境中，上证指数与上证领先指数的波动幅度相近，运行形态接近一致，这是市场上大盘股、中小盘股在走势上趋同的标志。但是也有一些时候，市场结构性分化使得两个不同群体的个股在走势上出现较大的差异。我们只要观察上证指数与上证领先指数的运行形态，就可以实时、准确地了解当日的市场风格。

图 2-11 所示为上证指数 2019 年 12 月 27 日分时图，可以看到两条曲线，一是上证指数，另一条为上证领先指数。在当日的运行中，上证指数收盘时跌 0.08%，而上证领先指数跌 0.43%，这也正反映了当日的市况——大盘股普遍走势稳健，中小盘股下跌较多。通过两种指数在运行形态、波动幅度上的差异，我们对市场上的结构性分化有了进一步了解，这也为实盘交易提供了更多的参考依据。

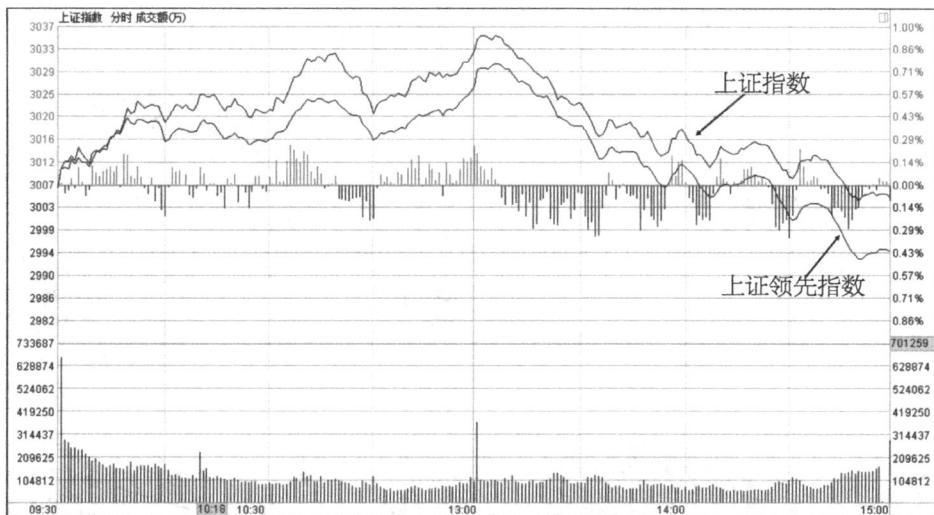

图 2-11 上证指数 2019 年 12 月 27 日分时图

2.3.4 浪长、波幅、量对应关系

指数反映的是市场的整体运行情况，因而指数的运行形态不会因个别主力资金的市场行为而呈现突兀变化。通过指数的运行形态，我们可以从一个相对宏观的角度来把握市场多空力量的此消彼长情况，而这可以通过指数当日盘中的浪长、波幅、量这 3 个特征加以把握。

指数的运行类似于波浪式的运动，浪长是指这一波上升浪（或下降浪）的持续时长，是持续了 1 个小时还是 2 个小时；波幅是指这一波上升浪（或下降浪）的波动幅度，是上涨了 2% 还是下跌了 1%；量则是指数分时图中下方的成交额。透过三者之间的关系，我们可以较好地解读市况，把握多空力量的变化。

图 2-12 所示为上证 50 指数 2019 年 12 月 3 日分时图。早开盘不久，指数开始反转上行，一直持续到收盘，上升浪的持续时间长、上涨幅度大，而且随着指数的上扬，可以看到分时量的明显放出。结合指数正处于中短线回落后的低点来看，这种分时图体现了多方力量转强的格局，预示着一波上升行情将出现。

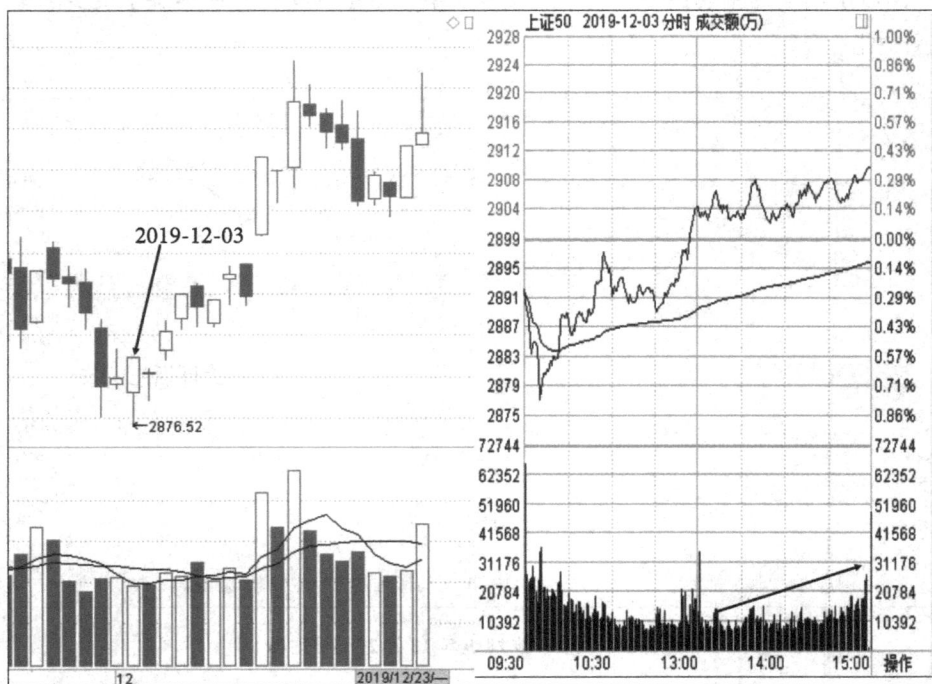

图 2-12　上证 50 指数 2019 年 12 月 3 日分时图

2.3.5 上证指数与上证领先指数的分化

一般来说，由于大盘股与中小盘股在运行上的趋同性，二者的盘中轨迹较为接近。但是，在关键性的位置点，特别是中短期涨幅较大时，若上证指数与上证领先指数走势出现明显分化，则往往代表市场强弱格局发生了变化。

在中短期高点，我们往往会看到上证指数走势较强，盘中的上证领先指数却背道而驰，指数上的这种分化多预示着走势短期内可能有深幅回落；反之，在中短期低点，若出现上证领先指数由下方向上穿越上证指数，盘中明显发力，强于上证指数时，则表明市场中的中小盘股开始走强，股市有望出现反弹修复行情。

图 2-13 所示为上证指数 2019 年 1 月 15 日分时图，当日的盘口中出现了上证领先指数由下向上穿越上证指数的形态，而且指数正处于中短期的低点。这种盘口形态标志着市场走势的回暖，也是市场人气提升的信号，预示着可能出现反弹上攻行情。在操作中，投资者可以积极寻找有潜力的中小盘股买入布局。

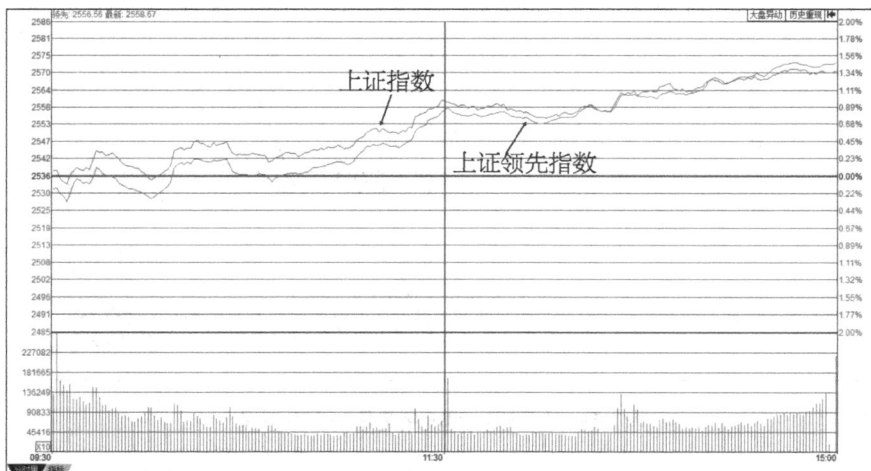

图 2-13　上证指数 2019 年 1 月 15 日分时图

2.3.6 跳水前的背离

上证指数大涨，而上证领先指数大跌，此时，投资者很可能会误以为大盘股开始发力，股市短期内难以下跌。然而，实际的情况往往正好相反，因为这常是拉抬大盘股、掩护中小盘股出货的市场信号。

图 2-14 所示为上证指数 2019 年 7 月 26 日分时图，虽然两种指数在盘中均出现了跳水下跌，但时间点明显不同，且二者在走势上出现了分化。上证指数横向震荡，上证领先指数却开始跳水，二者的运行出现了背离，这就是市场结构性分化的体现。结合指数正处于中短期高点的情况，这种结构化分化往往是深幅调整即将出现的信号，在操作中，投资者应注意减仓，以规避风险。

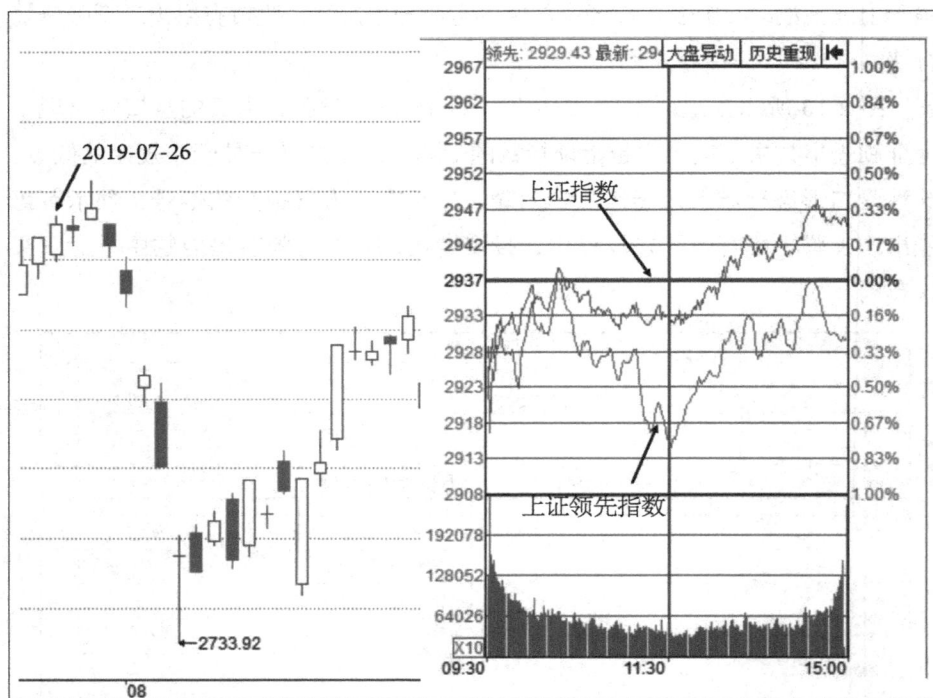

图 2-14 上证指数 2019 年 7 月 26 日分时图

2.4 量价形态配合技术

"价、量、时、空"是技术分析的四大基本要素，价格走势固然是最重要的信息，也是结果，但成交量同样重要。通过成交量与价格走势之间的配合关系（量价形态），我们可以更好地了解市场上的多空信息。

在不同的价格走势中，成交量形态上的变化往往蕴涵了不同的市场信息，这是我们分析多空双方交锋情况、把握多空双方力量转变的重要依据。很多时候，通过量能的明显异动，我们可以准确地预测价格的发展方向，这就是所谓的"量在价先"。本节中，我们将结合成交量所蕴含的市场信息，看看如何通过量能形态把握价格走向。

2.4.1 量能蕴涵的信息

成交量不是简单的交易量反映，它蕴含了丰厚的市场含义，这是我们首先要了解并进一步增强认识的内容。

1. 多空分歧度

成交量代表多空双方的交锋力度，放大的量能既是市场交投活跃的标志，也是多空分歧明显的标志。在价格走势的典型位置点，一般都有量能的放大，这是多空分歧加剧的标志，也常常对应着价格走势的剧烈波动；反之，成交量缩小往往是市场交易平淡的反映，多空分歧不明显，对应的价格走势也往往较为平稳。

2. 上涨的动力

量价分析的实质是动力与方向分析，成交量是动力，价格走势是方向。价格上涨且成交量也在扩大时，"众人拾柴火焰高"，表示上涨势头仍在延续；价格在上升成交量却在缩小时，意味着升势已到了尽头，是大市回头的征兆。反过来，价格下跌而成交量大增，"墙倒众人推"，表示跌势风云初起；价位续跌但成交量越缩越小，反映跌势已差不多无人敢跟了，这是大市掉头的信号。

3. 股市及个股的活跃度

没有一个较好的量能放大形态，是市场人气不足的标志。美国著名的证券分析专家格兰维尔说过："成交量是股票的元气，而股价只是成交量的反映罢了，成交量的变化是股价变化的前兆。"这句话直接说出了成交量的重要作用，基于成交量的重要作用，量价结合分析法也广受技术分析者的重视。

4. 主力行为的反映

参与股市，就要了解主力资金。虽然主力资金无法决定个股走势，但却对分析个股有一定的参考作用，特别是一些实力强、买入筹码多的主力资金。

主力的参与过程有建仓、拉升、出货等环节，每一个环节的目的不同。主力的行为最终要通过二级市场上的买卖来完成，而主力的买卖又往往是大笔进出，从而导致个股出现一些相对典型的、能够反映主力行为的盘面形态，其中最为重要的盘面形态之一就是量能形态。

例如在建仓阶段，主力所需要的大量筹码不是原有的成交量所能提供的，因而成交量势必会在主力的吸筹行为下出现明显的放大效果。根据主力计划建仓时间的长短，股价的上涨程度不同，成交量的放大情况也会不同。在拉升阶段，股价或呈缩量上涨的形态，或呈放量上涨的形态。如果仅从经典量价理论的观点出发，我们会认为这种涨势是不牢靠的，但如果将主力这个因素考虑进去，情况就不同了。主力的参与导致市场浮筹较小，个股在上涨时遇到的获利抛压自然减轻，从而就会出现不明显放量的上涨形态。利用成交量的这些变化，再结合股价走势的特点，我们就能更为准确地判断主力行为、分析主力意图。

2.4.2　如何分析量价

对于量价分析，价格走势与量能变化同等重要。仅仅解读量能变化，而不顾及同期的价格走势，是无法从中获取任何有用信息的。所谓量价分析，就是将不同方式的价格走势、量能变化相结合，由此构成一个个具体的量价配合关系。我们的目标就是要熟识、理解这些具体的量价配合关系，从而为波段操作提供技术支持。

成交量的变化只有两种：放量与缩量。放量、缩量是两个相对概念，即要有与之进行比对的参照系。在实盘应用中，如果不做特殊说明，当我们说某个交易日出现放量时，就是指这一日的成交量大于此前数日的均量水平。

而价格走势主要有两种：上涨和下跌。将放量、缩量与上涨、下跌分别进行组合，就得到了4种最常见的量价配合关系，每一种量价配合关系的市场含义并非一成不变，而是需要在理解的基础上来解读、把握。下面，我们将结合案例逐一盘点这4种量价配合关系。

2.4.3　解读放量上涨

放量上涨，是指在一波上涨走势中成交量相对放大。依据放量的程度不同，可以分为脉冲式放量上涨、连续大幅度放量上涨、温和式放量上涨、断层式放量上涨等。不同的放量上涨形态，其市场含义也是不同的。

例如，温和式放量上涨是买盘流入不急不缓的标志，其上涨具有更好的持续性，价格也往往能站稳于上涨后的高点，回调幅度较小；断层式放量上涨往往与主力资金的参与有关，但主力参与能力较弱，忽大忽小的量能体现了不连贯的多空交锋情况，买盘入场的持续性较差，价格难以站稳于短线高点，易引发深幅回落。

图 2-15 所示为上海机场 2018 年 11 月至 2019 年 8 月走势图，个股在突破整理区之后，上升过程中的成交量放大较为温和，上涨走势稳健。这种放量上涨的持续性往往更好，而且个股更容易站稳于高点。在操作中，对于这种较为温和的放量上涨，只要其量价形态未出现明显变化，投资者就可以耐心持股待涨。

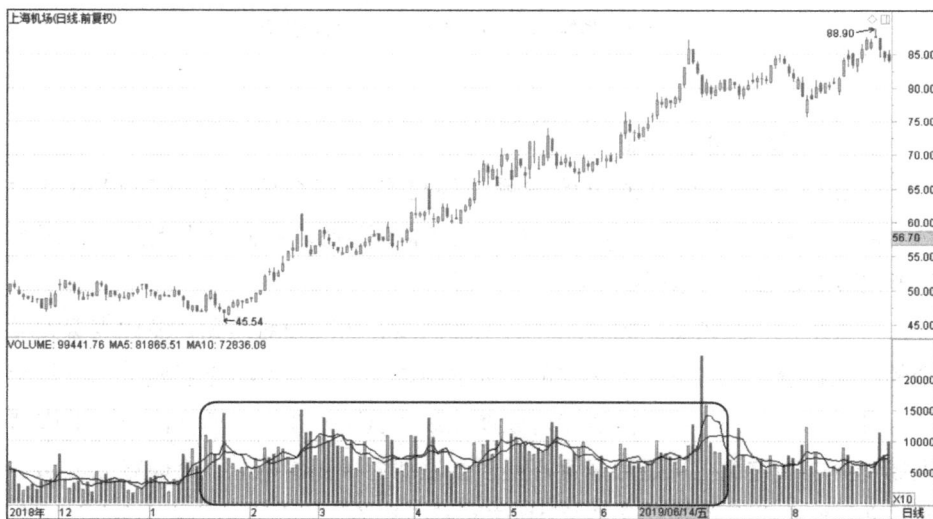

图 2-15　上海机场 2018 年 11 月至 2019 年 8 月走势图

图 2-16 所示为华能水电 2019 年 1 月至 12 月走势图，个股在上涨的过程中出现了堆积式放大的巨量上涨。这种形态虽对应着股价的快速上攻，但往往也预示着上涨走势到了最后冲刺阶段，成交量开始大幅缩减时就是中长期顶部形成之时。在操作中，投资者应注意规避趋势反转风险，及时卖出离场。

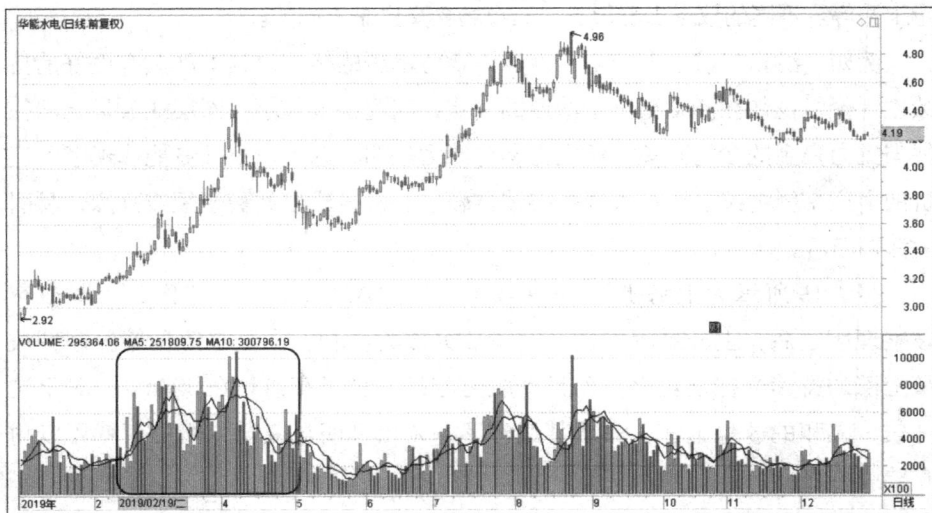

图 2-16　华能水电 2019 年 1 月至 12 月走势图

2.4.4　解读缩量上涨

上涨时放量是正常的量价关系，但也有一些个股在上涨时出现了缩量。对于这种相对少见、盘面信息丰厚的量价形态，我们应引起重视，因为它既蕴藏着机会，也隐藏着风险。

一般来说，突破低位震荡区时的上涨波段若出现相对缩量，多代表着大资金的积极锁仓，往往是主力参与能力强的标志，预示着突破之后股价仍有较大的上升空间。在操作中，投资者可以逢短线调整买入布局。而在高位区的震荡上扬走势中，缩量上涨是跟风盘不足、上涨动力极弱的标志，个股难以成功突破。在操作中，投资者宜逢震荡上扬之际卖出离场。

图 2-17 所示为三一重工 2019 年 1 月至 12 月走势图，从中长线来看，个股处于相对低位区，中期跌幅较大，此时的一波震荡上扬走势中出现了明显的缩量。这说明可能有主力资金在震荡区进行了吸筹，使得市场浮筹减少，上涨阻力减轻，如此才出现了这种缩量上扬的走势。这是个股中线走势看好的信号，在操作中，短线调整点就是我们买入布局的好时机。

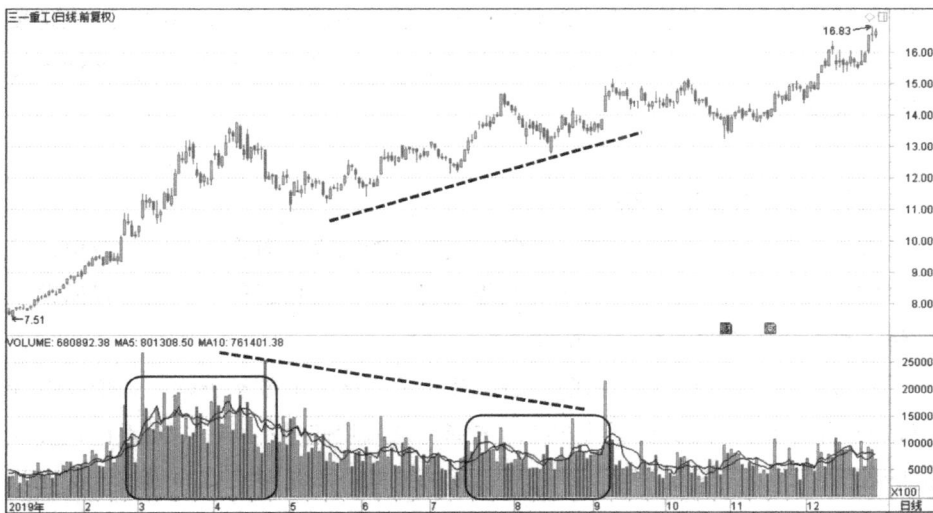

图 2-17　三一重工 2019 年 1 月至 12 月走势图

图 2-18 所示为大悦城 2019 年 1 月至 12 月走势图，其中标注的一波上涨出现在中期累计涨幅较大的位置点。此时的上涨缩量形态更应看作是跟风盘不足、上升动力减弱的信号，预示着反转行情即将出现，是卖出信号。

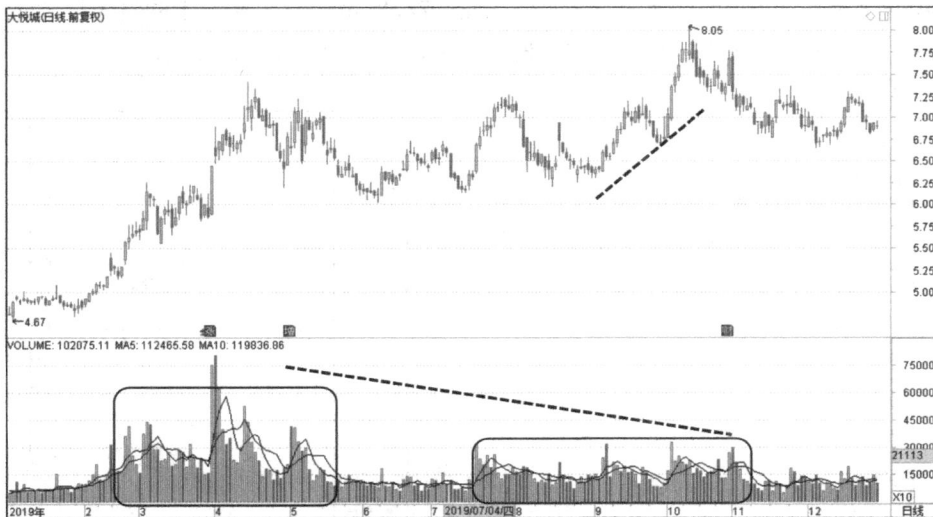

图 2-18　大悦城 2019 年 1 月至 12 月走势图

通过本小节中的两个案例可以看出，同样是缩量上涨形态，当出现在不同的走势格局中时，它的市场含义不同，预示的价格运行方向也不同。这也是量价分析的关键所在：一定要把量价配合形态放在趋势运行格局之下，这样才能得出更为准确的结论。

2.4.5 解读放量下跌

放量下跌，即在下跌的过程中伴以成交量的放大。对于下跌时的放量，它的真实性更强，反映了场内资金的抛售情况。结合价格运行，我们可以借助于放量下跌把握股价的后期运行方向。

一般来说，反弹高点、盘整之后、缓缓下行之后的放量下跌，是个股打开下跌空间的标志，代表着下跌方向的选择，是风险信号；而在中期累计跌幅较大的位置点，或是短线深幅下跌之后出现的放量下跌是对空方力量的一次充分释放，往往也是市场在短期内进入超卖状态的标志，随后出现反弹修复走势的概率较大。在操作中，投资者可以轻仓参与，博取反弹收益。

图 2-19 所示为华联控股 2019 年 4 月至 8 月走势图，个股中短期内出现了一波大幅度的反弹上涨，随后的高点处开始放量下跌，下跌时的量能大于之前上涨波段的量能，这就是反弹结束的明确信号，也说明之前的反弹上涨波段并非趋势反转。一般来说，趋势反转时，上涨波段的量能应明显大于回落波段的量能，这才是买盘入场力度强于场内抛压、多空力量对比开始转变的信号。

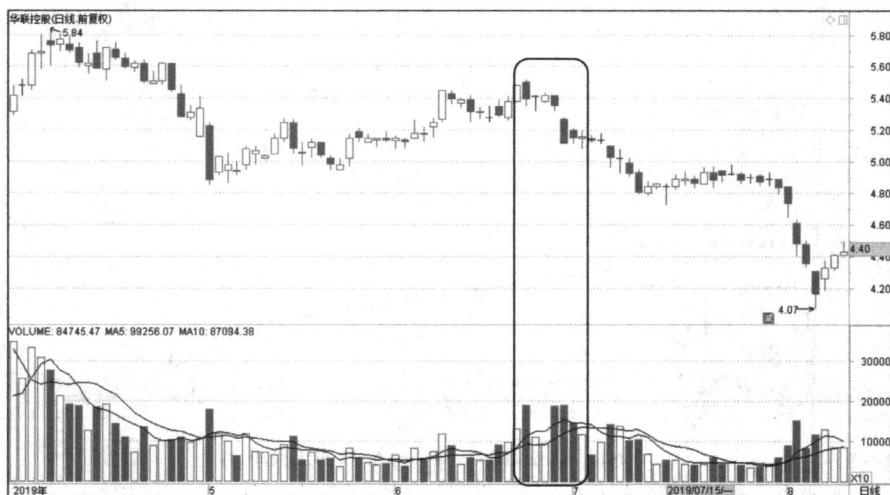

图 2-19 华联控股 2019 年 4 月至 8 月走势图

2.4.6 解读缩量下跌

"涨时放量，跌时缩量"是正常市况下的量价关系，也是原有趋势的标志之一。缩量下跌可以出现在上升通道的回调波段，此时的缩量下跌代表着抛利获压的释放，不是多空力量格局转变的预示，而是短暂的回调信号。缩量下跌也可以出现在下跌通道中，此时它是跌势仍未见底的标志，投资者不可过早抄底入场。

图 2-20 所示为深南电 A 2019 年 8 月至 12 月走势图，自个股步入下跌通道中，缩量下跌就是其量价配合的主旋律，而且缩量下跌的持续性也很强。一般来说，只要这种量价形态未出现明显变化，投资者就要有持币观望的耐心，绝不可过早抄底入场。

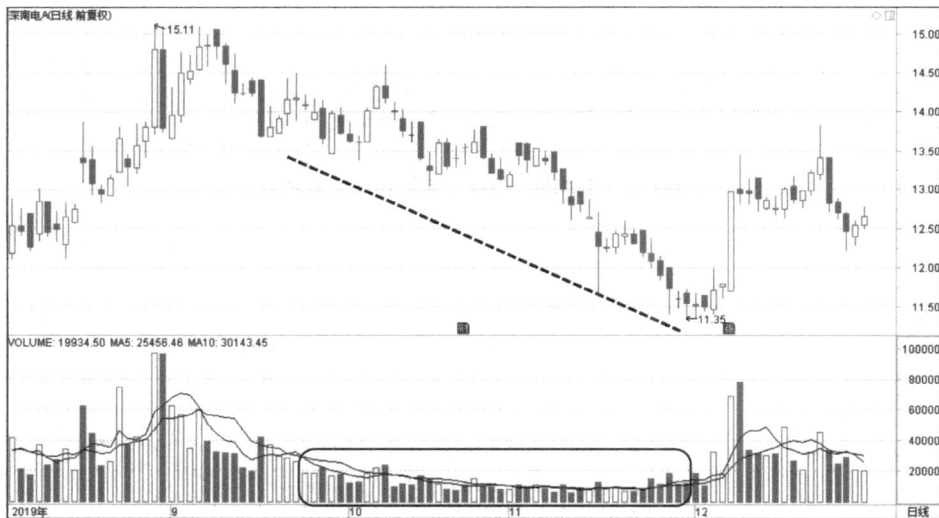

图 2-20 深南电 A 2019 年 8 月至 12 月走势图

成交量的缩放方式蕴涵着重要信息，缩量形态在走势上并不醒目，但往往能准确地反映市场筹码分布情况。特别是量能的突然缩小，是我们准确把握个股买点的关键因素之一。

图 2-21 所示为中洲控股 2019 年 8 月至 12 月走势图，个股在震荡的过程中股价重心略有上移，在走势相对平稳的情况下，箭头所指处突然出现了成交量

的大幅度缩减。这表明个股的市场浮筹较少，可能有主力资金参与，这类个股随后的上涨潜力较大。在操作中，这个回调低位就是一个理想的中短线买点。

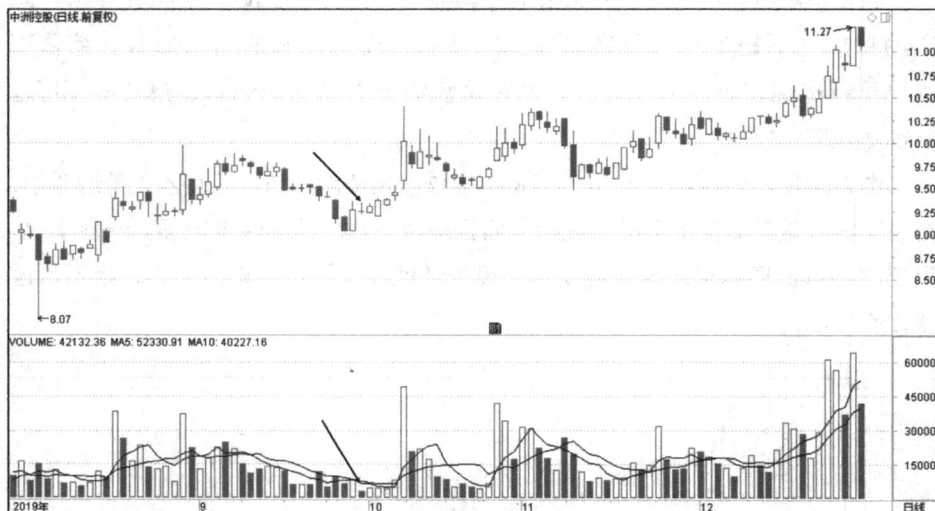

图 2-21　中洲控股 2019 年 8 月至 12 月走势图

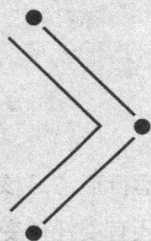

第 3 章

分时图基础分析方法

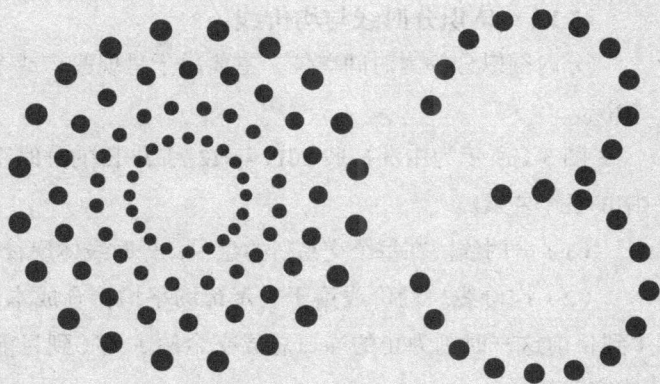

分时图既是一种盘面形态、一种技术分析方法，也是一个交易系统。学习任何交易方法，构筑相关交易系统，都要从基础知识点、基本技巧着手。只有理解了分时图的构成及解读方法，掌握了分时图交易系统的操作要点，我们才能更好地学习具体的分时图形态，并把握买卖时机。本章以打基础为目的，以分时图的基本分析方法为线索，结合笔者总结的经验，力图帮助读者快速学会解读分时图的方法。

3.1 盘口分时图要素

盘口分时图主要包括分时线与均价线，而其中的分时线的运行形态是核心。我们常说的分时图形态就是指分时线的运行形态，除此之外，还有委托单变化、分时图配合、大笔成交细节需要注意观察。这些不同的要素构成了一个市场含义丰富、蕴藏多空信息的分时图研判系统。本节我们就来看看如何把握这些要素。

3.1.1 认识分时线与均价线

分时图以分钟为时间单位，主要用于呈现股市或个股的当日盘中实时运行情况。

图 3-1 所示为中洲控股 2019 年 12 月 27 日的分时图构成，下面逐一介绍图中的各个要素。

（1）分时线。在每个交易日的盘中，分时线体现着价格的实时变化情况。

（2）均价线。均价线用于表示市场平均持仓成本的变化，其计算方法为：（到目前这一时刻为止的当日总成交金额）÷（到目前这一时刻为止的当日总成交股数）。

（3）分时量。分时量表示每一分钟成交量的大小。

（4）委托盘窗口。包括委买盘和委卖盘，它呈现着实时交易中的委托单变化情况。

（5）盘口数据。委托盘窗口下方列出了一些实时的盘口数据，例如量比、换手率、外盘、内盘等。

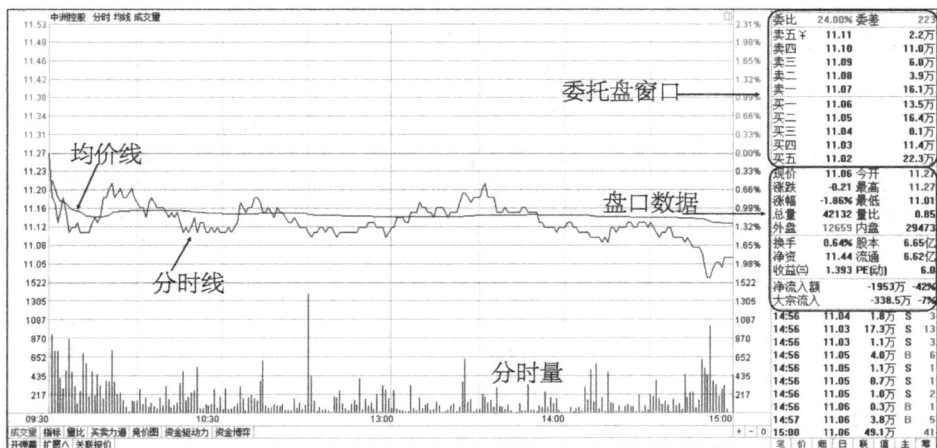

图 3-1 中洲控股 2019 年 12 月 27 日分时图构成

3.1.2 分时图中的量价配合

日 K 线图中的量价配合有重要的实战意义，我们在 2.4 节中已经进行了初步讲解。同样，分时图中也存在量价配合，这就是分时线与分时量的配合。在分析个股的盘中上涨走势是否稳健，跳水后能否回升，盘中高点能否站稳等问题时，懂得观察分时线与分时量的配合关系是极为重要的。下面我们结合一个案例加以说明。

图 3-2 所示为京基智农 2019 年 10 月 15 日分时图，早盘阶段个股先跳水、后回升。值得注意的是，跳水波段的量能明显放出，而回升波段则大幅缩量。这种盘中放量跳水、缩量回升的形态是场内资金抛售力度较大、入场承接力度不足的标志，预示着个股短期内易跌难涨，当日也很难站稳于盘中高点。在操作上，投资者应及时卖出，以规避风险。结合个股日 K 线短线涨幅较大的情况来分析，这个盘口形态预示短线下跌的准确率就更高了。

对于本案例，如果仅从分时图来看，早盘先跳水，随后马上回升并站于均价线上，似乎是上升途中一次短暂的释放获利抛压，个股承接短线强势将再度上冲。但是，分时量的变化反映了买卖盘的力度对比，向我们提示了更为准确的涨跌信号，这就是分时量的重要性。对于分时量与分时线配合关系更为详尽的讲解，我们将在随后的章节中单独展开。

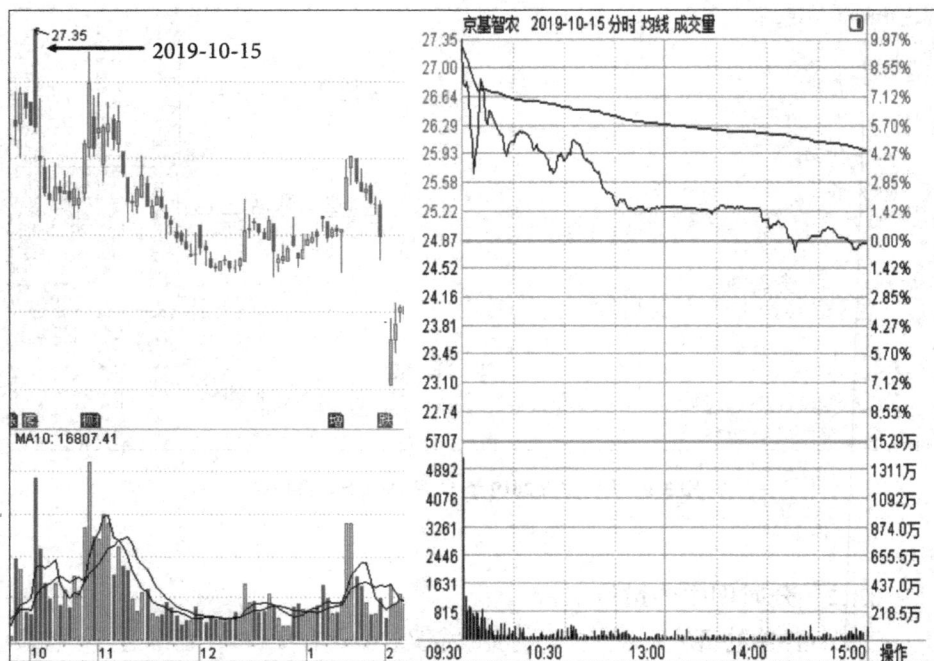

图 3-2　京基智农 2019 年 10 月 15 日分时图

3.1.3　委托单的变化

委托盘是指股票行情软件中显示的上下各 5 档的买盘、卖盘，即买一、买二、买三、买四、买五和卖 一、卖二、卖三、卖四、卖五。这里面的上下各 5 档的买卖盘挂单信息往往是主力买卖意图最直接的体现。

在价格走势相对平稳的时候，委买盘与委卖盘的挂单数量较为平衡。但是，因为主力的参与，委买盘与委卖盘可能会出现严重的不平衡，这时的委托盘就值得研究了。

在盯盘的过程中，我们会有这样的感觉：当委买盘更大时，会觉得支撑力较强，股价难以下跌；反之，当委卖盘更大时，则会觉得阻力较大，股价难以上涨。但是，实际情况往往并非如此。

"大压单难涨，大托单难跌"只是我们的直观感觉，这个感觉是否准确，取则决于很多要素。如果个股的中短线跌幅较大，处于低位区，此时出现大单压顶而股价不跌的盘口运行方式，则表明持股者的抛售意愿很弱，少有人关注委卖盘中的大压单。随着大压单被"打掉""消化"，个股短线有望上涨。反之，如果个股的中短线涨幅较大，处于高位区，此时出现大单托底而股价不涨的盘口运行方式，则表明场外资金的入场意愿很弱，是短线看跌信号。

结合笔者的看盘经验，对于那些在盘中挂出大量委托买单，而股价又处于下跌状态的个股，大托单并不能阻止股价的下跌；反之，对于那些在盘中挂出大量委托卖单，而股价又处于上涨状态的个股，大压单并不能阻止股价的上涨。

3.1.4　大笔成交细节

对于个股走势，散户的参与可以起到"推波助澜"的作用，主力资金对股价走势的影响则相对较大。相对散户而言，主力的买卖方式往往是大手笔的，特别是在进行买入操作时。

如果一只个股在很长的一段时间内，盘中鲜有大笔成交且走势上也随大盘，则这样的个股更有可能由散户主导走势，未来行情期望较低；反之，若一只个股在盘中频繁地出现大笔成交，虽然在走势上暂未显露强势，但这样的个股可能有主力参与，未来有望脱颖而出。下面我们结合几种不同的情况，来看看如何通过大笔成交理解价格走势。

1. 频繁的大买单

频繁的大买单，是指在盘中经常性地出现大笔成交，并且为主动性买入。对于这种盘口形态，其实战价值要结合当前位置点来分析。

在低位区，交投人气不旺，成交量相对也会较小，此时若频繁出现大买单但持续性较差，股价未见明显上涨，则很有可能是主力资金的吸筹行为，实战价值较为突出，个股后期走势值得期待。

快速上涨途中或高位区间出现的频繁大买单往往具有明显的连续性，可以在盘中有效、快速地推升股价。这是场外资金涌入的标志，中短线仍可看涨，但也要观察盘中高点的抛单情况。

2. 频繁的大卖单

在高位区，股价前期的强势上涨使得场内的热情较高，若这时频繁出现大卖单向下"砸出"，我们可以理解为有大资金在主动卖出。若这种大笔卖出的方式在某一段时间内经常出现，投资者应留意趋势的反转下行，注意规避风险。

3. 间歇性的高价大买单

这也是个股运行中可能出现的一种情形。在盘中交投相对清淡的背景下，由于委卖盘中的卖单数量较少，突然出现的一笔高价大买单就可以将其全部扫掉，从而制造一个远高于当前盘中均价的最高价。高价大买单一闪而现，股价在高点没有任何支撑，很容易再度快速回落至盘中均价附近。一般来说，这是一种预示短线下跌的盘口形态，闪现的盘中高价让散户看到了逢高卖出的机会，有助于降低散户的卖出意愿，而相关大资金则借助于这种市场心态悄然出货。

市场中参与一只个股的资金非常多，有散户、机构、基金等。大笔成交的频繁出现表明个股可能有大资金关注，但大资金的实力及其后续的参与方式难以得知，它只是给了我们一个分析、判断的切入点，提示我们这样的个股随后可能更有潜力上涨。因而，我们在分析大笔成交细节时，不能孤立、片面，还应结合个股的前后走势及当日盘口表现，这样才能从时间轴上得出更为准确的结论。

例如，在考查大买单是否能真正推升股价时，我们要重点关注这种大单是否具有连续性。如果具有连续性，则表明大资金的实力强，市场行为具有连贯性，个股随后继续上涨的概率较大；反之，如果大买单只是出现几笔后就消失了，则可以认为这是一次偶然波动，其对股价走势的影响很小。

3.1.5　分时线的形态

分时线的波动形态实时地反映着多空双方的交锋情况，表明是多方正在加速进攻，还是空方抛售力度较大，从而导致了股价跳水。一些特殊的分时线形态往往蕴涵着某种特定的市场含义，对于我们的短线操作具有重要的指导意义。下面我们结合一个案例来看典型的分时图是如何发出买卖信号的。

图3-3、图3-4所示分别为皇庭国际2019年9月4日、5日的分时图。这两张分时图有一个共同的特点，就是由盘中低点快速拉升、翻红，但股价随后即逐波滑落，直至收盘。其中第二张分时图的形态特征更为鲜明。

分时线的这种运行方式其实是盘中回升受阻的形态，早盘的弱势下跌表明空方力量占优。随后多方发力"收复失地"，但多方力量显然没有持续性，股价只是极为短暂的上涨。在盘中高点，股价持续回落至收盘，这也表明在全天的交易时间段内，虽然出现过较为强势的上涨波段，但只是昙花一现，空方在大部分时间内占据主动。

图 3-3　皇庭国际 2019 年 9 月 4 日分时图

图 3-4　皇庭国际 2019 年 9 月 5 日分时图

　　一般来说，在盘整区或中短线高点出现这类分时图，表明当前的市场格局以空方占优为主导，也是短线下跌即将展开的信号。在操作中，它提示我们应进行卖股操作。

　　通过本案例可以看出，典型的分时线形态向我们更好地展示了多空力量的变化，从而帮助我们更准确地预测价格走势。而且，分时线形态常常是一个极为灵敏的短线信号，当其发出买卖信号后，个股随后马上出现方向选择的概率很大。因而，在操作上，我们要多观察分时线的运行，一旦捕捉到典型的形态，就可以据此展开短线交易，应该就会有较高的成功率。

3.1.6　阻力位、支撑位的识别

　　分时线表示了价格的实时走势，均价线则体现了个股当日市场平均持仓成本的变化。换个角度来看，分时线是多空力量实时交锋结果的展现，而均价线则是多空力量的分水岭。

　　一般来说，股价稳健运行于均价线上方，代表多方力量更强，买盘更充足；股价持续运行于均价线下方，代表卖方力量更强，抛压较重。而且，分时线与均价线的位置关系对投资者也有心理影响：股价在其上方，均价线具有支撑作用；股价在其下方，均价线则具有阻挡作用。在实盘中，结合分时线与均价线的位置关系，观察股价的短线运行情况，投资者就可以利用均价线的这种阻挡作用或支撑作用展开买卖操作了。

　　一般来说，中短线低点或整理区刚刚突破启动时，若个股盘中处于上涨状态，当股价经一波回落跌至均价线附近时，这就是盘中的逢低买入时机，因为均价线有着较强的支撑作用。反之，在中短线高点或整理区向下破位点，若个股盘中处于下跌状态，当股价经一波反弹升至均价线附近时，这就是盘中的逢高卖出时机，因为均价线有着较强的阻挡作用。

　　图3-5所示为中金岭南2019年4月4日分时图，当日开盘之后，股价持续下行，运行于均价线下方，这是空方占据主动的信号。从日K线图来看，个股中短线涨幅较大，当日出现的这种下跌且分时线运行于均价线下方的盘口形态，是多空力量对比快速转变的信号，也是短线下跌走势开启的信号。在操作中，投资者应及时卖出。而在当日盘中，基于均价线的强阻挡作用，当股价经一波反弹升至均价线附近时，就是很好的盘中卖出时机。

图 3-5 中金岭南 2019 年 4 月 4 日分时图

3.2 强势分时图典型特征

分时图的最大作用是反映多空力量的实时变化，帮助我们判断个股随后几日的走势情况。对于分时图来说，它有强势与弱势这截然不同的两面。强势分时图出现时，短线看涨；弱势分时图出现时，短线看跌。

3.2.1 分时图的强、弱特征

强势分时图是我们发现强势股的重要线索。所谓的强势股是从中短线意义来说的，它是指个股在某一段时间内，其走势明显强于同期大盘，是我们中短线首选的目标。

一般来说，我们可以从盘面形态的两个方面来判断分时图的强弱特征：一是分时线与均价线之间的位置关系；二是分时线的运行形态与分时量的配合情况。最后还要结合个股的 K 线走势，辅助验证强势或弱势分时图的可靠性。

对于强势分时图的特征，我们将其总结为 4 个方面：一是从分时线与均价线的关系上来看，回落不踩均价线；二、三均是从分时线的运行形态着手，一种是稳健的放量攀升，一种是流畅的盘中飙升；四是从分时量的放大来看，往往呈现量与价同步创新高的配合形态。

以上 4 个特征仅是较为常见的特征，一只强势个股并不一定同时具有这 4 个特征。但是，对于大多数强势股来说，它至少要同时具有其中的 2 个特征。除此之外，我们还要注意，仅凭这些特征，我们只能初步断定个股较为强势，实战中仍需结合其他要素综合分析。本小节之后的内容将结合实例讲解强势分时图的这些典型特征。

3.2.2　回落不踩均价线

均价线对分时线形成支撑，这并不是一个确切的说法，而且分时线运行于均价线之上也并不一定代表着股价强势。就实际运行来看，强势分时图中，分时线往往能够在回调时未踩到均价线就开始反转上扬，从而使得在股价的波动上涨中，分时线始终能够与均价线保持一定距离，而不是黏合于均价线，这是多方力量强劲、市场承接力强的表现。如果在早盘阶段出现这种形态的分时图，只要大盘不出现明显下探，个股在盘中不断走高的概率就较大。

图 3-6 所示为北方国际 2019 年 4 月 1 日分时图，早盘阶段，个股震荡上扬，可以看到在早盘运行中的回落波段，股价并没有向下回踩均价线，而是始终与均价线保持一定距离，这就是一个典型的强势运行特征，说明股价随后于盘中再度上涨的概率较大。利用早盘出现的这一特征，结合 K 线走势，我们可以采取相对激进的追涨买入操作。

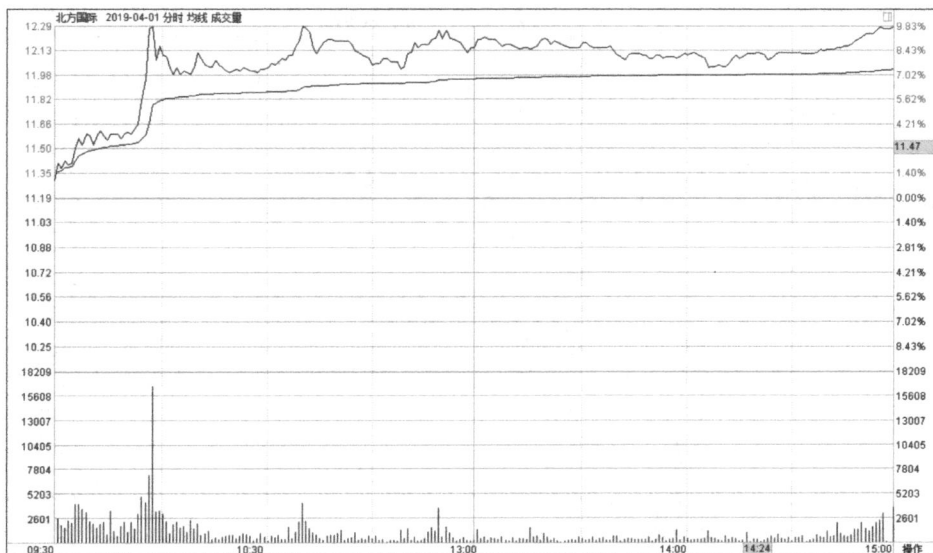

图 3-6　北方国际 2019 年 4 月 1 日分时图

3.2.3　流畅的盘中飙升

短线个股之所以能够强势，往往与场内外的大资金（甚至是有一定参与能力的主力）积极买入、推升有关。市场中散户投资者数量多，但其买卖行为比较随意，难以形成合力，因而个股的短线走强，仅凭散户的力量是难以实现的。

主力的实力较强，在盘中买卖时，也往往大笔大笔地连续交易。一只个股在盘中出现了较为流畅的向上飙升走势，多是连续大买单扫盘所形成的，往往与主力资金的积极参与有关。分时线越流畅，飙升形态越鲜明，并且能够相对较稳地站于飙升后的盘中高点，越代表着主力买入行为的连续性，预示着个股短期内走强的概率较大。

可以说，是否出现流畅飙升的分时线形态是我们把握个股是否强势，以及是否有大资金积极参与的重要线索，也是短线选股时应关注的重点之一。

图 3-7 所示为特发信息 2019 年 4 月 16 日分时图，个股于盘中出现了一波大幅飙升走势，分时线向上飙升时形态流畅、挺拔，没有突兀式的冲高特征，期间的成交量也同步放大。这一波飙升走势出现在盘中稳步上涨之后，体现了多方力量由缓慢释放到加速涌出的连续性，以及多方进攻行为的前后连贯性。

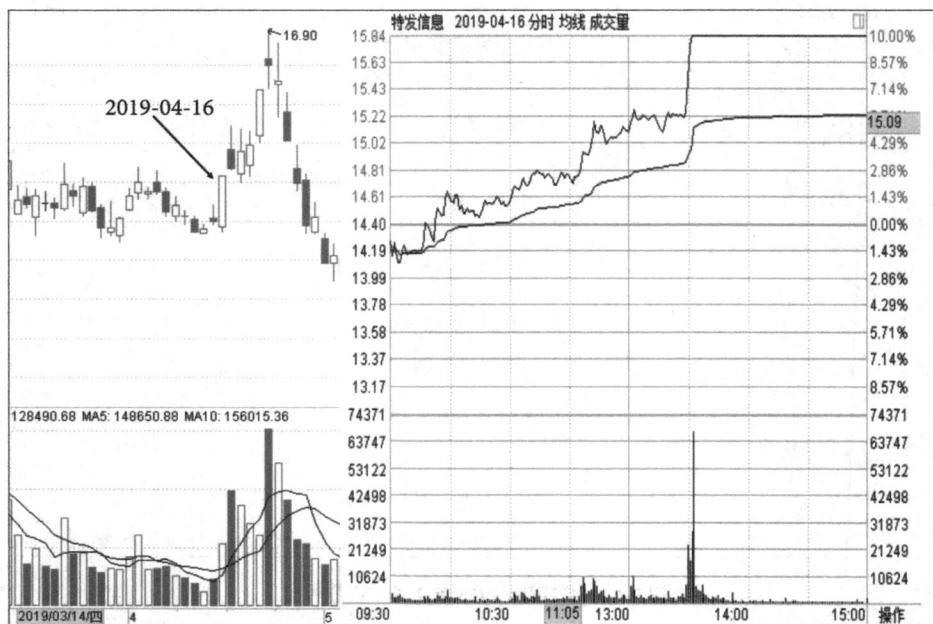

图 3-7　特发信息 2019 年 4 月 16 日分时图

　　而且，在快速飙升之后，个股也能稳稳站于均价线上方，回落不踩均价线，这说明市场抛压较轻。结合个股正处于低位震荡整理格局来看，这个强势特征鲜明的分时图可能预示着一波短线上攻行情的开启，它向我们发出了短线买入的信号。

3.2.4　稳健的放量攀升

　　放量攀升在日 K 线图上是趋势上行的一种形态。同样，在分时图上，时间范围缩小，它是个股短期走势呈现强势特征的一个信号。

　　盘口中的稳健的放量攀升，是指股价以小幅度震荡的方式向上持续运行。我们可以画一条倾斜向上的指示线，随着股价震荡攀升，成交量也不断放出，价的攀升与量的放出呈同向、正比关系。这种分时图形态是买盘源源不断入场、能量释放不急不缓的标志，是个股短线上涨能够很好保持的信号。

　　图 3-8 所示为深圳机场 2019 年 6 月 24 日分时图，个股在盘中的运行出现了稳健的放量攀升的形态，预示着短线走势可能呈现强势格局。在操作中，投资者可以积极买入布局。

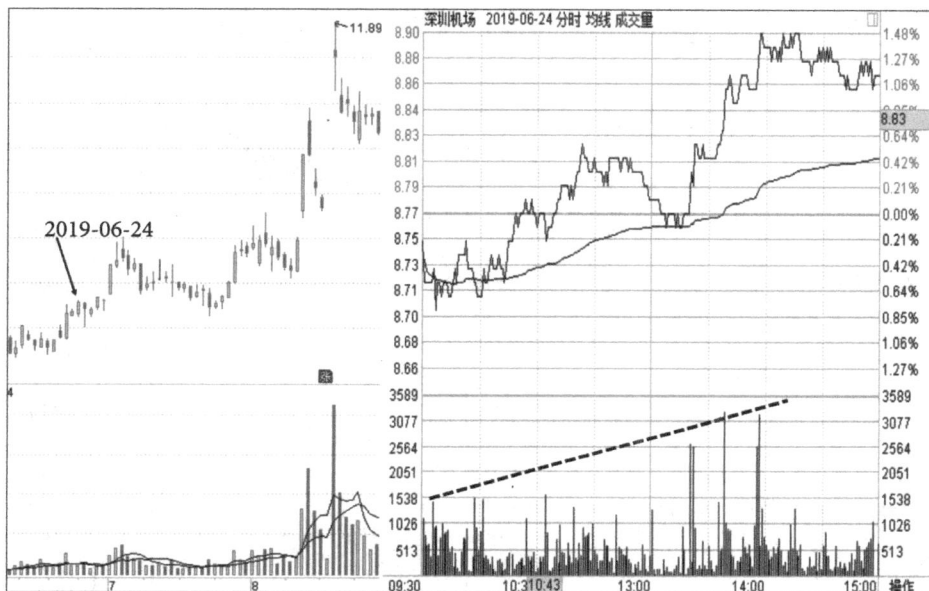

图 3-8　深圳机场 2019 年 6 月 24 日分时图

3.2.5　分时量的同步放大

对于强势分时图，分时量的形态变化也是我们的重点研究对象。强势分时图是买盘源源不断入场、有效抵挡抛单的结果。因而，随着股价在盘中的节节上扬，我们往往会看到分时量不断放大的这种形态，再结合分时线能够高位企稳来看，表明量能的支撑作用明显，个股的强势特征也得到了进一步验证。

图 3-9 所示为天健集团 2019 年 3 月 18 日分时图，随着股价在盘中的不断上扬，可以看到分时量也同步放大。午盘之后，股份涨幅扩大，此时分时量明显放大。对于这种有分时量同步放大为支撑的上涨，分时图所发出的短期强势信号更准确，也更具有持续性。

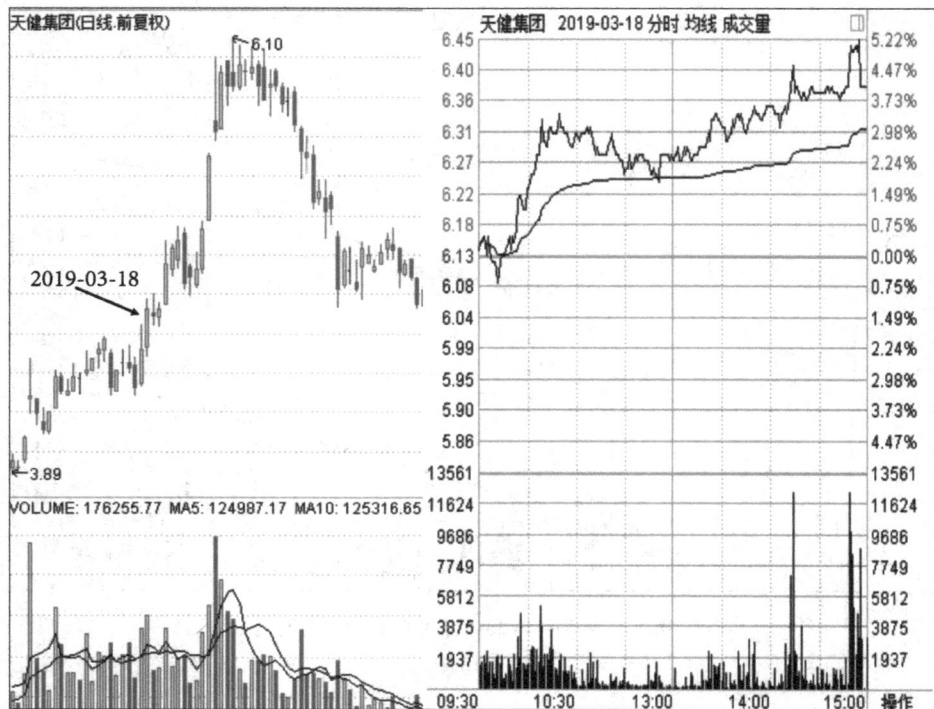

图 3-9　天健集团 2019 年 3 月 18 日分时图

3.2.6　结合指数辨强势

在大盘大涨、个股普涨的情况下，个股的上涨很有可能是被动的，这时的上涨未必就是强势的表现。只有通过对照比较，我们才能辨别个股分时运行的强弱状态。强势股之所以称为强势，更多的是源于它的主动性上涨，而非大盘带动下的被动性上扬。因而，结合大盘当日的走势情况，看看个股的盘中走势，也是我们把握个股是否强势的重要依据。

图 3-10 所示为 TCL 集团 2019 年 11 月 1 日分时图，图 3-11 所示为当日上证指数分时图。对比可见，早盘阶段，指数处于下跌状态，而个股能够逆市上扬并站稳于均价线上方，这种独立的上扬彰显了其盘口强势特征；午盘之后，大盘走势企稳，个股继续震荡走高，体现了多方力量进攻的持续性。结合当日个股正处于深幅调整之后的情况，因而分时图的这种独立走强有着较强的实战意义，它提示我们多空力量对比格局开始转变。在短线上，投资者可抄底入场。

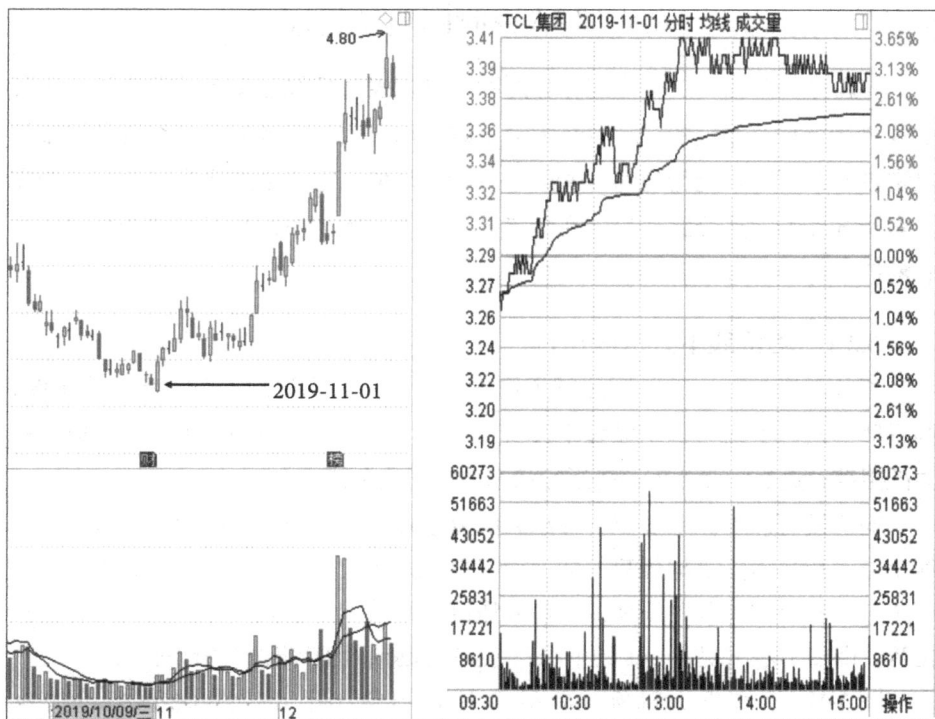

图 3-10　TCL 集团 2019 年 11 月 1 日分时图

图 3-11　上证指数 2019 年 11 月 1 日分时图

3.3　弱势分时图典型特征

与强势分时图相反的是弱势分时图，它代表着短线意义上的弱势股。个股的弱势运行是有原因的，或者是大盘下跌带动所致，或者是有利空消息发布使投资者看跌所致。无论是哪种情形，个股的弱势运行归根结底是买卖双方的实力差距导致的，这最终将呈现在盘口分时图上。本节中，我们将结合分时图形态特征来看看如何辨识弱势分时图。

3.3.1　均价线下方持续运行

若分时线持续、长时间运行于均价线下方，而无法向上有效穿越均价线，则说明当日的卖盘力量明显强于买盘力量，均价线对个股的反弹上涨构成了有力的阻挡，这是个股处于弱势运行状态的一种典型特征。

均价线可以看作是多空交锋结果的分水岭。分时线挺拔有力地运行于均价线上方，代表多方占据优势，即使价格短线回落，也多是回调，随后走强的概率也较大；反之，分时线受到均价线压制，持续运行于其下方，代表空方占据优势，即使个股出现了一定的上涨，也多是反弹，随后走弱的概率较大。

图 3-12 所示为白云机场 2019 年 10 月 14 日分时图，当日开盘之后，个股处

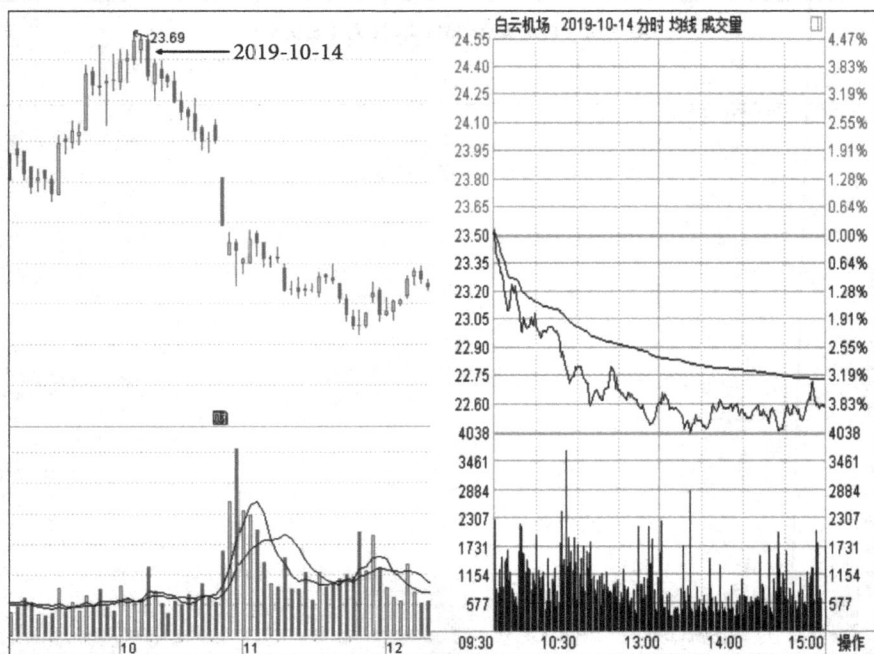

图 3-12　白云机场 2019 年 10 月 14 日分时图

于下跌状态，并且均价线对分时线的压制非常明显，这是弱势分时图的典型特征。结合当日个股正处于盘整区震荡高点的情况来看，这个弱势分时图的出现预示着短期内可能有一波深幅调整走势出现，是卖出信号。

3.3.2 反弹不靠均价线

均价线对投资者的心理有很大影响。股价经一波小幅反弹，却无力靠拢均价线，说明场内的抛售意愿很强，而场外的承接力量不足，是当日盘中空方占据完全主动地位的信号。这既预示着当日的价格走势可能是节节下跌，也预示着次日运行难有好的表现，毕竟这种空方占据了明显主导的市况一旦形成，往往就会持续几日。在操作中，就短线来说，在识别出这种特征后，投资者应及时卖出，特别是在短期涨幅较大的高点。

图 3-13 所示为上海机场 2019 年 9 月 9 日分时图，个股在下跌过程中虽有反弹，但反弹力度微弱，股价无法向上靠拢均价线。这是空方完全占据主导的标志，预示着当日的价格走势可能不断下滑，在操作中，这是短线卖出信号。

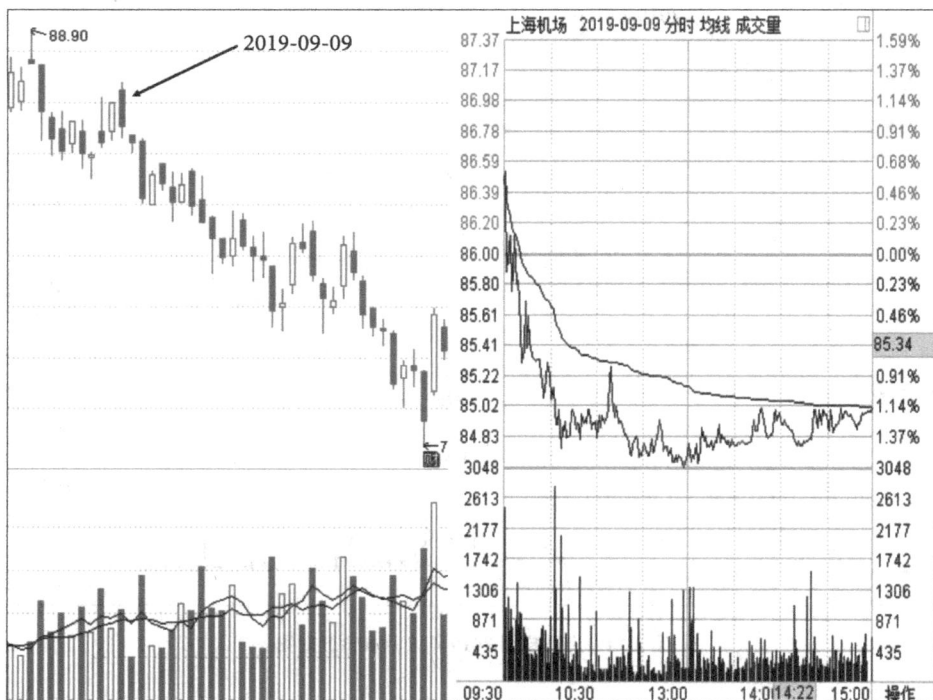

图 3-13　上海机场 2019 年 9 月 9 日分时图

3.3.3　带量跳水回升无量

盘中波动与分时量的配合关系也是我们把握多空力量对比格局的重要线索。跳水时带有明显放大的成交量，表明场内资金抛售力度较大，只能通过拉低股价的方式实现大量出货。而随后的回升波段明显缩量，是入场推动资金明显不足的标志，也是弱势盘口的一个重要特征。也有一些跳水是大盘跳水所致，在这种情况下，如果回升时的成交量能够温和放出而不是明显缩量，则不可定性为弱势。

图 3-14 所示为上港集团 2019 年 8 月 6 日分时图，在当日的早盘阶段，个股出现了两波快速跳水，跳水时的成交量明显放大。这种带量跳水是由于场内资金主动性的大量抛售，是个股短期走势较弱的信号。随后的盘中回升则大幅缩量，表明入场推动资金较少。在这种主动抛盘多、入场推动资金少的市况下，短线下跌走势可能延续，投资者应及时卖出，规避短线风险。

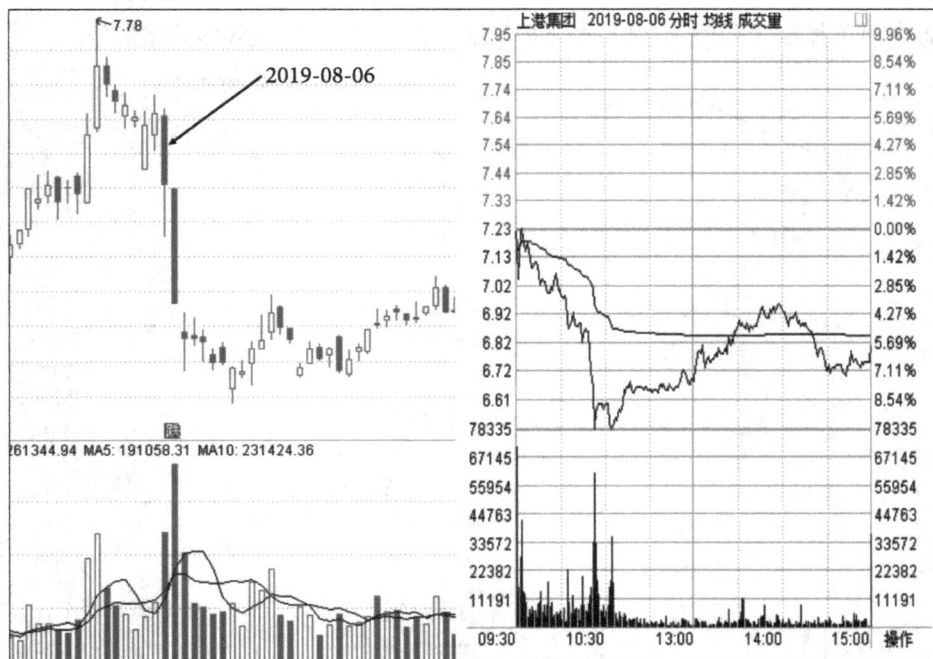

图 3-14　上港集团 2019 年 8 月 6 日分时图

3.3.4 结合指数辨弱势

在大盘走势不佳的时候，绝大多数个股的运行势头也较弱。但是，在大盘走势尚算稳健，并没有出现快速下跌时，也有一些个股因主力出货、利空消息或其他某种原因而持续下跌，甚至是快速下跌。

与强势股原理相仿，我们还可以比照大盘走势来辨识弱势股。弱势分时图的走势往往弱于当日的大盘，这源于弱势股身上存在更多的抛压。一般来说，在短线大涨之后的高点或整理之后的破位点，若出现个股走势弱于大盘的情况，则是一个非常危险的信号，随后的短线下跌空间往往较大。

图 3-15 所示为大名城 2019 年 10 月 10 日分时图，对照图 3-16 所示当日的上证指数分时图来看，个股早盘的跳水及午盘后的走弱均有明显的独立性。结合个股缓慢下跌的形态来看，表明空方仍旧牢牢占据主导地位，下行趋势未发生转变。在操作中，投资者应规避这类个股。

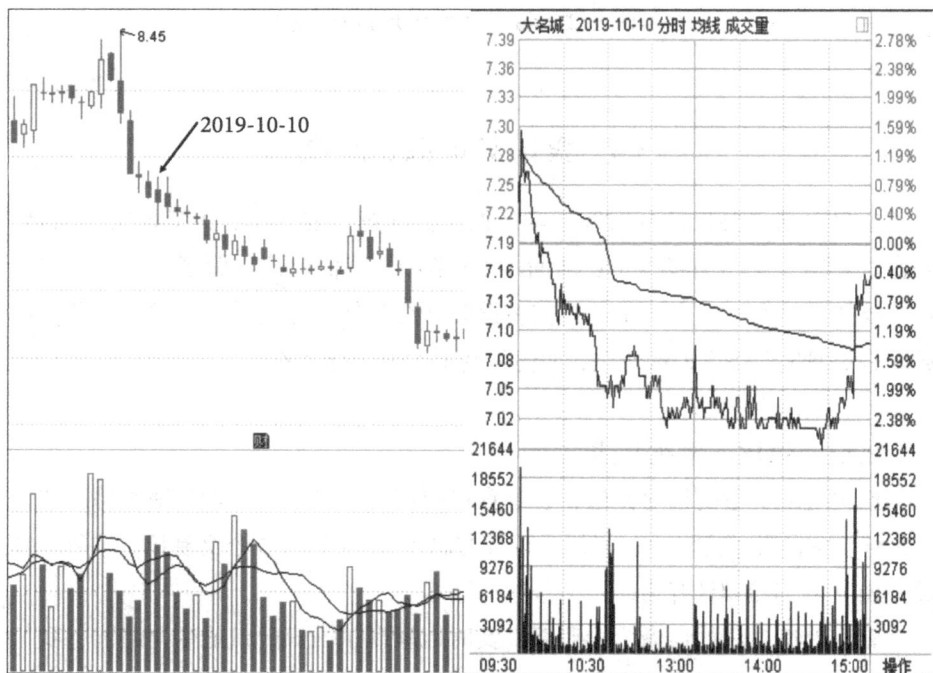

图 3-15 大名城 2019 年 10 月 10 日分时图

图 3-16　上证指数 2019 年 10 月 10 日分时图

3.4　盘口其他数据解读

盘口数据主要包括分时线、均价线、委托盘、委托单、大笔成交、内盘、外盘、量比、量比曲线等。在前面的 3.1 节中，我们已经讲解了分时线、均价线、委托单、大笔成交，本节我们将继续介绍其他的盘口数据，看看这些盘口数据是如何呈现多空力量变化、如何体现主力市场行为的。

3.4.1　量比、量比曲线

量比是成交量的相对比值，它是盘口中实时衡量个股放量与缩量情况的一个指标。它的计算方法是：量比 = 现成交总手 ÷ [（过去 5 个交易日平均每分钟成交量）× 当日累计开市时间（分钟）]。

量比以近几日的均量为参照系，实时地呈现了当日的量能变化趋向，我们可以据此判断当日的成交量是出现了明显的放大还是缩小。通常，若某日量比为 0.8 ～ 1.5 倍，则说明成交量处于正常水平。实盘操作中，量比数值在 0.5 以下或 2.5 以上这两个区间内的股票可以重点关注，它们一个是出现了明显的缩量，一个则是出现了明显的放量。

量比是一种实时性的盘口数据，它以分钟为单位，每一分钟都产生一个量比数值。将这些量比数值依次连接，可以得到一条平滑的曲线，这就是量比曲线。在个股分时图或大盘分时图的下方，我们可以调出量比曲线。

3.4.2 内盘与外盘

内盘、外盘也是两个重要的盘口数据。如图 3-17 所示，内盘是按照买方已经挂单价格成交，是主动性卖出，内盘越大，主动性抛出盘就越多；外盘是按照卖方已经挂单价格成交，是主动性买入，外盘越大，则主动性买盘越多。内盘和外盘相加即为成交量。

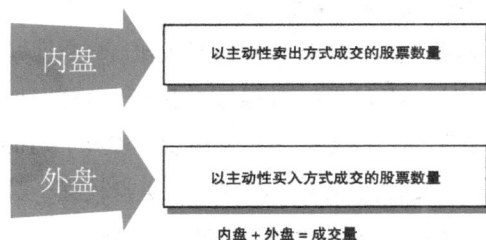

图 3-17 内盘、外盘概念示意图

一般情况下，内盘较大，对应着股价的盘中下跌，因为内盘越大标志着主动性的卖出数量越多，这是个股抛压沉重的标志，价格也随着卖盘的不断涌出而下跌；反之，外盘较大，对应着股价的盘中上涨，因为越大的外盘说明主动性的买入数量越多，这是个股买盘强劲的标志，价格也随着买盘的不断涌入而上涨。

但是，我们也要结合个股的前期走势及当日盘口走势来分析，以下两种情况较为特殊，需要逆向思考。

1. 低位区，内盘大而不跌，是看涨信号

低位区的内盘较大，表明主动性抛盘较多，却无法拉低股价。这表明此时的抛压并不像我们看到的那样沉重，说明委买盘的数量较多，市场承接力明显增强，是空方力量消耗殆尽的标志。一旦买盘开始主动扫货，价格走势就有望出现强势反转。

2. 高位区，外盘大而不涨，是看跌信号

高位区的外盘较大，表明主动性买盘较多，却无法有效推升股价。这表明委卖盘的压单较多，主动性的买单虽然多，但如果这些压单开始主动抛售，则价格走势反转下行的概率较大。在操作中，投资者应注意规避风险，及时离场。

内盘、外盘分别呈现了当日开市后的主动性卖出、主动性买入的成交数量，有益于我们判断目前的市场。但在具体判断上，我们需考虑股价所处的价格位置以及目前的技术走势形态等。根据外盘、内盘的数量判断的方法并不是在所有时间都有效，在许多时候，外盘大股价并不一定上涨，内盘大股价也并不一定下跌。只有当较大的外盘出现在个股的上升途中且当日盘口走势上涨时，才是买盘强劲、升势依旧的可靠标志；也只有当较大的内盘出现在个股的下跌途中且当日盘口走势下跌时，才是卖盘沉重、跌势仍将延续的可靠标志。

3.4.3　委比与委差

前面我们分析了委托单的挂单情况，有一个盘口数据可以以数值比例的方式精确地反映委买盘与委卖盘的对比，它就是委比。

委比是衡量某一时段买卖盘相对强度的指标。它的计算公式为：委比 = [（委买手数 - 委卖手数）÷（委买手数 + 委卖手数）] × 100%。委比的取值范围为 -100% ～ 100%。若委比为正值，说明场内买盘较强，数值越大，买盘就越强劲；反之，若委比为负值，则说明买盘较弱。当委比数值为 100% 时，个股处于涨停板上；反之，当委比数值为 -100% 时，个股处于跌停板上。

委差为大盘或个股的当前买量之和减去卖量之和，反映了买卖双方的力量对比。正数为买方较强，负数为卖方较强。

3.4.4　换手率

换手率也称周转率，主要用于反映一只个股的筹码流通情况。实盘中，新股上市首日的换手率及个股在震荡走势中的区间累计换手率的实战性较强。我们先来看看换手率的市场含义。

换手率是指单位时间内，某只股票的累计成交量与其流通股本之间的比率。其计算公式为：换手率 =（单位时间内成交的总股数 ÷ 个股的流通股本）× 100%。我们常说的换手率就是以交易日为周期的日换手率。

换手率是高是低没有统一的标准，这跟个股的股本结构有关，也与其股性是否活跃有关。一般来说，大股东持股比例较大的个股，换手率会较低，因为大股东一般不参与二级市场交易；股性不活跃的个股其换手率也较低，因为参与交易的短线盘较少。

所谓区间换手率，是指个股在某一段时间内的累计换手率。它主要用于统计个股横盘震荡走势中的区间换手率，可以帮助我们了解主力是否有进出个股的条件。在低位震荡区，如果主力要实现较大力度的吸筹，震荡区要有足够的区间换手率才行。一般来说，低位震荡区的累计换手率不能低于200%。同理，在高位震荡区，如果没有足够的区间换手率，主力也难以完成出货的任务。

3.4.5　振幅

振幅指价格走势在当日盘中的上下震荡幅度，其计算公式为：振幅 = [（当日最高价 - 当日最低价）÷ 上一交易日收盘价] × 100%。振幅体现了多空双方的交锋情况。一只个股的盘中振幅越大，说明多空交锋越激烈。此时，我们可以结合个股的前期走势，分析造成多空双方交锋如此激烈的原因，如是空方力量开始明显增强，还是多方有意反攻。

3.4.6　资金流入及流出

资金流入与资金流出并不适用于个股，它适用于市场整体或板块，用于体现场内外资金的流动方向。

资金流入是指在某一分钟，如果个股或板块在这一分钟处于上涨状态，即这一分钟的股价或指数点位高于前一分钟，则认为这一分钟的个股或板块处于主动性买入状态下，并将这一分钟的成交额计入资金流入中。

反之，资金流出是指在某一分钟，如果个股或板块在这一分钟处于下跌状态，即这一分钟的股价或指数点位低于前一分钟，则认为这一分钟的个股或板块处于主动性卖出状态下，并将这一分钟的成交额计入资金流出中。

每分钟计算一次，全天交易结束后，对全天的资金流入与流出分别进行求和统计，并计算它们的差额，这个差额就是资金流入量（数值为正时）或资金流出量（数值为负时）。

实盘操作中，我们可以重点关注那些连续数个交易日的资金流入力度较大的板块或个股，它们是市场的热点；同时也要关注那些连续数个交易日资金流出力度较大的板块或个股，它们是市场的弃点。

3.5　盘口工具使用技巧

盘口分时图战法，首要的任务就是更实时、全面地观察盘中的各种信息，例如了解市场上的热点所在，观察个股盘中运行是否具有独立性，及时发现自选股的盘中异动……针对这些交易技巧，现在的股票行情软件提供了较为丰富的功能。本节我们就来了解如何利用股票行情软件更好地展开盘口交易。

3.5.1　涨跌幅榜观察市场

利用数字快捷键"60"，我们可以打开沪深两市的涨幅榜，这是一个行情报价表，涨幅无疑是最为重要的盘口数据之一，其他的还有量比、振幅、委比等盘口数据。一般情况下，我们会依据涨幅对全体个股进行排序，那些涨幅与跌幅较大的个股都是我们关注的焦点。涨幅排名靠前的个股往往代表强势，跌幅排名靠前的个股则代表弱势，这些个股蕴涵着机会，也蕴藏着风险。

除此之外，在观察涨幅排行榜时，我们还要有意识地对涨幅排名靠前的个股进行归类，看看哪类个股更多地出现在涨幅榜前列，是人工智能概念、医药板块，还是新能源汽车、节能发电板块，以此来了解当日的市场热点方向。一般来说，一个板块或题材若有多只个股位于涨幅榜前列，则此板块或题材就是资金追逐的热点，这样的板块或题材若处于刚刚启动阶段，则往往蕴藏着很好的短线机会。

3.5.2　综合排名窗口了解最新异动

利用数字快捷键"80"可以查看综合排名窗口，它的主要功能是反映最近5分钟内涨跌幅较大的个股，是一个实时性的盘口指示，方便我们实时地了解当前的异动股有哪些。图3-18所示为综合排名窗口示意图。

今日涨幅排名				快速涨幅排名			周期:5分钟	即时委比前几名			
300676	N华大	19.64	+43.99%	603029	天鹅股份	28.33	+6.66%	300649	杭州园林	47.53	+100.00%
603789	星光农机	20.19	+10.03%	300515	三德科技	16.28	+2.26%	300438	鹏辉能源	29.62	+100.00%
603305	旭升股份	23.73	+10.01%	603988	中电电机	61.13	+2.01%	002802	洪汇新材	34.54	+100.00%
603933	睿能科技	51.54	+10.01%	300259	新天科技	10.81	+1.98%	002761	多喜爱	34.56	+100.00%
603757	大元泵业	42.97	+10.01%	002072	凯瑞德	31.70	+1.90%	000982	*ST中绒	4.08	+100.00%
今日跌幅排名				快速跌幅排名			周期:5分钟	即时委比后几名			
000806	银河生物	11.96	-10.01%	000899	赣能股份	7.80	-1.76%	000702	正虹科技	9.46	-100.00%
300196	长海股份	27.52	-10.01%	002493	荣盛石化	10.12	-1.65%	002175	东方网络	13.27	-100.00%
000820	神雾节能	28.96	-10.01%	002655	共达电声	8.38	-1.41%	300543	朗科智能	41.07	-100.00%
000887	中鼎股份	19.88	-10.00%	000611	天首发展	9.05	-1.09%	002513	蓝丰生化	13.18	-100.00%
300595	欧普康视	53.18	-10.00%	600250	南纺股份	13.78	-1.08%	300196	长海股份	27.52	-100.00%
今日振幅排名				今日量比排名				今日成交额排名			
300676	N华大	19.64	23.97%	002879	长缆科技	36.70	679.72	601318	中国平安	52.77	368,130
000534	万泽股份	11.65	15.31%	603331	百达精工	24.84	303.36	600516	方大炭素	19.21	363,158
002879	长缆科技	36.70	14.47%	603933	睿能科技	51.54	206.21	601668	中国建筑	10.15	327,414
603617	君禾股份	28.56	14.29%	603617	君禾股份	28.56	124.39	600326	西藏天路	12.09	302,670
000635	英力特	20.04	12.70%	000932	*ST华菱	4.95	28.10	603993	洛阳钼业	6.30	246,008

图3-18　综合排名窗口示意图

3.5.3 图形叠加辨强弱

前面在讲解强势分时图、弱势分时图时提到，以大盘指数为参照系来辨识个股强弱是一种很好的方法。但是，在个股走势图与指数走势图之间来回切换，显然既麻烦，又不便于观察。股票行情软件一般都提供了叠加功能，即可在同一个坐标系中同时显示不同品种的走势情况，此时的坐标系以涨跌幅为纵轴，以时间为横轴。下面分别以同花顺和大智慧 365 行情软件为例，来看看如何对走势图进行叠加。

在同花顺软件中，我们首先打开某只个股的 K 线走势图（或分时图）界面，在显示 K 线走势（或分时走势）的主图窗口中，右击可以调出一个快捷菜单，单击"叠加品种"，当然会弹出图 3-19 所示的对话框。随后，选择要叠加的品种"上证指数"即可，当然也可以叠加其他个股，甚至是板块指数，只要我们认为两个品种在走势上存在着某种关联，具有比对价值，就可以进行叠加。

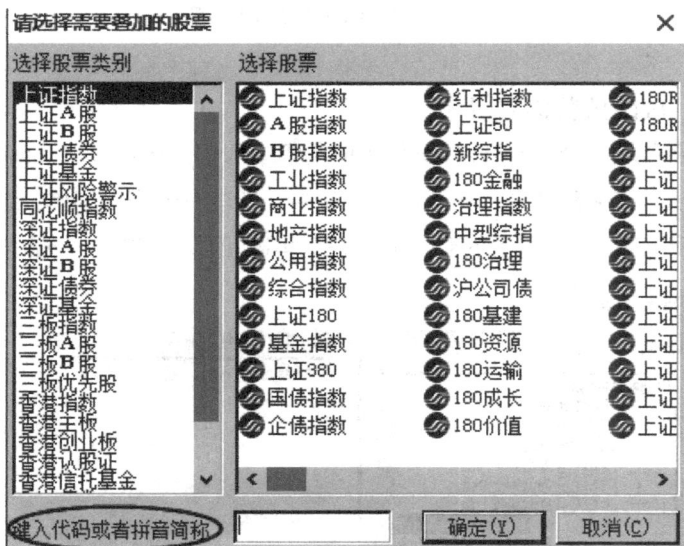

图 3-19　"请选择需要叠加的股票"对话框

在大智慧 365 行情软件中，将鼠标指针移到走势图上方会看到一个功能条，如图 3-20 所示。其中有"图形叠加"选项，单击此选项（注：旁边的小锁头图形标志可以锁定叠加效果，锁定后，在切换走势图时，叠加方式不会改变），会弹出图形叠加对话框，在这个对话框中选择要叠加的品种即可。

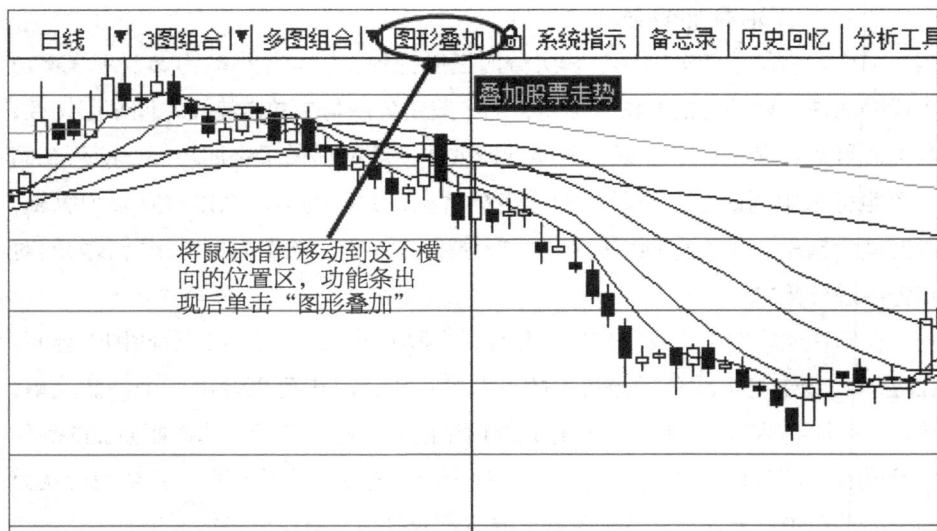

将鼠标指针移动到这个横
向的位置区，功能条出
现后单击"图形叠加"

图3-20 "图形叠加"选项示意图

3.5.4 盘口预警信号设定

我们还可以设定预警条件，例如个股的盘中涨幅上破百分之几时发出预警，5分钟涨幅大于1%预警等。在同花顺软件中，通过右击调出菜单，选择"雷达预警"，会弹出图3-21所示的对话框，在这里既可以设定相关个股、板块等的

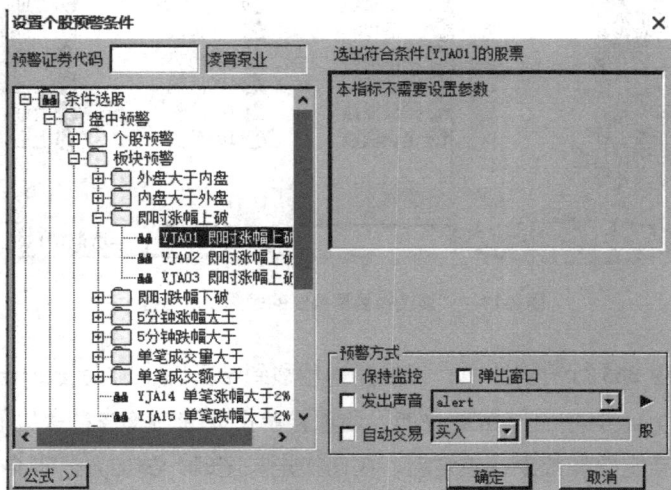

图3-21 "设置个股预警条件"对话框

预警条件，也可以设定条件来筛选个股。在大智慧365行情软件里，我们可以通过"菜单—工具—预警"命令来进行设定，方法与同花顺软件类似，此处不再赘述。

3.5.5　实时观察了解异动原因

个股于盘中出现明显异动，例如快速飙升或跳水等，可能与消息面有关。除此之外，还有一些关于股市或个股的实时性消息需要关注，在股票行情软件中，可以通过调用盘口观察功能实现。

例如，大智慧 365 行情软件在盘中交易时间段会实时弹出一些信息提示窗口，其作用就是帮助我们了解市场最新动态，提示一些出现异动的个股信息。我们也可以通过"菜单—工具—实时观察"命令单独调出这个"实时观察"窗口，如图 3-22 所示。

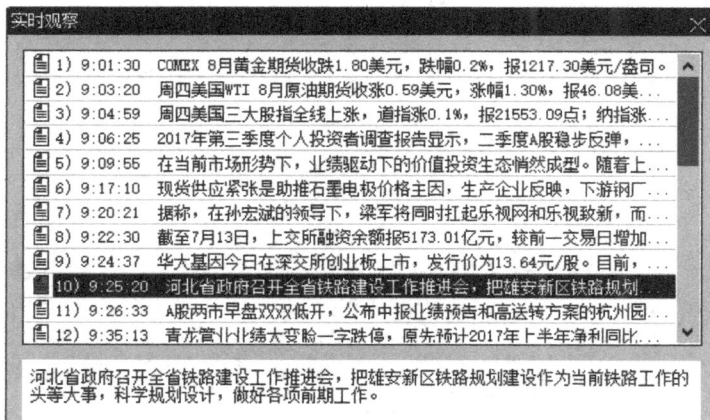

图 3-22　"实时观察"窗口

实时观察是我们实时了解市场的一种重要方法，对于市场上突然出现的热点和消息，它可以在第一时间进行提示，从而使我们把握住最佳的交易时机。

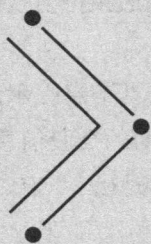

第 4 章

分时图运行要点解读

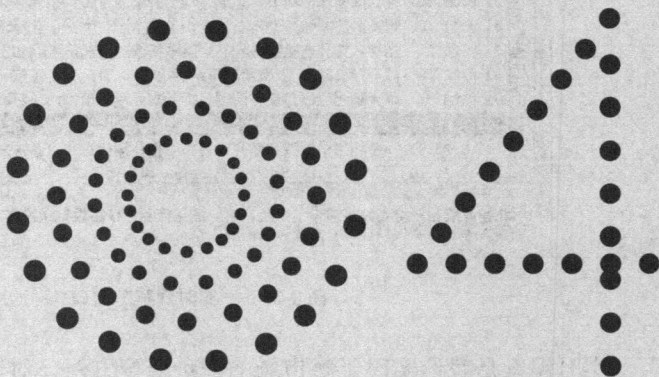

在上一章中，我们讲解了分时图的一些基本要素、强弱势分时图的区分方法以及盘口工具的使用技巧。本章中，我们深入一步，以盘中交易时间段为线索，介绍在不同的时间段内，有哪些需要重点关注的要素：是关注开盘价的高低，还是关注中盘的反转，或是关注尾盘的异军突起？本章只对盘中不同时间段的关注要素进行策略性描述，对于形态的具体解读则放在随后的章节中，这也符合先抽象再具体的思维习惯。

一个交易日的盘中交投过程可以划分为 3 个时间段：一是早盘阶段，主要指开盘至 11：00 这段交易时间；二是中盘阶段，也称为午盘前后，主要指 11：00 至 14：00 这段交易时间；三是尾盘阶段，主要指 14：00 至收盘这段交易时间。

4.1　分时线形态要点解读

分时线的运行形态，有的看起来比较平稳、自然，多空双方的交锋张弛有度；有的则显得突兀、怪异，似乎多空双方在间歇性发力。依据分时图运行的这些特点，我们可以对其进行归类，以方便研究。实际上，它们的不同形态也确实反映了不同的市况，在价格走势的判断上起着重要作用。我们就以此为出发点，进一步了解不同类型的分时形态下隐藏的玄机。

4.1.1　流畅与突兀的区别

在盘中上涨波段，流畅型的分时线是连续入场的大单推动形成的，代表买盘的充足与源源不断，一般来说，此时盘中上涨更坚实，也是更为可靠的短线上攻信号；反之，突兀型的分时线则往往是几笔高价大单闪现的结果，股价也难以站稳于盘中高点，其所预示的短线上涨信号往往并不可靠。因而，当个股于盘中上涨时，我们应关注这种上涨是流畅、挺拔的飙升，还是突兀的异动。二者在形态上差异明显，下面我们结合实例来进一步了解。

图 4-1 所示为华能水电 2019 年 5 月 30 日分时图。个股在盘中出现了两波快速飙升，可以看到，飙升时的分时线形态较为流畅、挺拔，并且同期的量能连续放大，这种盘中上扬形态是买盘充足、后续入场连续性强的标志之一。在实盘中，这种类型的盘中上涨也更值得关注，它往往是个股短线启动的信号。

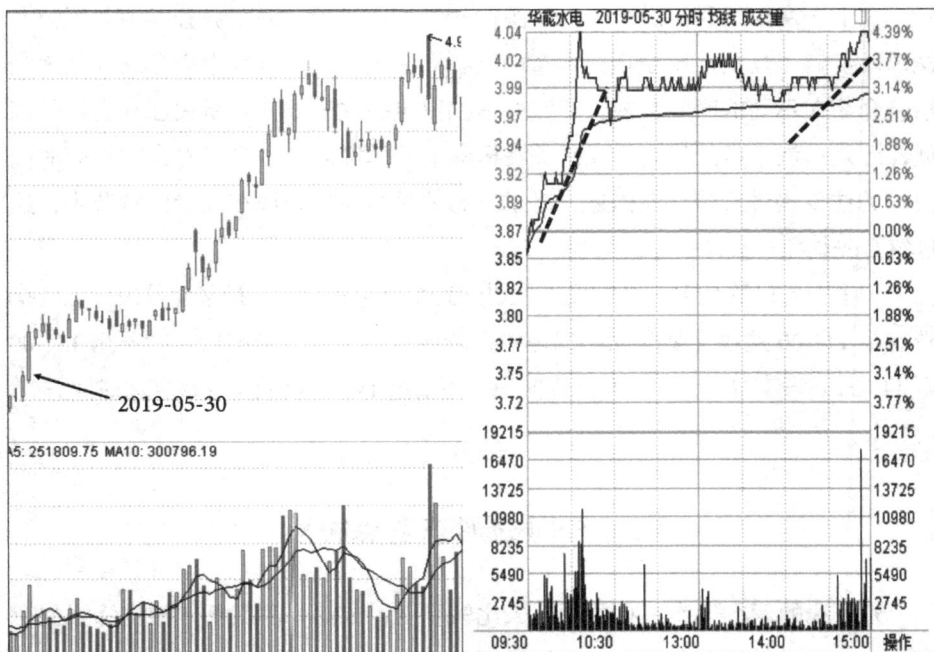

图4-1　华能水电2019年5月30日分时图

图4-2所示为福建高速2019年7月5日分时图，个股只用了5分钟就被几

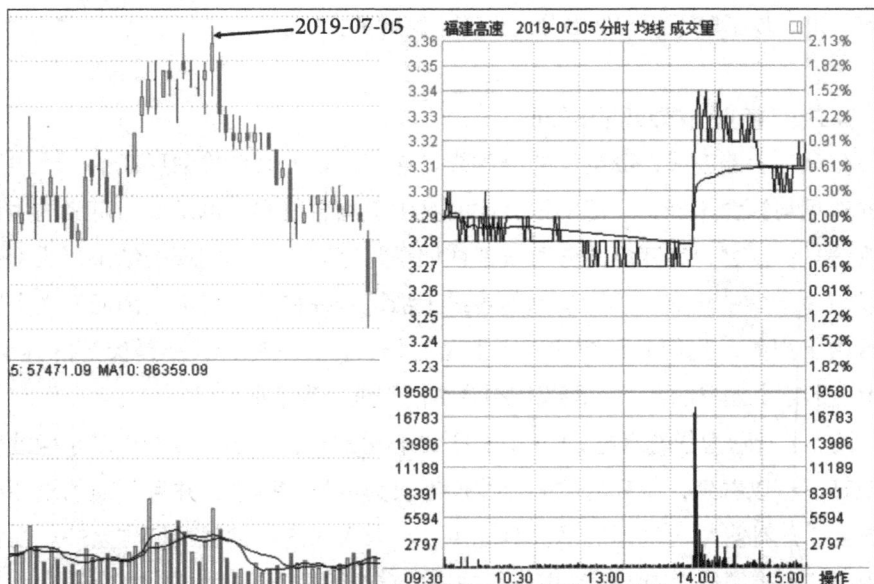

图4-2　福建高速2019年7月5日分时图

笔高价大买单推升了近2个百分点。这种盘中飙升虽然速度更快，但并不是连续大买单扫盘形成的，其上涨方式过于迅疾，是一种突兀的上涨。

一般来说，这种突兀的上涨形态并不代表多方力量的主动进攻，反而可能引发大量的抛单离场，从而造成短线下跌。在操作中，它更多的时候非但不是个股短线启动的信号，反而常常是下跌前的警示信号。

4.1.2 波动与跳动的区别

分时线的波动体现了多空双方的交锋情况。无论是多空力量的此消彼长，还是势均力敌，分时线的运行都应是正常的上下波动状态，而不是间歇性的跳动或有规则的跳动。

对于在分时运行中呈现出跳跃状的个股，我们可以将其理解为是散户参与程度较低、大资金的盘中买卖行为不连续所致。综合个股表现来看，这类个股虽然在走势上有很强的独立性，但是多以波动幅度较小的整理为主，缺乏上升动力，破位的概率则较大。在操作上，投资者应尽量规避。

图 4-3 所示为招商银行 2019 年 10 月 11 日分时图，这是一个很普通、看起来也十分自然的分时线运行形态。无论是缓慢的震荡攀升，还是小幅度上扬，股

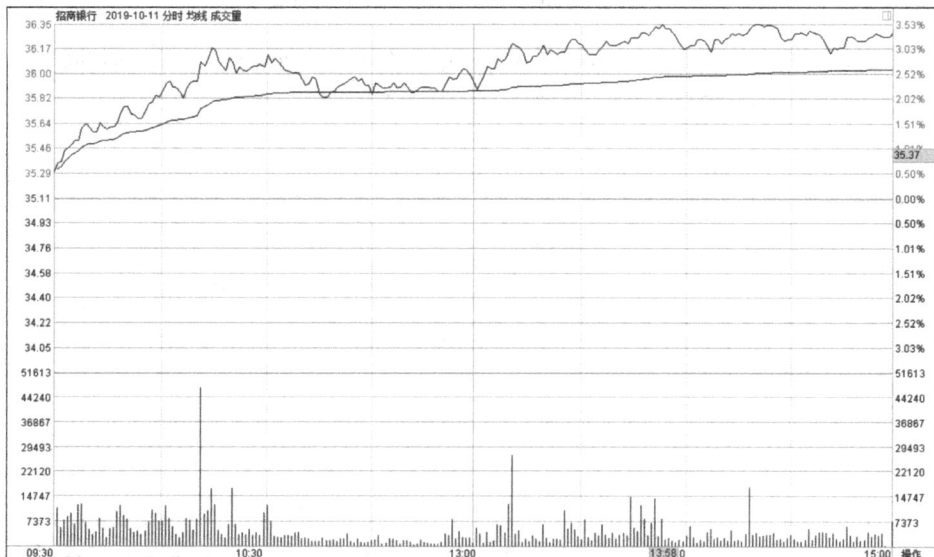

图 4-3　招商银行 2019 年 10 月 11 日分时图

价的盘中波动都很好地体现了多空力量的变化、过渡，我们可以借助分时线形
态来预测价格走向。

图 4-4 所示为华润双鹤 2019 年 12 月 27 日分时图，个股的分时线在盘中箭
头处出现了突然性的跳水，分时线运行中的突兀特征更明显。

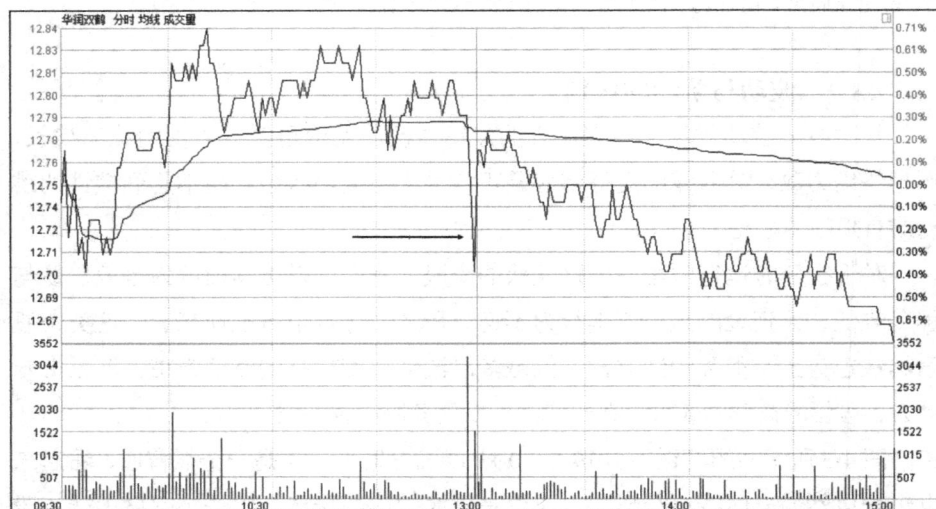

图 4-4　华润双鹤 2019 年 12 月 27 日分时图

图 4-5 所示为中直股份 2019 年 12 月 27 日分时图，个股运行时的跳动特征

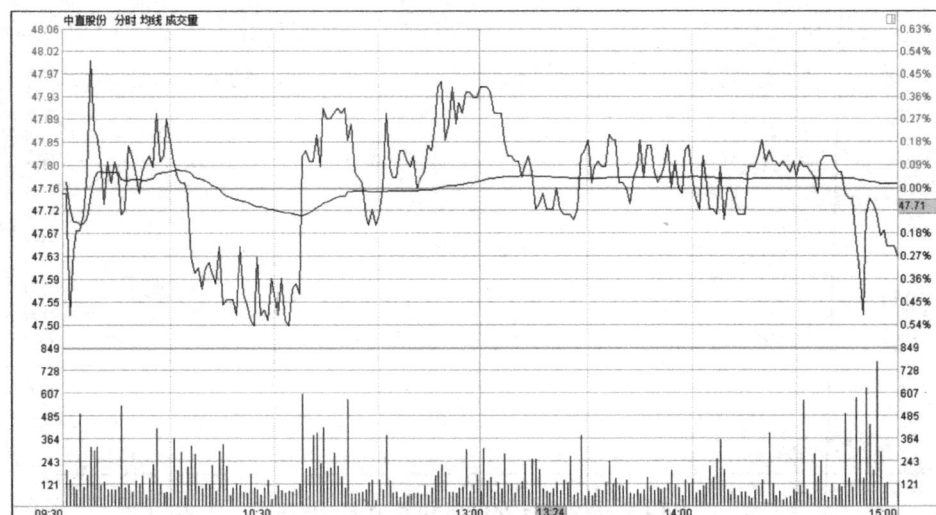

图 4-5　中直股份 2019 年 12 月 27 日分时图

更明显。综合来看，若大量散户参与交易，一般不会出现这种明显的盘中跳动形态，它通常表明大资金的参与力度较大。但此时的个股处于高位区，若大资金有意抛售，因市场承接盘较少，则破位下行的风险增大。在操作中，投资者应尽量规避这类个股。

4.1.3　涨跌波段的对比

盘中会出现多波上涨或下跌，将上涨波段的时间和长度与下跌波段进行对比，就可以更好地了解哪种波段类型占据优势，从而把握多空力量的对比格局，这就是涨跌波段的对比方法。

在很多时候，个股虽然在盘中处于上涨状态，且分时线运行也看似强势，但次日或随后几日却容易出现大幅回落。如果能从这个角度理解分时线运行形态，我们就可以更好地辨识它的强弱情况，而不是简单地依据涨跌幅情况来辨识。

通过对盘中涨跌时间段进行对比来把握分时图的强弱情况，是一种很好的方法，它可以让我们看到更为真实的多空交锋情况。有的时候，个股的分时图形态处于上涨状态，看似强势，但如果从这个角度来分析，就会发现其实多空力量对比格局正在悄然转变。涨跌波段的对比可以细分为两种：涨短跌长和涨长跌短。

涨短跌长是指在分时图上，股价上涨的时间段较短，即使盘中有上冲，也显得仓促、短暂，在更多的盘中时间内，价格走势处于震荡下跌格局中。涨短跌长的盘口形态出现在短线高点时，实战性较强，是空方抛压较多、价格走势即将回落的信号。

图 4-6 所示为葛洲坝 2019 年 9 月 5 日分时图，个股早盘及午盘之后的运行均出现了明显的上涨波段短促、回落波段持续性更强的运行格局，这就是涨短跌长的典型盘口特征。结合个股正处于短线高点的情形来看，这种盘口特征体现了抛单的持续性及主动性，是空方力量快速转强的信号，短线应卖出。

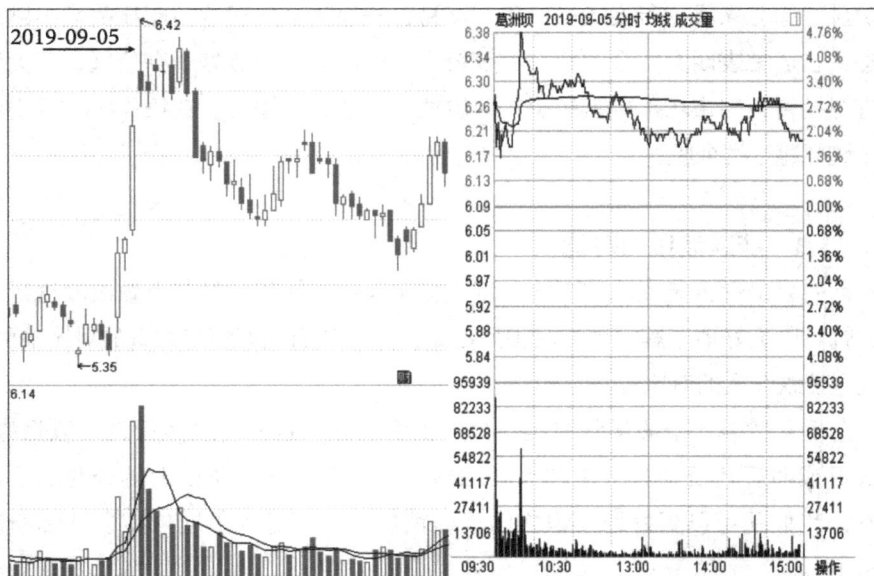

图 4-6　葛洲坝 2019 年 9 月 5 日分时图

　　涨长跌短是指在分时图上，股价上涨的时间段较长，持续性较强，回落波段则相对短促。涨长跌短的盘口形态出现在短线低点时，实战性较强，是市场承接力度明显增强、买盘主动性提升的标志，也预示着短线上涨有望开启。

　　图 4-7 所示为三一重工 2019 年 11 月 1 日分时图，从图中几个上涨及回落波

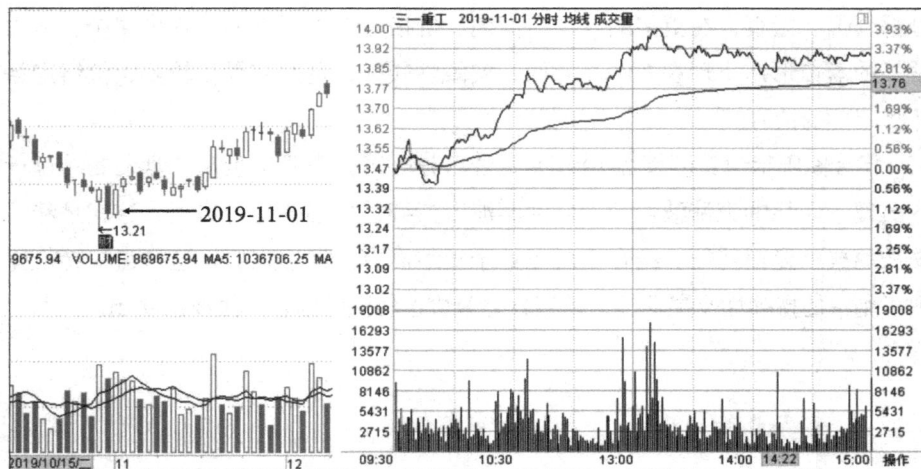

图 4-7　三一重工 2019 年 11 月 1 日分时图

段可以看出，上涨波段的持续时间及力度均明显强于回落波段，盘中的涨长跌短特征十分鲜明。

值得注意的是，盘中的横向整理走势并不纳入统计。一般来说，上涨波段之后出现的横向整理更具有上涨含义，而下跌波段之后的横向整理则有着较强的下跌含义。

4.1.4 震荡的深度与方向

个股从开盘到收盘只出现了小幅度的上涨或下跌，但是盘中的震荡幅度较大时，代表多方或空方曾在盘中发起过强烈的攻势。虽然无功而返，但却代表着原有力量对比格局正悄然转变。如果此时的股价正处于短线大涨后的高点或快速下跌的低点，则多预示着价格走势将转向。

一般来说，短线大涨后的高点出现盘中大幅度上冲、随后又持续回落的盘口形态，说明市场的逢高抛压较重，多方推升无果，是短线下跌信号；反之，短线大跌后的低点出现盘中大幅下探、随后又"收复失地"的盘口形态，说明市场的承接力度加强，空方未能有效使股价下跌，是短线上涨信号。

图 4-8 所示为中船科技 2019 年 9 月 2 日分时图，个股在早盘阶段出现了大

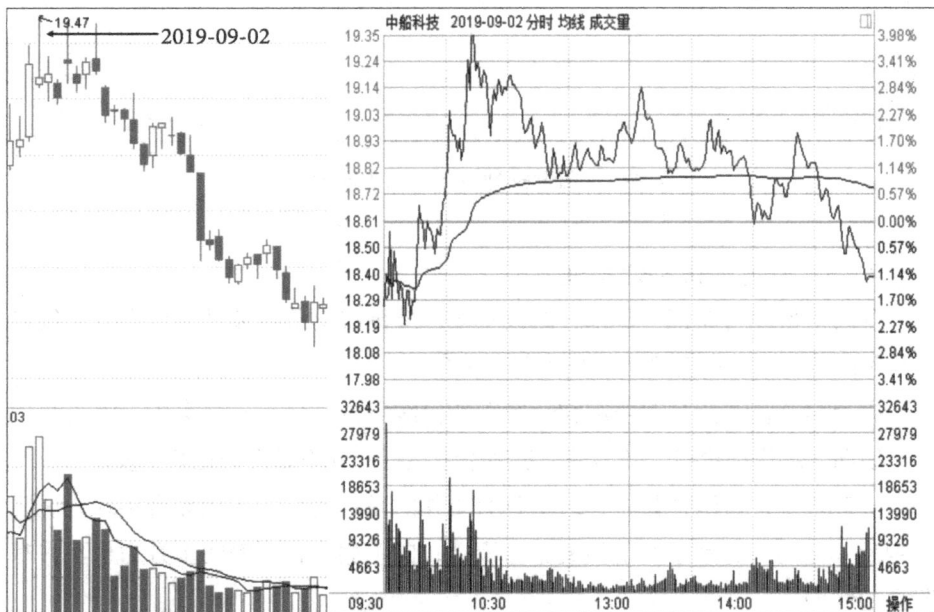

图 4-8 中船科技 2019 年 9 月 2 日分时图

幅度飙升，从最低点到最高点的盘中涨幅超过 6%，收盘前则大幅回落，仅收于小涨。这是方向向上的深幅震荡，也是多方推升遇阻的信号，结合个股当前正处于短线大涨后的高点的情况来看，它是短线下跌走势即将出现的信号。

图 4-9 所示为中船科技 2019 年 11 月 1 日分时图，在短线大跌后的低点出现了盘中方向向下的深幅震荡。这是空方意图拉低股价遇到多方有力承接的信号，预示着反弹行情的出现。在操作中，投资者可以适当参与，博取反弹收益。

图 4-9　中船科技 2019 年 11 月 1 日分时图

4.1.5　分时均价黏合特征

分时均价黏合特征，是指分时线小幅度地围绕均价线波动。结合分时线靠拢均价线的方向，黏合又可以分为向上黏合和向下黏合。

向上黏合，是指分时线起初运行于均价线下方，随后一波盘中上涨走势使分时线向上靠拢均价线，随后在均价线附近运行；向下黏合则正好相反。

一般来说，这两种黏合形态均具有更强的看跌含义。向上黏合出现，说明盘中反弹无力，遇到了均价线的强力阻挡；向下黏合，则表明多方力量不占有明显的优势。

当然，向下黏合在一些时候也具有上涨含义。当股价处于低点时，若个股由盘中大幅上涨的状态转变为向下黏合，则只宜看作是短暂的盘中回调。此时的均价线仍具有支撑作用，也代表多方力量依旧占据主动，是上涨信号。

反之，在短线高点，向下黏合是买盘优势不明显的标志，往往预示着短线的回落。特别是对于股性较活的个股，股价的运行方式是不涨即跌，股价在高点是难以保持平稳状态的，要想保住之前的上涨成果，最有效的方法只能是让其再度上涨，此时出现向下黏合往往就是短线回落前的预示性信号。

图 4-10 所示为东方金钰 2019 年 9 月 5 日分时图，个股在盘中出现了大幅上涨，但无法站稳于盘中高点，股价向下回落至均价线附近。结合个股正处于下跌途中的整理区间的情况来看，这是反弹遇阻的信号。在操作中，当日可以减仓，次日无法走强则应清仓离场。

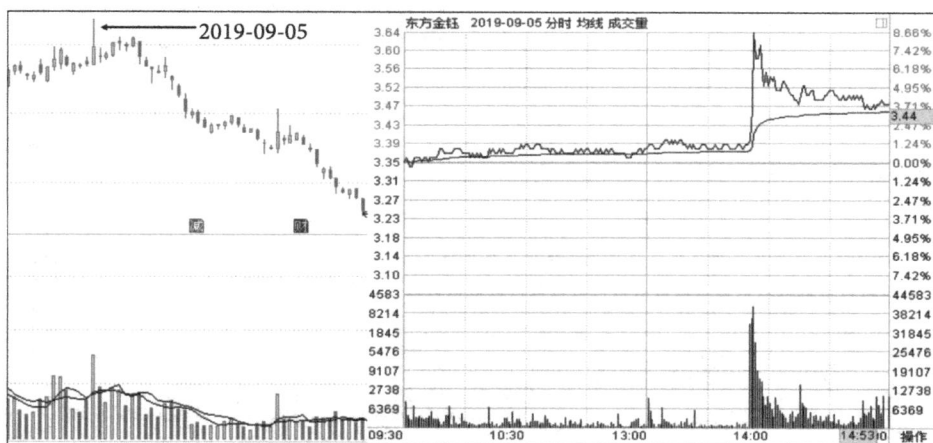

图 4-10　东方金钰 2019 年 9 月 5 日分时图

4.1.6　强弱转换的特性

强势分时图、弱势分时图的运行形态都较为鲜明，但市场的多空变化往往是瞬间完成的，盘中出现的强势格局不一定能延续到收盘。同样，弱势的盘口形态也可能转为强势。对于盘中出现的强弱转换，我们要及时、客观地看待，不能先入为主，反应滞后。

盘中出现的强弱转换可以从均价线的角度来把握：当强势分时图出现向下

跌破均价线且无法快速收复的情况时，可以看作由强转弱；反之，则是由弱转强。一般来说，在中短线低点出现的由弱转强是上涨信号，在中短线高点出现的由强转弱则是下跌信号。

图 4-11 所示为中信海直 2020 年 3 月 11 日分时图，个股在中盘出现了一波强势飙升，上扬时分时线流畅、挺拔，分时量放大充分。这是典型的盘口启动、强势上涨的分时图，但股价却无法站稳于盘中高点，出现了大幅回落。这就是一个由强转弱的过程，随后股价运行于均价线下方则是上涨状态下的弱势盘口形态。从日 K 线图来看，当日正处于短线大涨后的高点，这种由强转弱的盘口形态就是一个较为明确的短线回落信号，应卖出。

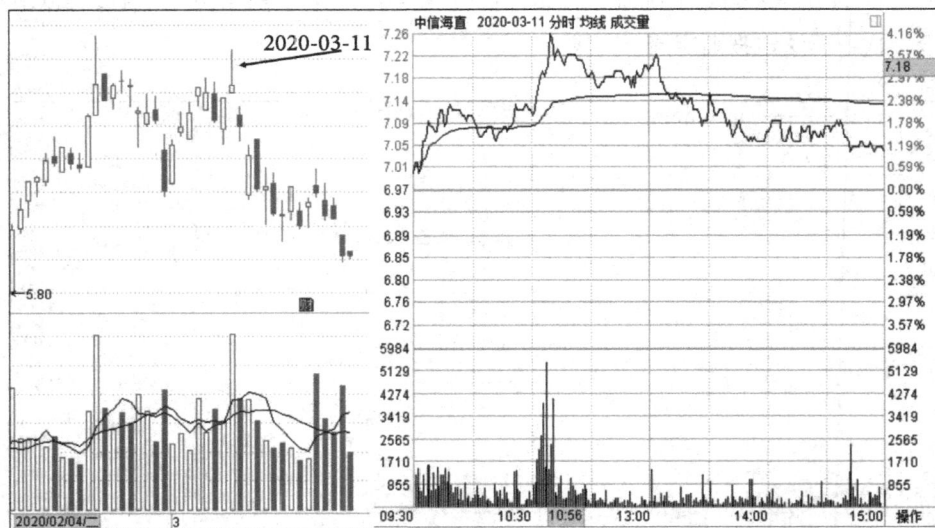

图 4-11　中信海直 2020 年 3 月 11 日分时图

图 4-12 所示为兰花科创 2019 年 11 月 18 日分时图，在经历了短线大幅下跌之后，当日的盘中出现了由弱转强的多空转换。在盘中一波跳水之后，股价开始逆转向上并穿越了均价线。此时的分时线在均价线附近波动，由弱转强过程并未完成。就短线抄底来说，此时不宜过早进场，因为均价线的阻力作用较强，个股的盘中反冲可能只是偶然性的。

图 4-12　兰花科创 2019 年 11 月 18 日分时图

随后，股价再度震荡上扬并向上脱离了均价线，至此，由弱转强过程完成，多空力量的转换也趋于明显。在操作中，投资者可以在股价小幅度的震荡中择机买入，博取反弹行情利润。

4.2　集合竞价要点解读

集合竞价时间段将产生开盘价，开盘价就是每个交易日的最初成交价。对于国内的沪深 A 股市场，每个交易日的 9：15—9：25 为集合竞价时间段，9：30—11：30 和 13：00—15：00 这两个时间段为连续竞价时间段。

4.2.1　"9：15—9：20"的规则

证券交易所在每个交易日的 9：15 开始接受买卖申报，虽然大多数券商在更早的时间，甚至是前一个交易日晚间就可以申报，但这些申报指令并未发送到交易所，只有等到当日的 9：15 之后才会发送。

在 9：20 之前，发送的委托单指令可以随时撤销，此时不会成交，因而买卖双方可以自由挂单，不必担心会成交。这也往往使得个别股票的竞价在这个时间段因为个别大资金的高价（或低价）委托指令而大幅偏离上一日的收盘价，但这并不是真正买卖意愿的体现。对此，投资者不必过于关注，因为这会在9:20之后得到修正。

4.2.2　"9:20—9:25"的规则

9:20之后再发出的委托指令，或是之前已发出但未及时撤销的指令，就不能够撤销了。此段时间进行撤单操作，要等到9:25确立集合竞价后，且在没有成交的情况下，才能够撤单成功。

到了9:25，集合竞价结束，沪深证交所的计算机以每只股票最大成交量的价格来确定个股的开盘价格。9:25这一刻，即确立当日开盘价及成交的数量。

4.2.3　解读竞价单的变化

在9:20—9:25这个时间段，挂单就不能过于随意了，因为委买价较高或委卖价较低，一般会直接成交。竞价会随着买卖盘的变化而不断变化，特别是对于一些近期价格波动较大、成交活跃的个股，竞价时的股价变化方向很关键。

价格的方向变化也反映了多空力量的变化，价格是随着持续竞价而节节上扬还是不断下滑。节节上扬的变化方式多预示着买盘充足且在主动推升价格，开盘后有望冲高；反之，则预示着抛压较重，开盘可能出现下探的信号。

我们在开盘前还需特别留意两种情形。第一种是上一交易日为较为强势的涨停板，但当日集合竞价时却不断走低，基本处于平开状态，开盘时一般会看到大压单出现在上方。出现这种情况，开盘之后出现股价急速跳水的概率较大。第二种是有利好消息或题材刺激，集合竞价时股价节节上扬，出现了一定幅度的高开，开盘时一般会看到大托单出现在下方。出现这种情况，开盘之后股价上冲的概率较大，甚至能快速封板。对于这两种情形，我们要结合价格的中短线走势来分析。第一种情形在短期涨幅较大时出现，是风险大于机会；第二种情形在短期跌幅较大时出现，是机会大于风险。

4.3　早盘要点解读

早盘，主要是指从开盘到上午 11：00 这个时间段。一般来说，早盘的走势往往决定了全天的价格发展方向。早盘出现的快速上涨、冲高回落、探底反转等形态均有很强的趋势性，既反映了多空力量交锋的结果，也预示着全天的股价走向。

而且，场内大资金若有所行动，无论是大笔买入实施拉升，还是大笔抛售进行出货，往往都会选择早盘时间段。分析早盘的分时图形态，我们往往可以对全天的走势做到心中有数，毕竟盘中逆转的走势相对来说只是小概率事件。

4.3.1　关注跳空开盘

集合竞价确定开盘价，依据开盘价与上一交易日收盘价的高低关系，可以将其分为高开、平开、低开。高开与低开往往对当日个股的盘中走势有重要影响，是市场各方对当天股价的一个预期。它既有可能是主力参与行为的体现，也有可能是个股对消息面的反映，明显的低开与高开（幅度超过 1%）往往也同步预示着多空力量的变化。

成交稀少、市场交易清淡下的高开或低开的实战意义往往不大，因为少量的高价大单或低价抛单就可以大幅度影响开盘价，此时的高开或低开不会出现明显放量；而放量形态下的高开或低开，则有着较强的实战意义。

放量高开反映了个股在当日开盘时出现了明显的异动，产生这种异动的原因既有可能是利好消息的刺激，也有可能是主力参与意图的体现。放量低开的原因类似，既可能是受利空消息影响，也可能是主力参与行为的体现。

在没有消息刺激或题材配合的情况下，放量高开多源于主力的参与行为，主力的真实意图可能是吸筹建仓、进行拉升，此时投资者应结合股价具体所处的位置加以判断。当股价处于较低价位区间时，放量高开既是市场能量聚集的表现，也是主力活跃于其中的表现。放量高开表明市场对股票的未来行情看好，是股价积极上涨的信号，投资者可以积极关注此股的后期表现。一般来说，我们可以通过量比这一数值把握高开时是否出现了放量，如果量比数值超过 2，则可以视作放量。下面我们结合实例加以说明。

图 4-13 所示为电科院 2017 年 7 月 13 日开盘时的委托挂单情况，个股上一交易日收于 10.01 元，当日开盘价为 10.15 元，属于高开。结合图 4-14 左侧的日 K 线图来看，其正处于中短线下跌后的低点，这种高开且开盘时呈放量的状态预示了反弹行情的出现，是主力短期有意参与个股的信号之一。图 4-14 所示为此股当日的运行情况。

当日以放量高开为起点，个股于盘中节节走强，最终封于涨停板。如果我们可以准确、及时地了解这个放量高开所蕴含的市场信息，第一时间买入，则可以获得不错的反弹收益。

电科院2017/07/13		
卖盘	5	10.22	10
	4	10.20	85
	3	10.19	46
	2	10.18	118
	1	10.16	33
买盘	1	10.15	88
	2	10.12	179
	3	10.10	495
	4	10.09	265
	5	10.08	56

图 4-13 电科院 2017 年 7 月 13 日开盘时状态

图 4-15 所示为盐湖股份 2017 年 4 月 17 日分时图，个股在长期整理之后，当日出现了跳空低开。长期整理之后的跳空低开是有风险的信号，多预示着股价方向的选择。在短线操作上，投资者应在第一时间（开盘时）减仓。开盘后的运行中，分时线持续位于均价线下方，这说明空方已占据了明显的主动地位。在股价刚刚出现方向选择时，盘中走势很难出现逆转，在中线操作上，投资者应清仓离场，以规避风险。

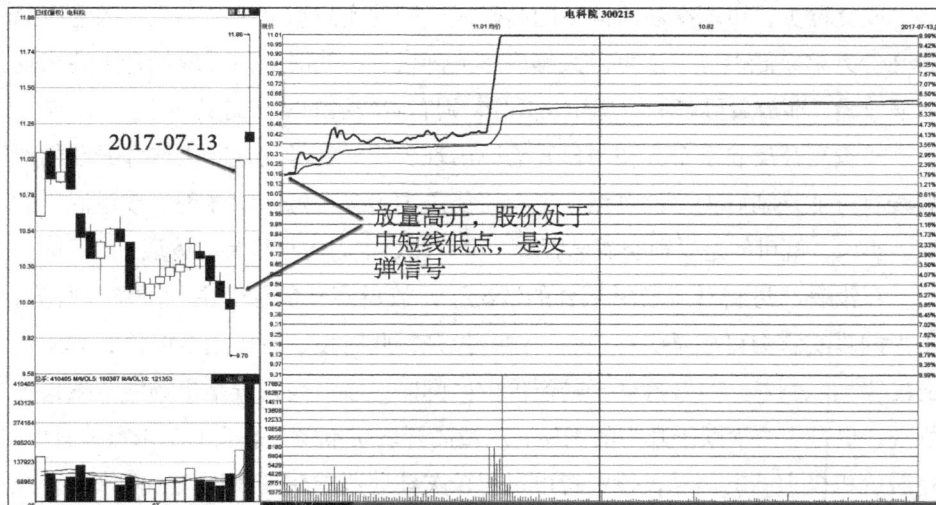

2017-07-13

放量高开，股价处于中短线低点，是反弹信号

电科院 300215

图 4-14 电科院 2017 年 7 月 13 日分时图

图 4-15 盐湖股份 2017 年 4 月 17 日分时图

4.3.2 筛选短线强势股

早盘阶段，特别是 10：30 之前，是多空双方交锋较为激烈的一个时间段，个股当日及短线上的强势、弱势特征往往都会在此阶段得以呈现。通过早盘的表现，我们可以进一步筛选个股，以选择适合短线出击的品种。

早盘之所以能筛选出强势股，与主力的参与风格密不可分。一般来说，实力较强的主力不会选择在尾盘阶段进行参与，只要大盘走势尚可，就多会选择在早盘，因为早盘可以更好地激发市场的做多热情，强化投资者的做多思维。

我们可以试想，一只个股经历了早盘的强势上扬，而且能站稳于盘中高点，这样的个股，短线上一般会继续看涨一层，持股者的卖出意愿也会下降；而如果选择在尾盘阶段拉升，在经历了一天的平静之后，持股者的持股耐心下降，即使当日收盘前不卖出，次日开盘后也会有较强的卖出意愿。所以，从市场心理来分析，主力若中短线有意大幅投入资金，一般会选择早盘时间段，这既彰显了主力的参与能力，又有利于形成良好的上涨氛围。

原则上来讲，10：30 之前，涨幅超过 3% 的个股，可以纳入我们筛选强势股的范畴。当然，这要在大盘未出现明显上涨的背景下，如果大盘涨幅相对较大，例如超过 1%，则应将涨幅标准提升。之所以设定为 3%，是因为 1%、2% 的幅度太小，无法体现出个股的强势特征及主力的资金水平；而 5%、6% 的幅度又显得过大，早盘追涨要承担较大的风险。因此，我们要在收益与风险之间找一个平衡点，该平衡点既能反映个股的早盘强势特征，又不至于使投资者担较大风险。经验表明，3% 这个幅度较为适中。

同样的方法，也可以用来判断个股的弱势性，进而及早卖出，规避风险。如果一只个股在 10：30 之前走势明显弱于大盘且出现了一定幅度的下跌，则这样的个股出现一波短线下跌的概率较大。在操作上，投资者应尽量规避，若手中持有，则宜减仓或卖出。

4.3.3　冲高后的回落

开盘之后的冲高走势较为常见，它可能是一波行情开启的信号，也可能是短线见顶、反转下行的信号。把握开盘后的冲高走势，一要结合日 K 线图上的位置点，二要结合冲高后的回落形态。

从日 K 线走势来看，要判断开盘冲高是出现在短线大涨后，还是出现在整理区突破点。不同的位置点，其开盘冲高的含义是不同的。对于冲高后的回落情况，这也是判断的重点，此时的均价线有着重要的实战意义。如果开盘冲高后出现了快速跳水，跌破均价线，则可看作盘口强弱格局的快速切换；反之，如果均价线构成了有力支撑，则可以继续观察，看是能延续分时图的强势运行特征，还是会在盘中出现逆转。只有实时观察，才能更好地把握买卖时机。

图 4-16 所示为弘业股份 2019 年 9 月 20 日分时图，开盘之后，个股出现了强上冲，但随后的回落也十分迅疾，均价线对分时线无法形成支撑。结合个股短线已有一定涨幅的情况来看，这种开盘冲高、大幅回落的形态表明了逢高抛压沉重，是短期回落信号，应卖出。

图 4-17 所示为弘业股份 2019 年 9 月 2 日分时图，个股开盘后出现冲高，随后的回落则以均价线为支撑。这种开盘冲高的强势特征在当日的盘中往往具有延续性，若个股处于中短期低位，则很可能预示着一波上涨行情的出现。

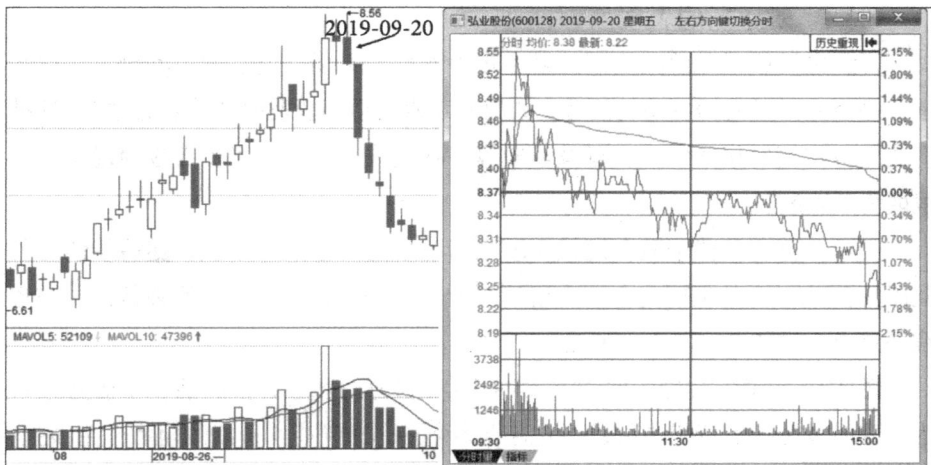

图 4-16　弘业股份 2019 年 9 月 20 日分时图

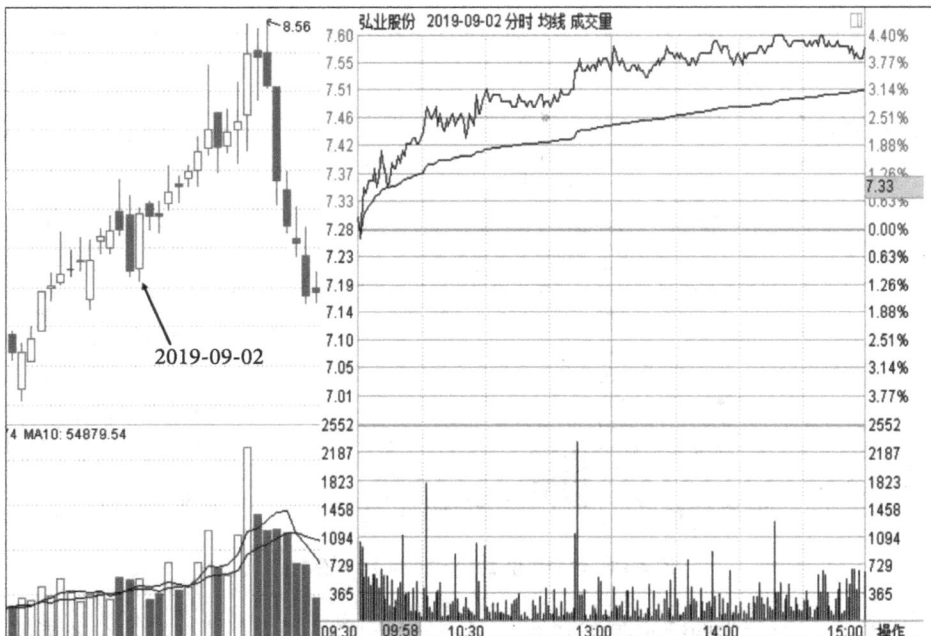

图 4-17　弘业股份 2019 年 9 月 2 日分时图

4.3.4 跳水后的表现

开盘之后或早盘阶段出现的跳水走势多标志着场外资金的主动抛售意愿较强，是空方力量占据主动的信号。如果在跳水之后不能及时"收复失地"，这种弱势的盘口运行格局往往会延续至收盘。在短线交易上，投资者应规避这类短线弱势风险股。

但是，也有一些个股在短线大跌之后于早盘阶段惯性下跌，随后能快速收复跳水失地，这是短期内空方力量消耗殆尽的信号，常预示着反弹行情。在短线交易上，投资者可以积极关注。

图4-18所示为波导股份2019年9月26日分时图，开盘之后，个股直接跳水，分时线持续运行于均价线下方且无力回升。这说明均价线的阻力作用很强，也是空方力量占据主导地位的标志。结合个股正处于短线反弹高点的情形来看，这是反弹行情结束、新一轮下跌走势即将展开的信号。在操作中，投资者应及时卖出，规避风险。

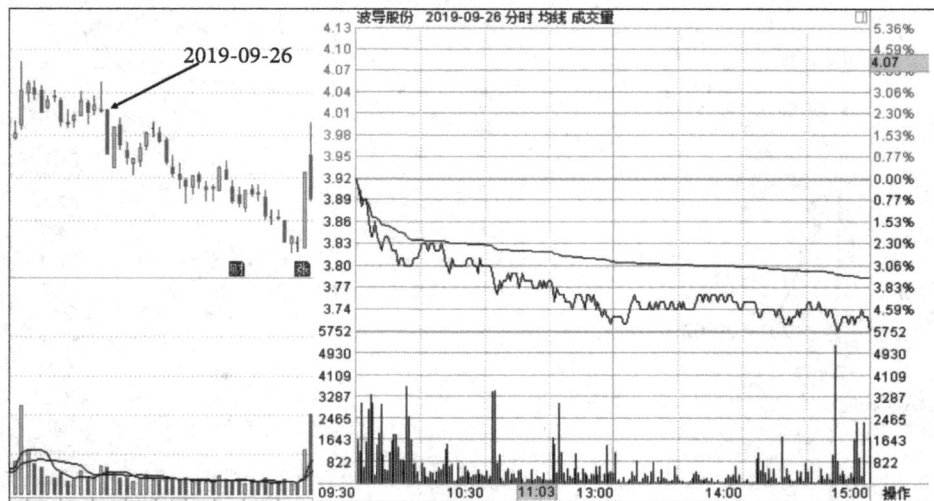

图4-18　波导股份2019年9月26日分时图

图4-19所示为西部资源2019年8月6日分时图，早盘跳水之后，个股能够快速回升"收复失地"，这是由弱转强的多空风格切换。结合个股正处于中短线低点的情形，它预示着短期内可能有一波反弹上攻行情，投资者可以逢盘中震荡回落之际买股入场。

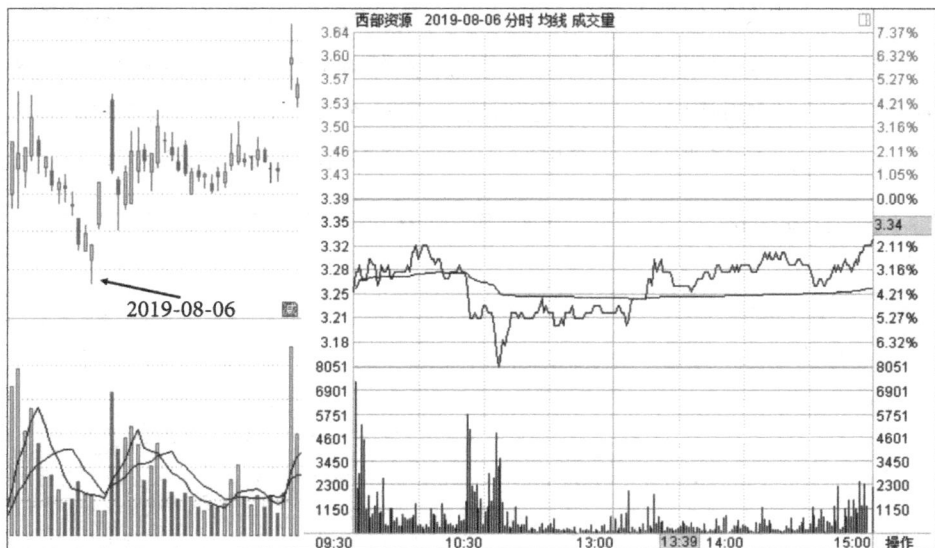

图 4-19 西部资源 2019 年 8 月 6 日分时图

4.4 中盘要点解读

中盘, 主要指 11: 00—14: 00 这段时间, 是最长的一个交易时间段。对于个股的中盘运行情况, 我们应结合大盘指数、板块指数、分时线形态、委买盘与委卖盘、买盘与卖盘等方面进行综合分析。除此之外, 我们还应关注中盘的运行是延续了早盘的强 (弱) 特征, 还是出现了逆转, 进而结合个股的短线运行情况, 把握多空力量的变化。

4.4.1 早盘强弱的延续性

对于中盘, 我们首先要关注它是否延续了早盘走势。如果个股在早盘阶段出现了明显的下跌或上涨, 则中盘时间段至关重要。若中盘延续了早盘的强势或弱势, 则表明多方力量或空方力量占据了主导地位, 个股的短线运行方向相对明确; 反之, 若在中盘阶段出现了逆转, 则应结合当前位置点, 判断逆转的可信度, 进而展开交易。

图 4-20 所示为商赢环球 2019 年 11 月 8 日分时图，个股在早盘阶段震荡下跌且放量，这是典型的弱势运行。随后的中盘阶段也延续了这种弱势运行，这表明当前的空方力量占据了绝对主动地位，结合个股正处于反弹高点的情形来看，新一波下跌行情将展开。在操作上，投资者应卖出离场，规避风险。

图 4-20　商赢环球 2019 年 11 月 8 日分时图

图 4-21 所示为中国船舶 2019 年 6 月 11 日分时图，个股在早盘阶段的运行逐渐强势，这种强势特征在中盘阶段得以保持，这是多方力量明显占据主动、市场买盘充足的信号。结合个股正处于短线大跌后的低点的情况来看，出现这种早盘强势、中盘延续强势特征的分时图，预示着一轮反弹上攻行情有望展开。在操作上，投资者可以积极地逢盘中震荡回调时买入。

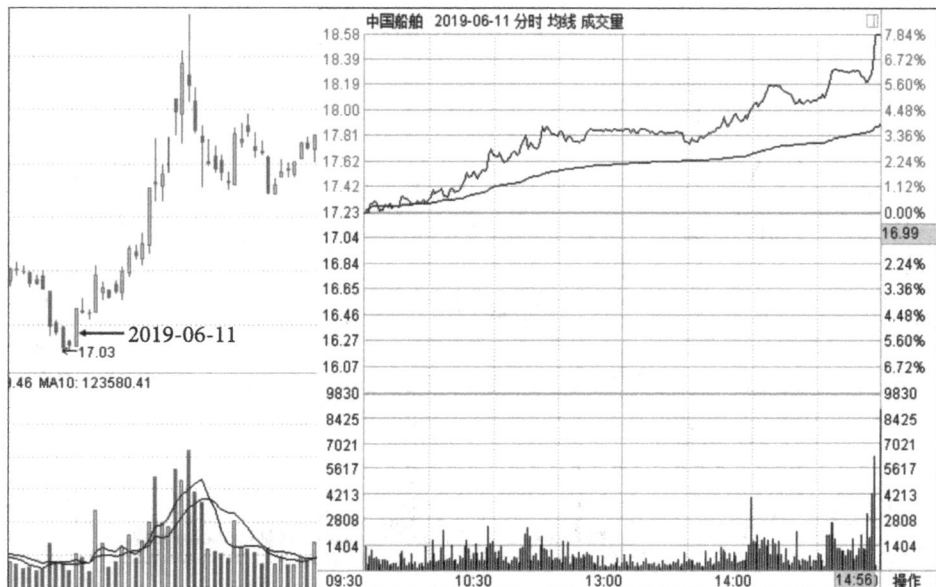

图 4-21 中国船舶 2019 年 6 月 11 日分时图

4.4.2 中盘运行的独立性

大盘走势在很大程度上影响甚至决定着个股的盘中走势。因而，当个股在盘中出现了飙升或跳水的走势时，我们要判断这种走势是否为大盘指数的异动导致。

一般来说，如果个股的盘中波动与大盘同步性较高，则可以重点关注市场的整体运行情况；反之，若个股的中盘走势有着较强的独立性，例如大盘出现跳水时，个股跳水幅度较小或者能迅速"收复失地"时，我们可以将特立独行的走势看作主力参与的结果，应将分析重点转移至个股身上。

图 4-22 所示为金种子酒 2019 年 9 月 6 日分时图，早盘阶段受大盘跳水影响，个股出现了快速跳水，但跳水后又迅速"收复失地"。若对比当日大盘可发现，在跳水后的回升中，个股明显强于大盘，且在中盘阶段节节上扬并创出了当日新高，中盘的运行有明显的强势特征与独立性。这种中盘运行独立性较强的个股，短线机会往往更好，在操作上，投资者可以结合股价的震荡回调把握买入时机。

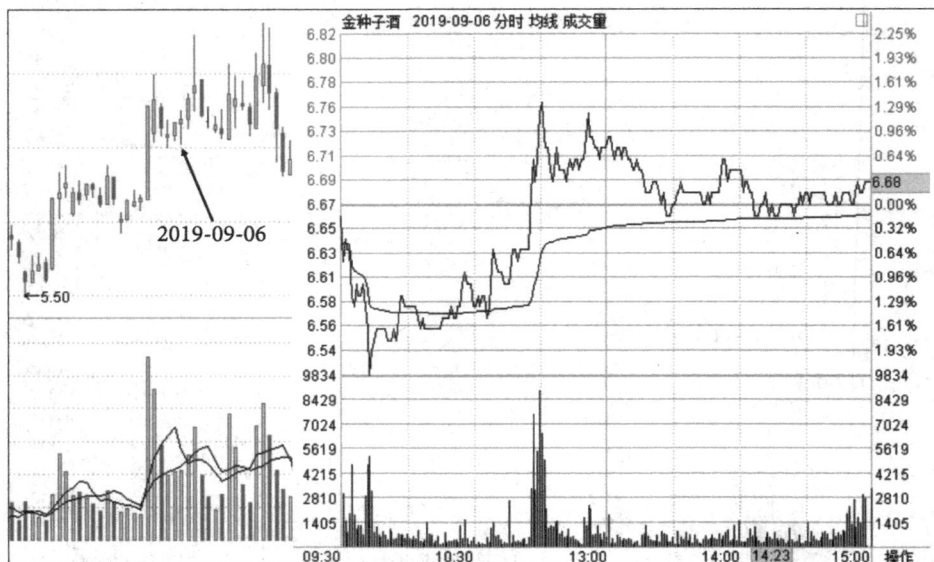

图4-22 金种子酒2019年9月6日分时图

4.4.3 分时线角度的变化

中盘阶段，盘中运行往往会突然加速，但多空力量的释放往往有一个由缓到急的过程。如果我们可以提前发现最初的缓慢变化，则可以提前行动，选择更好的买卖时机。

多空力量最初缓慢变化时，往往会通过分时线与均价线的角度变化反映出来。当分时线运行于均价线下方时，如果分时线出现下倾，与均价线形成的角度向下扩大，则是空方力量开始转强的信号，是跳水前的警示信号，特别是当股价处于短线大涨后的高点时。反之，当分时线运行于均价线上方时，如果分时线出现上倾，与均价线形成的角度向上扩大，则是多方力量开始转强的信号，这往往是飙升前的提示信号，特别是当股价处于短线低点时。

图4-23所示为新湖中宝2019年11月8日分时图，在中盘阶段，可以看到分时线开始向下倾斜，与均价线形成的角度向下扩大。这是空方力量开始缓慢增强的信号，预示了随后的跳水走势，属于中盘阶段的风险信号，应短线卖出。

图4-24所示为紫江企业2019年10月10日分时图，随着交易的持续，分时线出现了缓缓上倾，与均价线形成的角度向上扩大。这是多方力量开始缓慢转强的信号，预示了随后的上冲形态，结合股价正处于低点整理之中的情况来看，

这种盘口形态是短线买入的可靠信号。

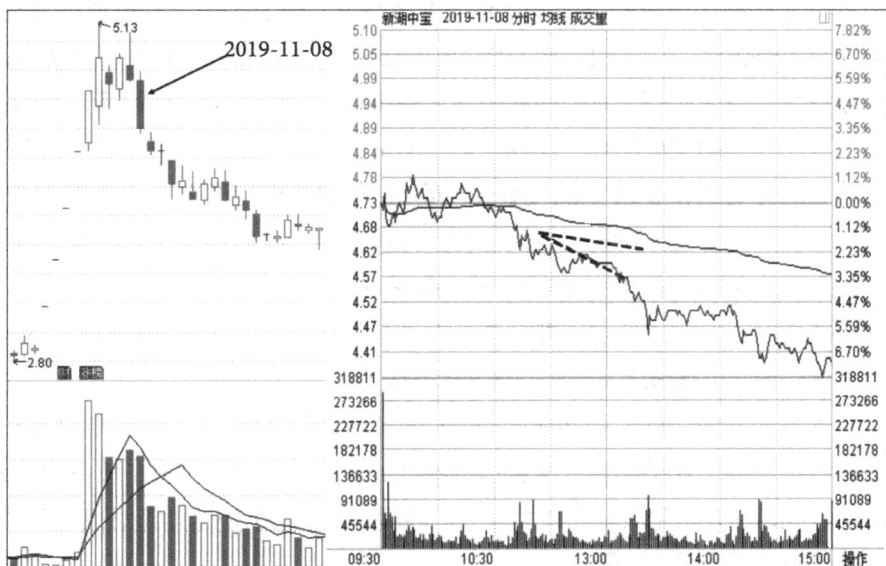

图 4-23 新湖中宝 2019 年 11 月 8 日分时图

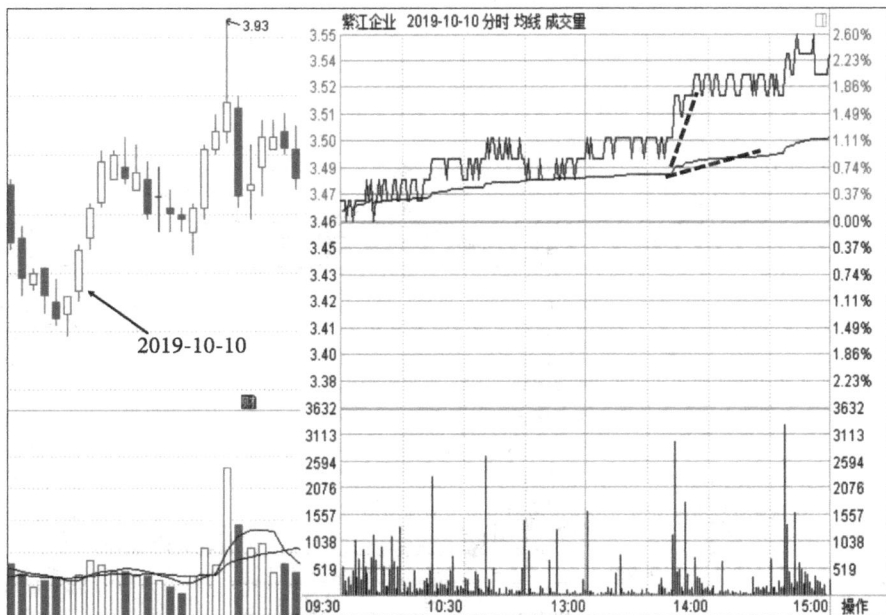

图 4-24 紫江企业 2019 年 10 月 10 日分时图

4.4.4 强弱风格的切换

多空力量对比格局往往于中盘阶段发生转换，由于多空力量的快速转变，早盘运行不够强势的个股也完全有能力实现盘中逆转，这时，我们需要将注意力放在午盘之后。如果一只个股在午盘之后出现明显的强势运行特征，例如流畅的飙升、完美的量价配合、稳稳地站于均价线上方等，则这类分时图也可以定义为强势分时图，短线看涨。另一方面，早盘弱势运行的个股，中盘阶段则有逆转上行、转呈强势格局的可能。在实盘操作中，我们要结合个股当前所处的位置点以及盘中的强弱转换情况，把握短线买卖时机。

一般来说，在短线低点出现盘中由弱转强的格局，是反弹上涨信号；在短线高点出现盘中由强转弱的格局，是回落下跌信号。

图 4-25 所示为江泉实业 2019 年 10 月 16 日分时图，个股早盘阶段震荡上扬，分时线挺拔流畅，这是典型的强势运行特征。但是，午盘收市前，股价向下跌破了均价线，这是由强转弱的过渡信号。随后，股价再度跳水向下远离均价线，这便是明确的弱势运行特征。

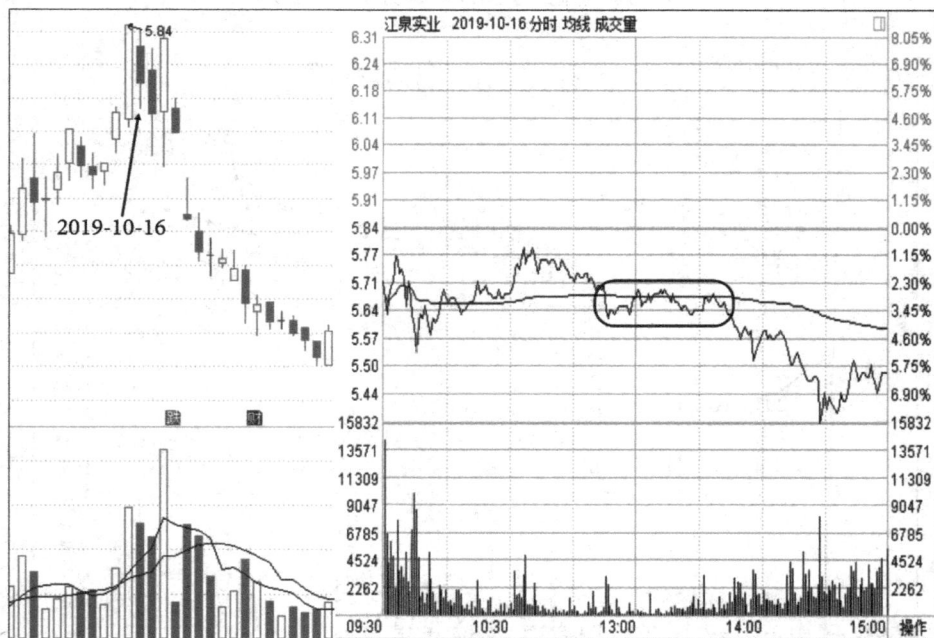

图 4-25 江泉实业 2019 年 10 月 16 日分时图

至此，个股于中盘阶段完成了由强转弱的演变。当日个股正处于高位震荡区，这种盘中逆转是空方力量显著增强的信号，预示着短线可能有破位下跌走势出现。在操作中，投资者应卖出离场，规避风险。

图 4-26 所示为太龙药业 2019 年 8 月 6 日分时图，个股在盘中实现了由弱转强的变化。个股当日正处于中短线急跌之后的低点，中盘格局的这种转变是反弹上攻的信号。在操作中，个股于盘中完成由弱转强的变化，表明多方力量开始占据主动，此时可以寻找盘中震荡买入的时机。

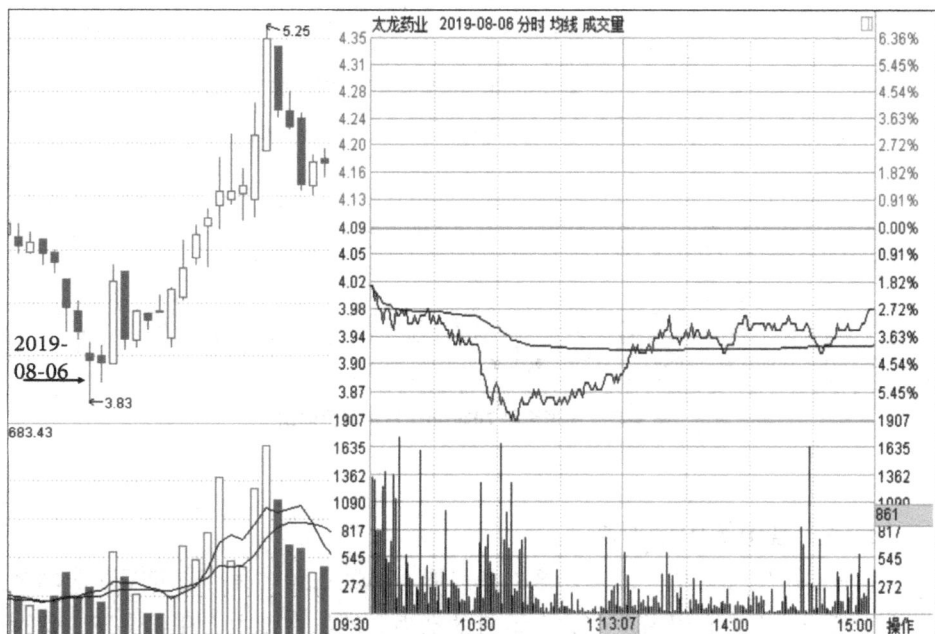

图 4-26　太龙药业 2019 年 8 月 6 日分时图

4.4.5　午市开盘的异动

午盘休市期间，场外或上市公司的消息面对个股走势会有明显的影响。但是，午市的消息一般都是重要程度较轻的消息，如果上市公司有重大的消息要发布，通常会选择停牌。这提示我们：午市若出现利好消息引发下午开盘后的快速上冲，则短线不宜追涨入场。而且，如果个股自盘中高点回落的幅度较大，则说明市场的逢高抛压十分沉重，这往往是一波调整走势出现的信号。

图 4-27 所示为西藏天路 2020 年 3 月 4 日分时图，公司午盘期间发布了"关于通过协议转让及参与定向增发收购重庆重交再生资源开发股份有限公司 51%股份的进展公告"，这是一则利好公告。下午开盘后不久，公司股价开始上涨，但幅度较大，此时投资者不宜追涨入场。

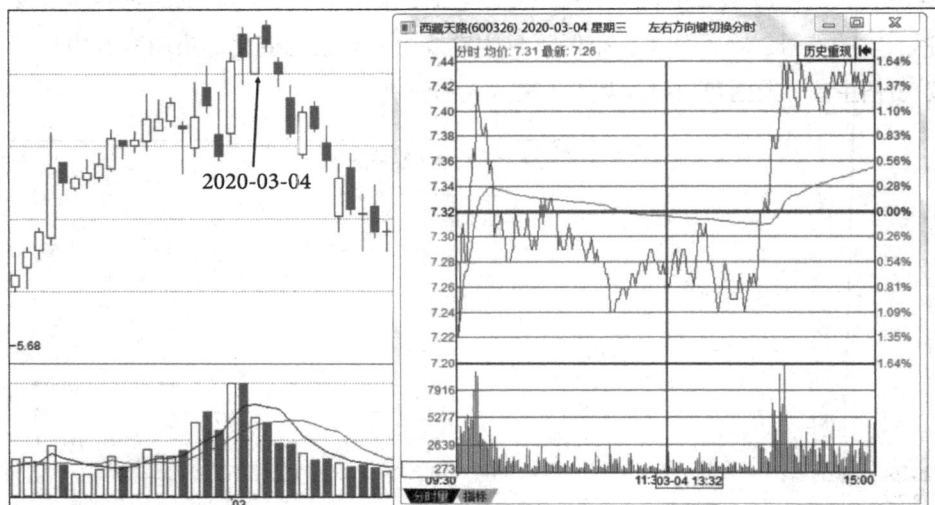

图 4-27　西藏天路 2020 年 3 月 4 日分时图

4.4.6　盘中的中继形态

中继形态也称为持续形态，这种盘口形态出现在盘中运行方向相对明确之后，预示价格走势有沿着原有方向运行的动力。例如在盘中上涨状态下，此时出现的持续形态表明随后的价格继续向上运行的概率较大；反之，在盘中下跌状态下，此时出现的持续形态表明随后的价格继续向下的概率较大。常见的持续形态有矩形整理、三角形、倾斜的平行四边形等。

图 4-28 所示为中原高速 2019 年 9 月 17 日分时图，个股在震荡下跌的过程中，出现了一个向下倾斜的平行四边形。一般来说，当平行四边形的倾斜方向与盘中波动方向相同时，它就是一个持续形态，表明多空力量对比格局并未转变，原有的波动方向仍有持续下去的动力。

图 4-29 所示为上海电力 2019 年 11 月 19 日分时图，个股在盘中运行时出现了向上倾斜的平行四边形，与股价波动方向相同。这可以看作是一个上升中继

持续形态，预示着盘中随后继续上涨的概率更大。在短线上，投资者仍可以持
股待涨，等待更好的卖出时机。

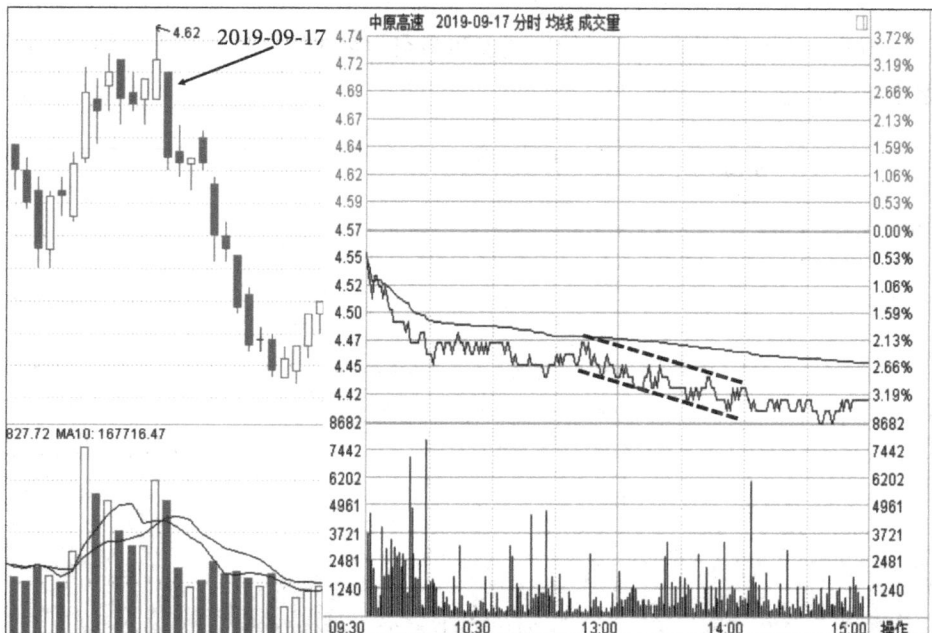

图 4-28　中原高速 2019 年 9 月 17 日分时图

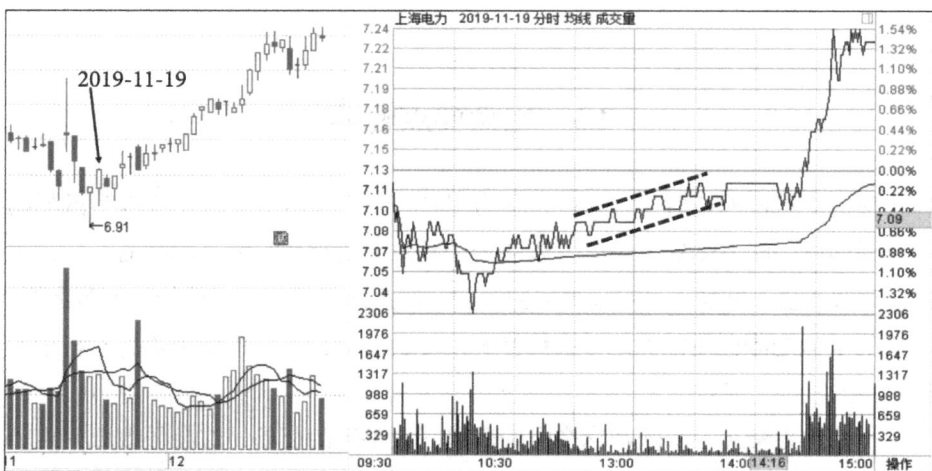

图 4-29　上海电力 2019 年 11 月 19 日分时图

图 4-30 所示为浙能电力 2019 年 9 月 17 日分时图，个股在盘中下跌途中出现了横向的矩形整理形态，这是一个下跌中继形态。矩形整理形态较为常见，是指分时线呈横向震荡状，高点相平，低点相平，将高点、低点分别相连后，可以得到一个矩形形态。矩形的出现表明多空力量对比格局没有发生转变，价格走势仍会延续之前的状态。

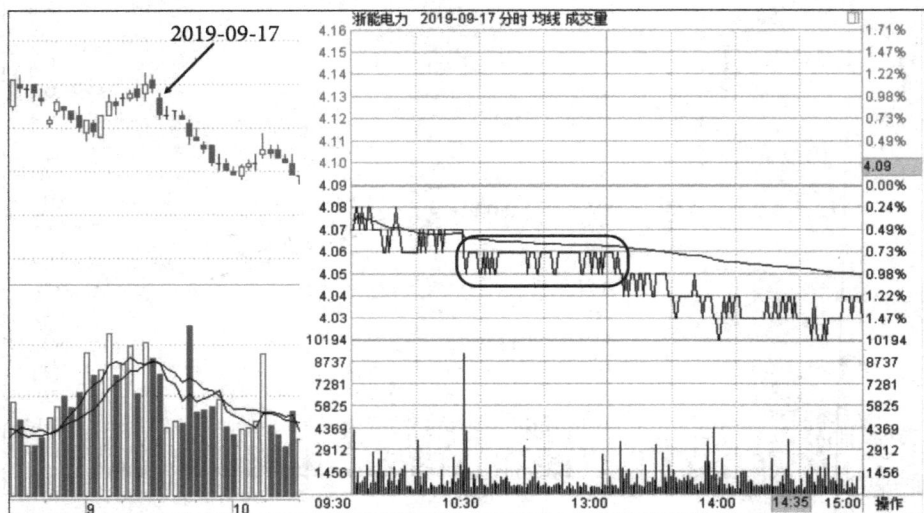

图 4-30　浙能电力 2019 年 9 月 17 日分时图

4.5　尾盘要点解读

每个交易日的最后一小时可以称为尾盘。尾盘是多空双方交锋较为激烈的一个时间段，能够体现出多空力量的转变及主力的市场行为。尾盘的交易直接决定着收盘价，并能引导市场的多空倾向。尾盘运行得好，股价能够节节上扬，次日的早盘走势也往往能延续强势格局；反之，则会引发市场担忧，不利于次日早盘的股价上涨。

一些主力资金也喜欢在这个时间段展开大手笔的交易，这会导致股价走势出现明显的变动。关注多空力量的变化，解读主力的参与意图，这些都是尾盘分析的重点所在，它可以帮助我们更好地把握价格的短期走向。

4.5.1 关注指数运行

尾盘往往是全天交易最集中也是多空较量最激烈的一段时间。我们查看大盘每日的分时图就会发现，在尾盘开始后的半小时内，无论指数是以上涨为主还是以下跌为主，这半小时的成交量往往都会出现较为明显的放大。之所以出现这种情况，是因为尾盘既是一天交易的总结，也往往会直接影响次日的盘面走势。

对于个股，尾盘运行固然重要，对于股市整体，尾盘同样是一个必须要分析的时间段。如果说指数的早盘运行决定着当日的盘口方向，那么尾盘的运行则决定着随后数日的走势。通过尾盘的变化，我们可以及时把握市场的冷暖及方向变化，进而调整买卖策略，把握机会，规避风险。

一般来说，在相对低的点位，若尾盘阶段市场量能放大明显且节节上扬，则表明多方力量开始主动进攻，市场次日及随后一段时间有望出现反弹上攻的走势。在短线上，投资者可以积极参与个股；反之，则应规避市场回调的风险。

图 4-31 所示为上证指数 2019 年 4 月 25 日分时图，当日尾盘阶段指数不断下行，量能不断放大。这表明场内的主动性抛盘依旧较多，虽然指数已出现一定幅度的调整，但尾盘的形态表明短线方向依旧向下。在操作上，投资者不可过早抄底入场。

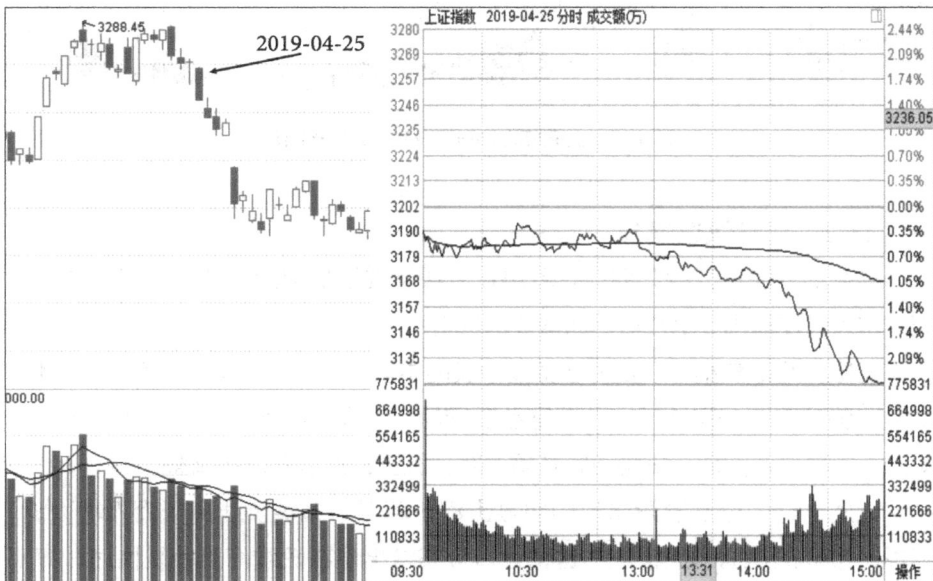

图 4-31　上证指数 2019 年 4 月 25 日分时图

图 4-32 所示为上证指数 2019 年 12 月 3 日分时图，在中短期大幅下跌后的低点，当日早盘惯性下跌，此时的市场方向运行不明，有破位下行的风险，宜继续观望。但在尾盘阶段，指数开始持续攀升，市场成交量明显放出，结合指数的中短期运行来看，这是一个反转信号，预示着股价将见底回升。在操作中，投资者可以寻找有潜力的个股积极参与。

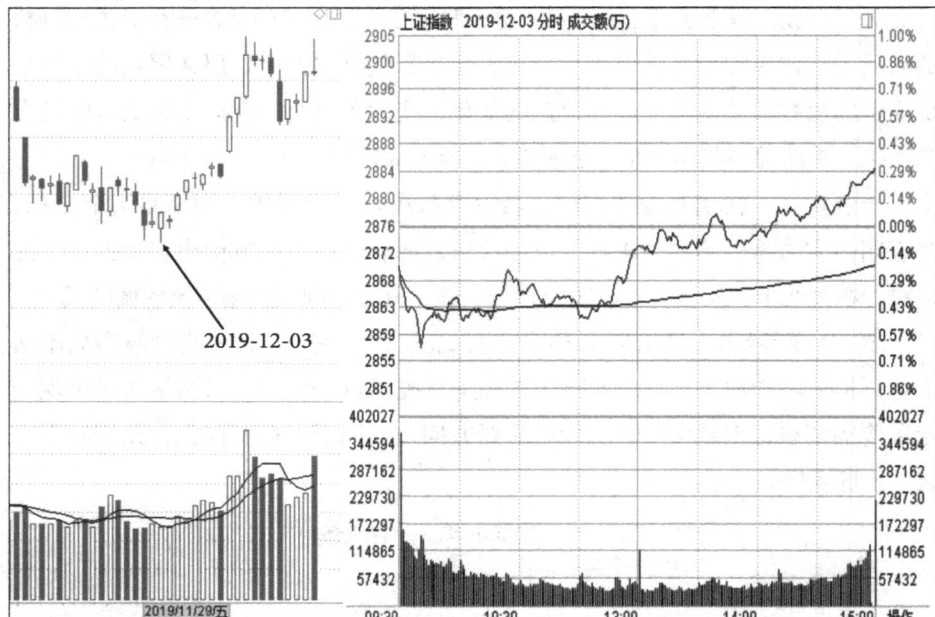

图 4-32　上证指数 2019 年 12 月 3 日分时图

4.5.2　尾盘快速飙升

尾盘的异动往往较为明显，若尾盘阶段出现了快速的上涨，一般来说，我们需重点关注涨幅、上涨后的回落情况这两点。

若尾盘涨幅较小，只是惯性承接个股的中盘运行，这种上涨一般有延续性，次日走势可看高一层；反之，若尾盘阶段涨幅过大，特别是出现了较大幅度的飙升，则次日及随后几日将面临较重的获利抛压，易引发价格调整。

除此之外，尾盘阶段出现的明显上涨，若遇到抛盘快速离场而无功而返，则说明市场的逢高抛压很重。这种盘口形态常出现在短线高点，是快速、深幅调整将要出现的信号。在操作中，投资者应重视这种形态的出现。下面我们结合案例加以说明。

图 4-33 所示为中信证券 2019 年 9 月 12 日分时图，当日收于长阳线。虽然这使得个股短线上涨呈加速状，但这根长阳线却是源于尾盘的大幅飙升，易引发短线调整。在操作中，投资者不宜追涨，应减仓或获利出局。

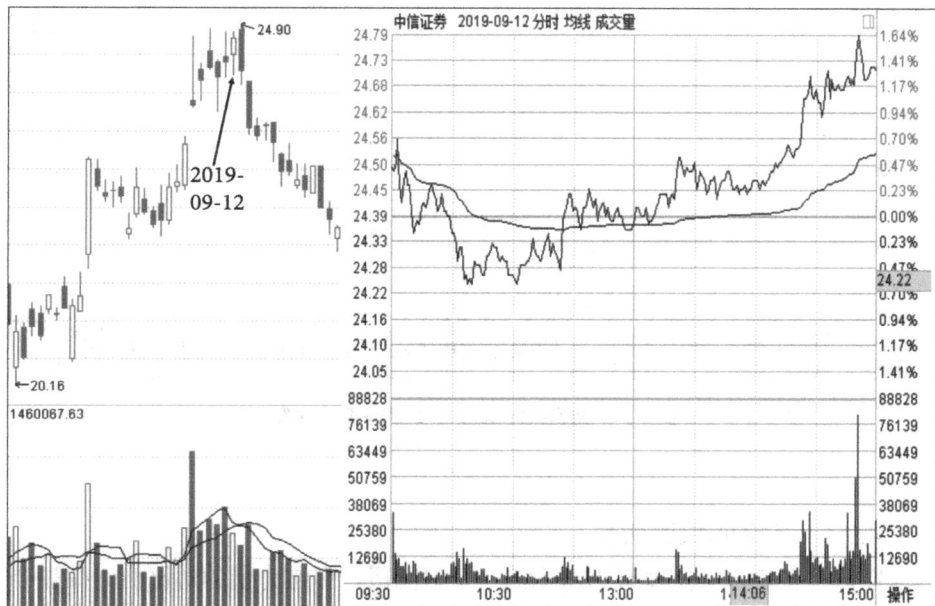

图 4-33　中信证券 2019 年 9 月 12 日分时图

4.5.3　尾盘上扬遇阻

尾盘阶段出现上扬走势，若是遇到较多的抛盘致使上涨走势反转，则表明当前的市场是空方主导，易出现深幅调整。在操作中，投资者应注意规避风险。

图 4-34 所示为招商银行 2019 年 11 月 6 日分时图，个股在尾盘阶段出现了一波上扬，但随即遇到了抛盘涌出，股价快速反转下行。这是尾盘上扬遇阻的形态，结合个股正处于短线高点的情况来看，这种形态预示了短期内可能有深幅下跌走势，投资者应及时卖出以规避风险。

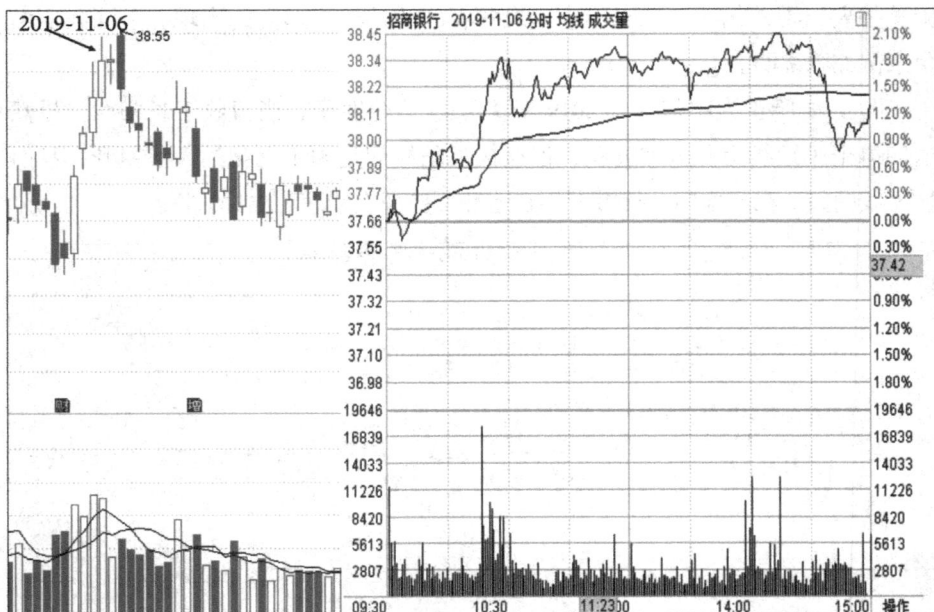

图 4-34　招商银行 2019 年 11 月 6 日分时图

4.5.4　多空的快速切换

尾盘是多空双方交锋最为激烈的一个时间段,多空力量的对比格局往往会发生迅速转变。对于多空的这种切换,我们要及时应对,因为它很可能延续到次日开盘,如果等到次日开盘再做决定,则很可能错失最佳买卖时机。

一般来说,在短线高点,尾盘阶段出现快速下跌、反弹无力的由强转弱的变化,股价次日低开的概率较大,投资者应在发现这种转变后第一时间卖出;反之,在短线低点,尾盘阶段出现逐波上扬、不断攀升的由弱转强的变化(不是快速的大幅飙升形态),股价次日高开高走的概率较大,投资者应把握好当日尾盘出现的第一买点。

图 4-35 所示为九鼎投资 2019 年 10 月 29 日分时图,个股在早盘前期运行于均价线上方,呈强势特征。但是,在中盘阶段,股价围绕均价线上下波动,已呈现由强转弱之势。在尾盘后期,价格走势突然发生变化,股价快速向下大幅跌破均价线且回升无力,这是空方开始发力,占据主动的标志。结合日 K 线图上的股价位置点来看,尾盘的这种多空切换也预示了个股短期走向的方向选择。在操作中,在识别出尾盘的这种快速多空切换形态后,投资者应第一时间卖出离场。

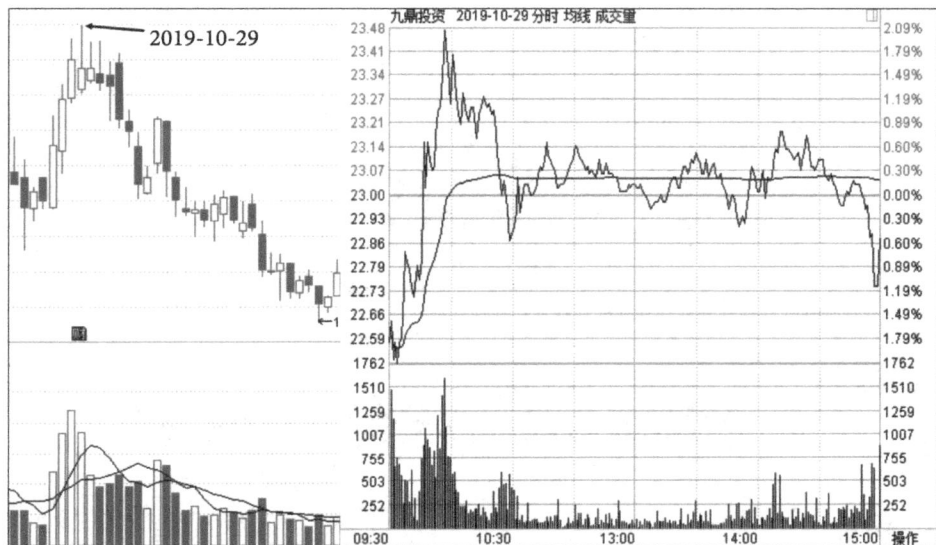

图 4-35 九鼎投资 2019 年 10 月 29 日分时图

图 4-36 所示为万东医疗 2019 年 8 月 5 日分时图，个股在中盘阶段出现了由强转弱的变化。但是在尾盘阶段，多空力量再度逆转，股价由均价线附近快速上扬，且上扬非常强势，这是多方力量再度发起攻势且占据主导的标志，也预示了这种强势特征可能延续到次日。在操作中，投资者可以适当追涨，参与短线强势股。

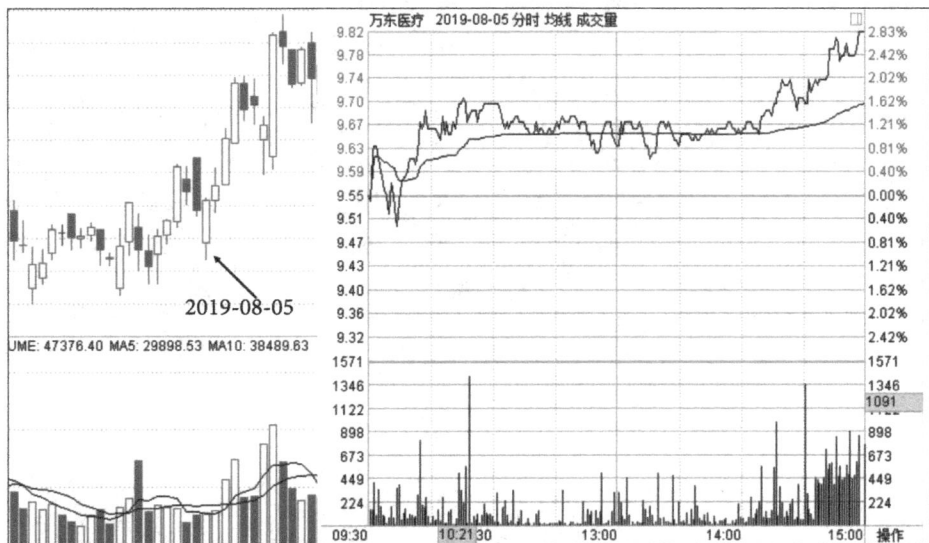

图 4-36 万东医疗 2019 年 8 月 5 日分时图

第 5 章

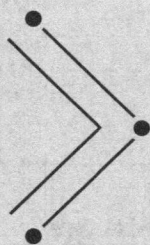

日量价组合分时交易

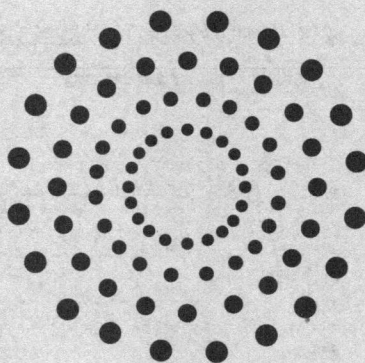

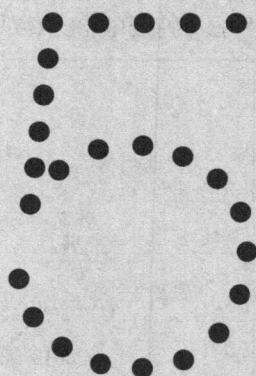

5

量价分析在技术分析领域占据着核心地位，对于分时图交易技术，它同样不可或缺。一些典型的看涨、看跌分时图，若是量价形态发出了相反的信号，则分时信号的准确度就会大幅下降。量价配合关系也有一些经典的形态，在我们展开分时图交易时起着重要作用。本章我们将结合分时图的运行形态，了解这些经典的量价形态是如何在实战中发挥作用的。

5.1　强势上穿历史堆量点

5.1.1　组合形态特征

强势上穿历史堆量点中的强势是指分时图上的强势。它体现为盘中的流畅上扬和分时量的同步放大，并且收盘前的这种强势运行的分时格局能够很好地保持，收于长阳线形态。

上穿历史堆量点则要从个股日 K 线图的角度来分析，是指个股前期出现了一个成交量堆积、股价横向整理的短线高点，随后震荡回落、整理，当日的大阳线所处的位置点正好使得日 K 线图呈现出穿越这个堆量点的突破形态。

强势的盘口上涨是强势股特征，但历史上的堆量点则表明此位置点积聚了大量的套牢盘，个股的盘口强势特征只能代表当日运行的情况。即使有明显的利好或热点题材驱动，也需要充足的买盘推动，才能突破成功。一般来说，盘口的强势上扬形态往往较为短暂，随后会因短线获利盘及中线解套盘的双重抛压而使多空力量快速转变，进而回落。在操作中，对于这种突破形态，投资者不宜追涨买入。

5.1.2　实盘案例解读

图 5-1 所示为海信视像 2019 年 10 月 22 日分时图，个股在当日午市之后出了现两波流畅飙升，且分时量配合理想，这是典型的强势盘口特征。但是，观察此股的日 K 线历史走势可以发现，当日正处于前期堆量点的位置，如图 5-2 所示。虽然从局部运行来看，个股有加速突破上攻的倾向，盘口分时图也是强势上扬，但历史日 K 线图不予配合。在操作中，投资者应以日 K 线图上的量价

卖出信号为主，锁定利润，保护本金安全。

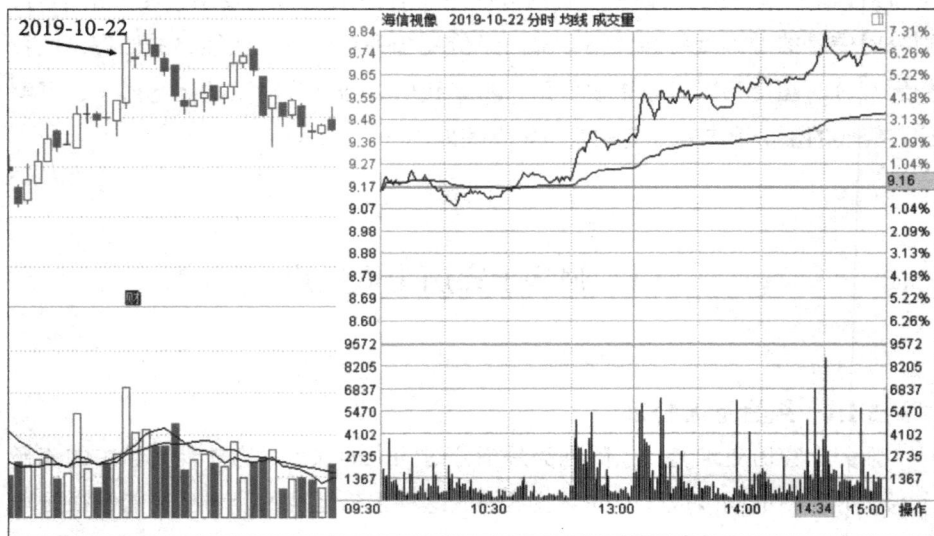

图 5-1　海信视像 2019 年 10 月 22 日分时图

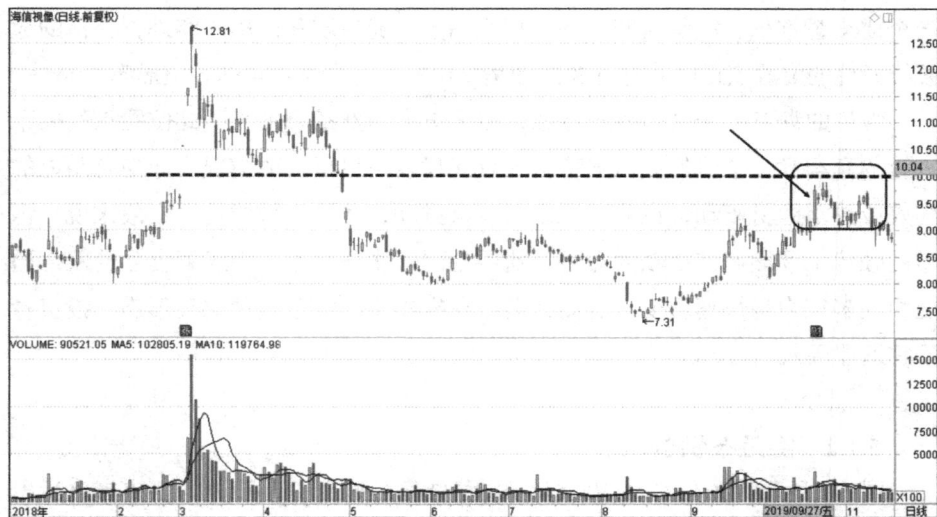

图 5-2　海信视像 2018 年 12 月至 2019 年 11 月走势图

5.2 突破整理区天量阴线点

5.2.1 组合形态特征

个股盘中运行呈强势特征，盘中出现了大幅飙升且股价能站稳于均价线上方。在日 K 线图上，当日突破了近期构筑的整理平台，但是，在整理平台中有一根形态鲜明的天量阴线，其量能远远高于平台区的均量水平，阴线实体较长。

这种组合形态仍是以天量阴线所代表的看跌信息为主，虽然盘口的强势上涨使得日 K 线图呈突破状态，但平台区的天量阴线却说明有大资金在平台区卖出，这对个股的后期上涨不利。在操作中，投资者不宜追涨买入。

5.2.2 实盘案例解读

图 5-3 所示为金宇车城 2019 年 4 月 18 日分时图，个股当日盘口运行强势，日 K 线图上处于突破整理平台的位置点。但是，从左侧日 K 线图上可以看到，整理平台区出现了一根天量阴线。当日盘中上涨的价格区间正好就是这个天量阴线的上影线价格区间，这使得当日的盘口强势上涨呈要穿越天量阴线状，但突破成功率较低。在操作上，投资者应以天量阴线发出的卖出信号为主，不宜依据盘口的强势突破形态实施追涨买入操作。

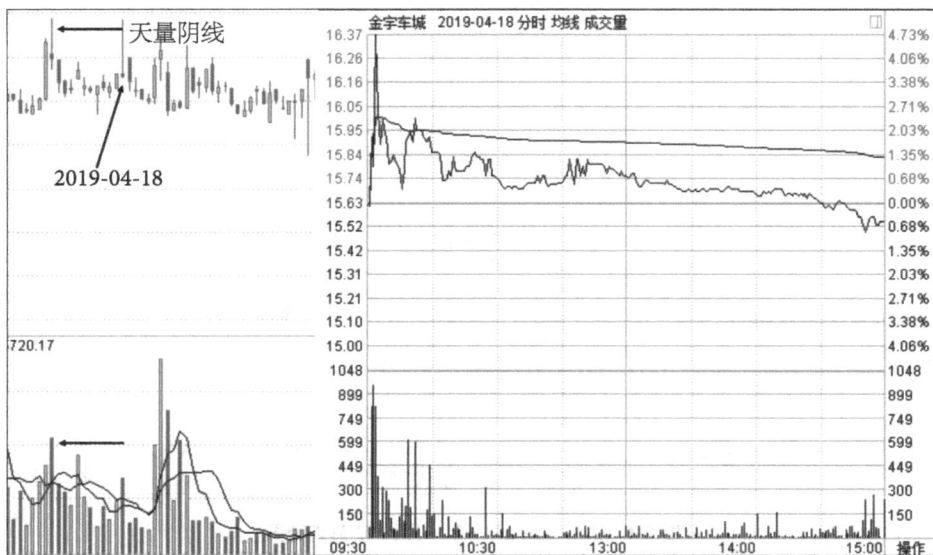

图 5-3 金宇车城 2019 年 4 月 18 日分时图

5.3 连拉尾盘式放量突破

5.3.1 组合形态特征

尾盘阶段，个股往往出现放量上扬，这是典型的异动形态。一般来说，它并不是主力资金真实参与意愿的体现，因为有实力的主力资金多会选择在早盘或中盘阶段实施参与行为。这样做可以使个股在盘中大幅上涨之后，很好地保持住上扬成果，而尾盘的上涨多会引发短线获利资金的抛售。

如果一只个股在突破盘整区时以连续拉升尾盘的方式为主，且量能放大显著，这表明尾盘的拉升行为引发了大量抛盘离场，股价站稳于突破高点的概率大大降低，易引发后市的深幅反转下行，是短线看跌信号。

5.3.2 实盘案例解读

图 5-4 所示为德展健康 2019 年 4 月至 12 月走势图，仅看这个日 K 线图，在 2019 年 10 月 14 日至 16 日，个股放量突破了低位区的整理平台，似乎上攻行情将要展开。但是，如果我们查看这几个交易日的分时图，就会发现其上涨均来自尾盘阶段，量能的放大也源尾盘。

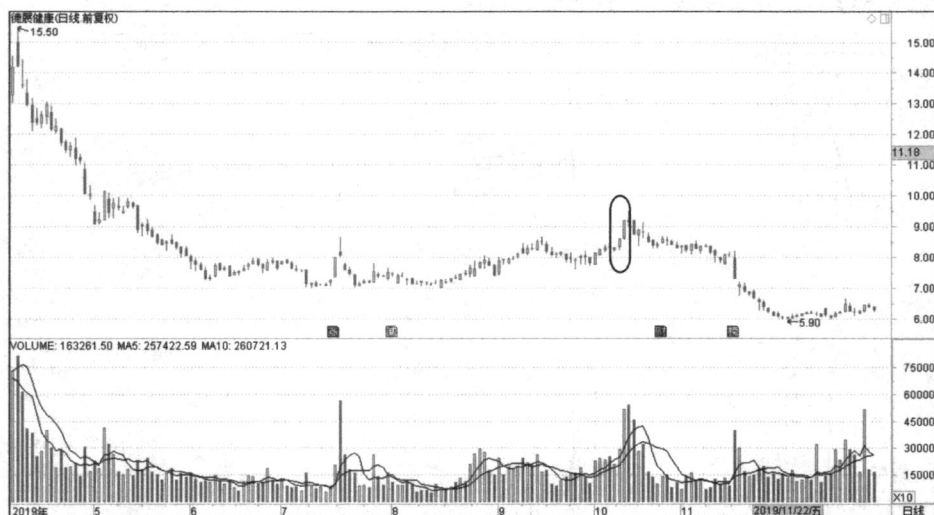

图 5-4 德展健康 2019 年 4 月至 12 月走势图

图 5-5、图 5-6 所示分别为德展健康 2019 年 10 月 15 日、16 日的分时图，尾

盘阶段的放量上冲形态十分鲜明，量能的放大也极为充分，这属于典型的拉升尾盘造成的放量突破形态。一般来说，它的突破可靠性较低，并不是主力资金真实参与意愿的体现，也不是市场做多力量充足的标志。在突破过程中，一旦出现量能缩减，则较轻的抛压也可能造成股价的折返。在操作上，投资者不可追涨买入。

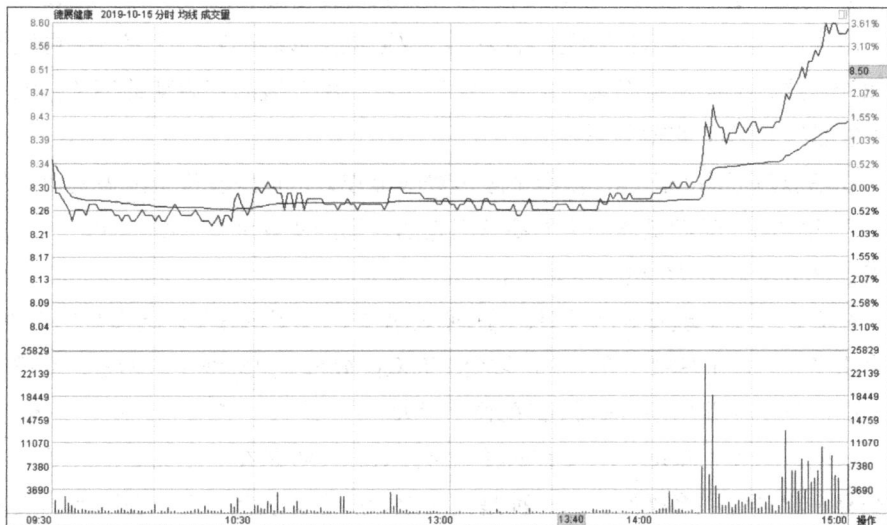

图 5-5　德展健康 2019 年 10 月 15 日分时图

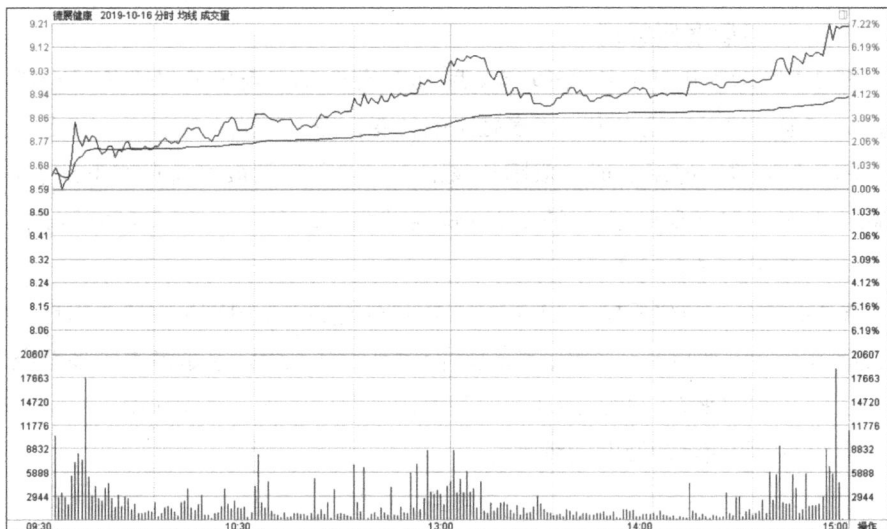

图 5-6　德展健康 2019 年 10 月 16 日分时图

5.4　双阳放量盘中多翻空

5.4.1　组合形态特征

双阳放量是一种较为特殊的量价形态，它是指个股在上涨走势中连续两日成交量大幅放出且收出长阳线的形态，在双阳放量形态之后，成交量会再度恢复如初。这种形态从盘面直观来看，给投资者一种此股即将启动的感觉，但实则往往是短线见顶回落的信号。

双阳放量形态的出现，使得个股短线涨幅较大，代表股价上涨需要大量的买盘入场推动，随后量能的突然萎缩则表明入场的买盘大幅减少。此时，少量的卖盘就可以引发股价的回落调整。

在双阳放量出现时或出现后，若个股在盘中出现了由强转弱的多翻空形态，则表明多空力量于盘中出现了快速转变。而双阳放量又是短线下跌信号，双重验证，说明个股短期内出现深幅下跌的概率极大。在操作上，投资者应及时卖出。

双阳放量盘中多翻空主要有两种组合方式：一种是在双阳放量形态的第二个交易日出现盘中多翻空；另一种是双阳放量形态构筑完毕后，在随后的震荡整理中出现盘中多翻空。这两种组合方式均是短线看跌信号。

5.4.2　实盘案例解读

图 5-7 所示为粤桂股份 2019 年 4 月 16 日分时图，当日的早盘阶段走势个股走势较强，但而后盘中出现了多翻空的转变，当日量能大幅放出，与上一交易日的放量阳线正好组合成了双阳放量形态。这种双阳放量是短线下跌信号，而盘中的多翻空又反映了空方力量的快速转强。此时，一波深幅回落可能出现，投资者应及时卖出离场。

图 5-8 所示为石化机械 2019 年 5 月 31 日分时图，个股在早盘阶段出现了两波大幅飙升，但随后节节下行，缠绕均价线且回升无力。这是盘中的多翻空形态，从日 K 线图来看，此前出现了双阳放量的突破走势。在操作中，识别出这种组合形态后投资者应及时卖股离场。

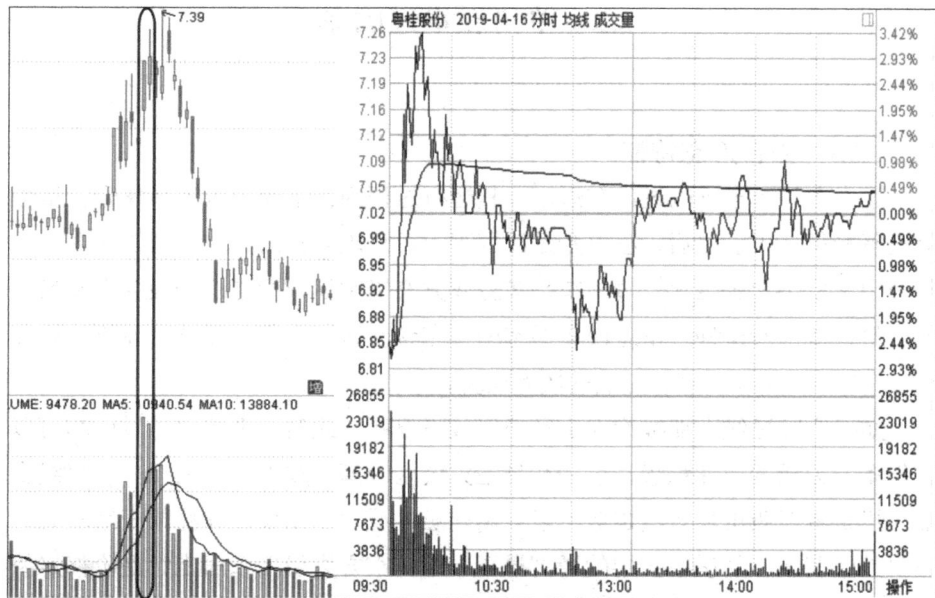

图 5-7 粤桂股份 2019 年 4 月 16 日分时图

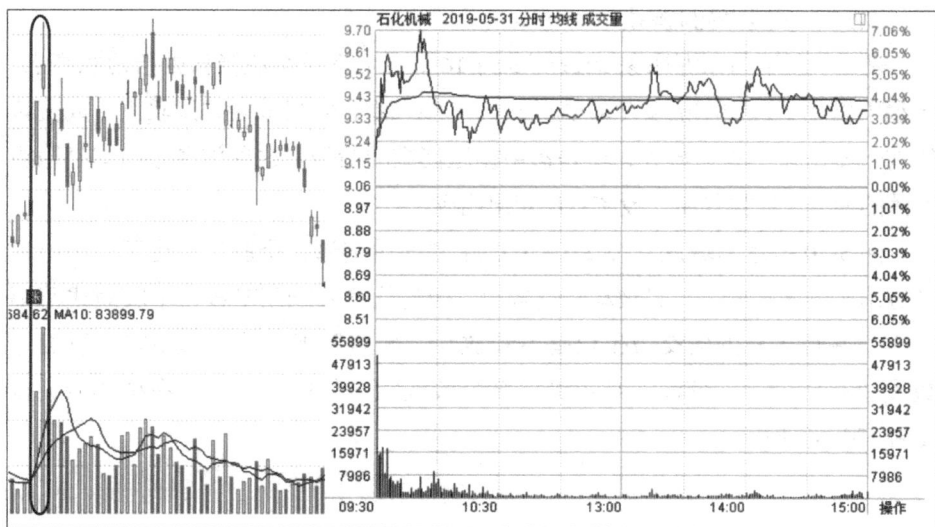

图 5-8 石化机械 2019 年 5 月 31 日分时图

5.5 单日放量过山车

5.5.1 组合形态特征

过山车是指盘中的过山车形态，其运行过程为：早盘阶段节节攀升，呈强势运行特征；午盘之后，股价开始震荡下行，跌破均价线；收盘时，早盘的大部分上涨成果消失殆尽。过山车是多空双方交锋激烈的标志，一般会引发当日的放量，在判断这种放量过山车形态的多空含义时，我们一要结合股价的局部运行情况，二要结合当日量能的放大程度。

如果个股短线上涨幅度很小且当日放量温和，此时出现的放量过山车可以看作多方力量的快速积累，这往往是主力资金吸筹造成的，有利于个股短线上涨，投资者对股价的短线走势可以看高一层；反之，如果短线涨幅已经较大且当日放量明显，则说明盘中的逢高抛压较重，空方力量后来居上，是价格走势将要调整的信号。下面我们结合案例来分别了解这两种不同的情形。

5.5.2 实盘案例解读

图 5-9 所示为三湘印象 2019 年 9 月 16 日分时图，个股当日处于短线高点，于盘中出现了过山车的多空转变。从日 K 线来看，当日放量幅度较大，成交量较前一日出现了数倍放大，这是盘中抛压沉重的信号。这种放量过山车是短线回落的信号，在操作中，投资者应卖出离场。

图 5-10 所示为城发环境 2019 年 6 月 19 日分时图，个股当日也于盘中出现了过山车的多空转变，且波动幅度较大。但是从日 K 线图来看，个股短线涨幅很小，并且当日的成交量仅仅是温和放大。此情形下的放量过山车可以看作短线拉升前的一次预演，是主力资金吸筹或加仓的信号之一。在操作中，投资者可以买股入场。

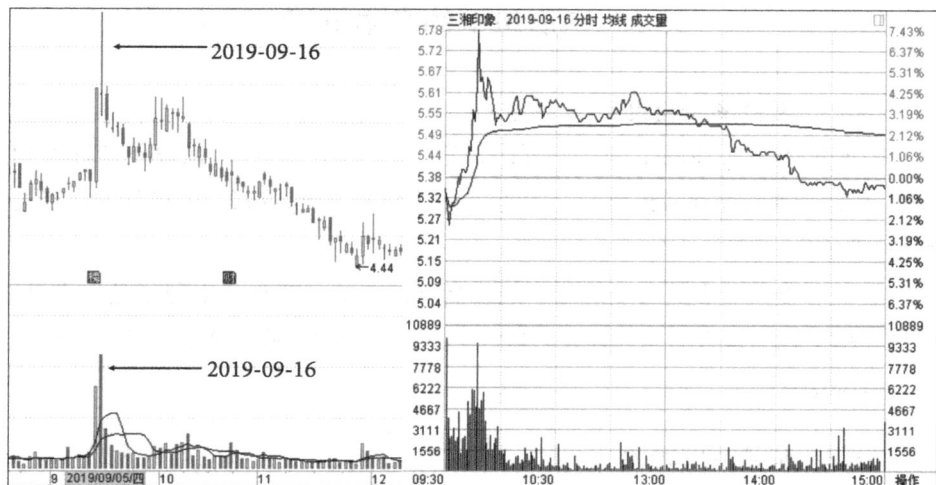

图 5-9　三湘印象 2019 年 9 月 16 日分时图

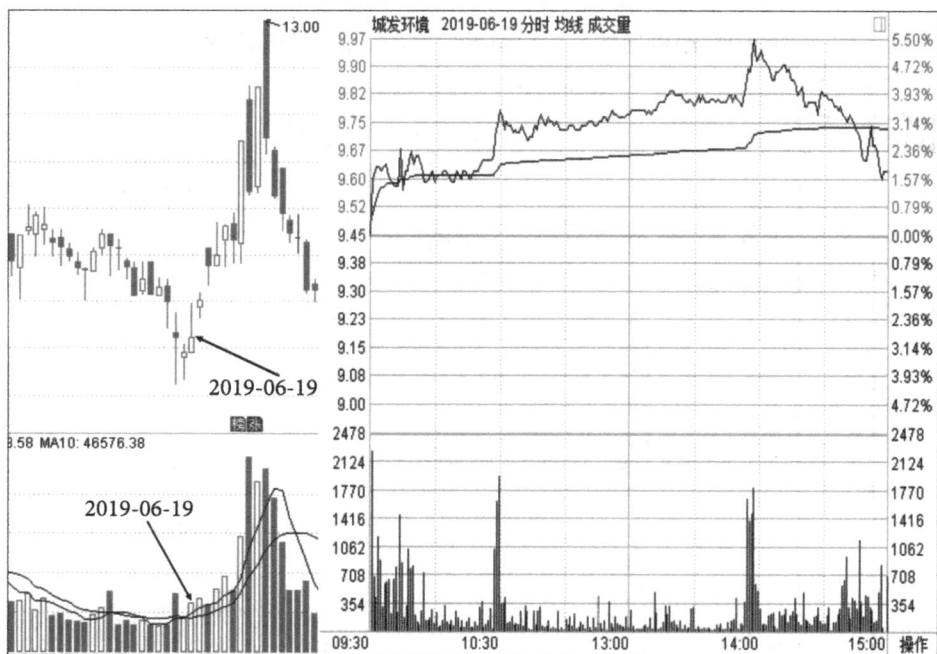

图 5-10　城发环境 2019 年 6 月 19 日分时图

5.6 凹形量下的盘中堆量

5.6.1 组合形态特征

凹形量是日 K 线图上的量价形态，它出现在上涨波段，其放量特征如同"凹"形，即左右两侧放出巨量，中间则大幅缩量。一般来说，凹形量的出现与市场沉重的抛压有关。

如果个股在凹形量出现后位于短线高点，在某个交易日出现了盘中堆量、股价上蹿下跳的运行形态，则表明短线上涨已近尾声，股价随时有可能破位下行，是风险信号。

5.6.2 实盘案例解读

图 5-11 所示为峨眉山 A 2019 年 11 月 5 日分时图，个股当日数次上下穿越均价线，股价上蹿下跳，且成交量在当日高点附近堆积式放出。从日 K 线图来看，此前的一波上涨幅度较大，在短线高点出现了凹形量能。这种情况下的盘中堆量是可靠的中短线见顶信号，投资者应及时卖出以规避风险。

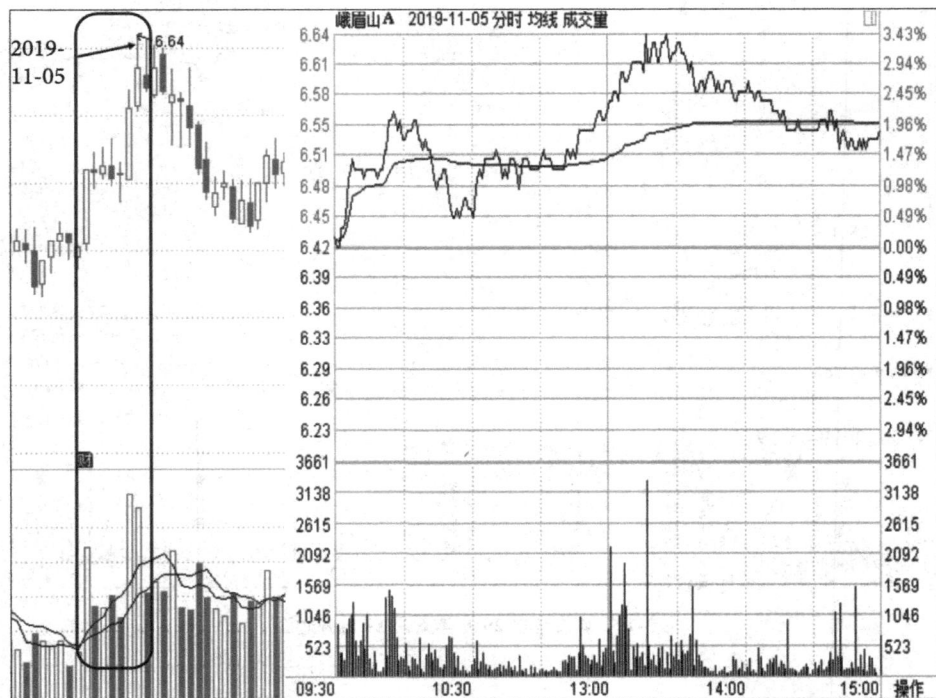

图 5-11 峨眉山 A 2019 年 11 月 5 日分时图

5.7　温和放量盘中节节升

5.7.1　组合形态特征

温和放量盘中节节升是指个股当日出现了温和放量，盘中的走势自早盘开始至收盘，呈现出节节上扬、震荡攀升的特征，我们可以依据股价的震荡上扬方向画一条倾斜向上的支撑线。而且，当日的盘口走势具有独立性，明显强于大盘指数。

温和放量盘中节节升形态出现在窄幅整理平台的突破点时，其实战意义较为突出，表明多方的进攻不急不缓，占据了明显的主动地位，并且市场的获利抛压较轻，是一波突破行情将要出现的信号。

5.7.2　实盘案例解读

图 5-12 所示为双汇发展 2019 年 10 月 17 日分时图，在早盘阶段，个股就开始了节节攀升的走势，一直持续到收盘。虽然收盘时的涨幅不大，但全天运行中的节节上扬形态特征鲜明，有着明显的独立性。当日的量能温和放大，正处于整理区的突破点，这表明在这个突破位置点，多方占据了主动，市场抛压轻，是突破行情有望延续的信号。

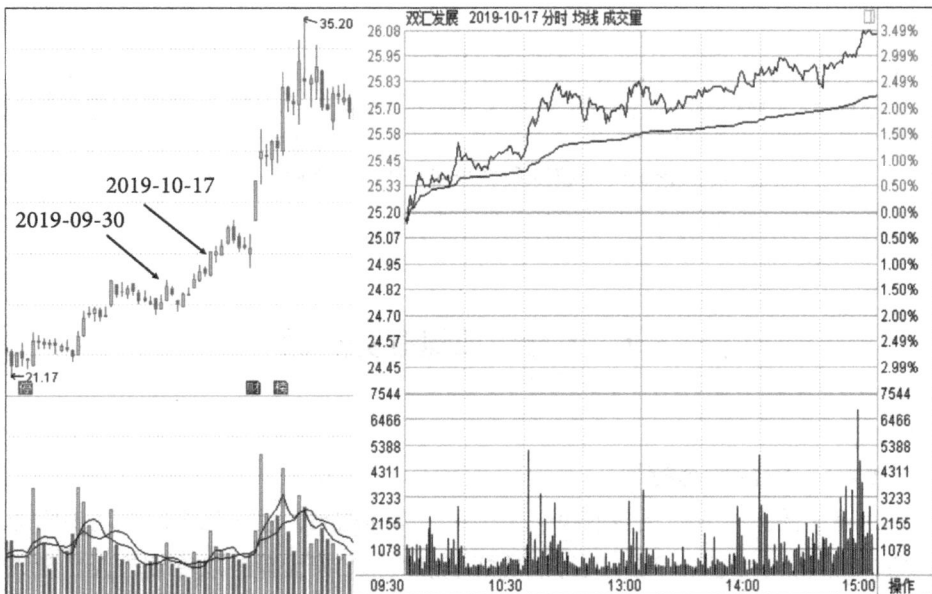

图 5-12　双汇发展 2019 年 10 月 17 日分时图

对于此股，2019 年 9 月 30 日的长阳线也表明其呈突破盘整区状态，但个股没有突破成功，引发了短线深幅调整，这与盘口分时运行状况直接相关。

图 5-13 所示为双汇发展 2019 年 9 月 30 日分时图，个股当日的大涨源于早盘的两波飙升，盘中呈现弱势，分时线与均价线缠绕，最终收于均价线之下。在操作中，对于尾盘飙升形成的日 K 线突破形态，投资者不宜追涨买入。

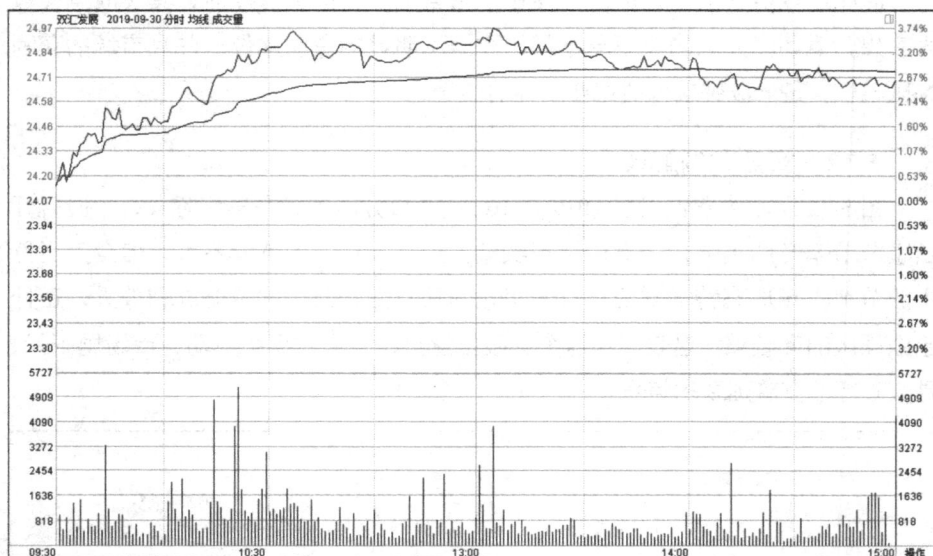

图 5-13　双汇发展 2019 年 9 月 30 日分时图

5.8　大盘股放量强势突破

5.8.1　组合形态特征

大盘股的运行方向更多取决于大资金的博弈结果，且一旦方向显现出明确的方向性特点，出现一波较大行情的概率很大。如果大盘股以涨幅较大、盘口强势的分时图形态突破了长期整理平台，多会伴以明显的放量，这往往就是方向性的选择。在操作中，随后多日，若个股走势稳健，不出现大幅度回落，能够较好地保持拉升成果，投资者是可以短线买入的。

对于大盘突破时的盘口强势的定义，一般来说，我们要求分时线在盘中不出现明显回落，不会向下碰触均价线，分时线可以相对挺拔地缓缓上扬，直至收盘。这种分时图特征可以看作多方力量明显占据主动地位的标志，也是行情可以持续下去的相对可靠的信号。

5.8.2　实盘案例解读

图 5-14 所示为完美世界 2019 年 11 月 19 日分时图，从早盘开始，股价节节上扬，上扬时可以看到分时量的同步放出，买盘充足，股价快速冲击涨停。这是一个标准的强势分时图，也是多方力量当日占据主导地位的标志。从日 K 线图来看，如图 5-15 所示，当日的长阳线使个股一举突破了长期盘整平台，这是股价出现方向选择的信号，但是否追涨入场，则要结合当日的量能来分析。

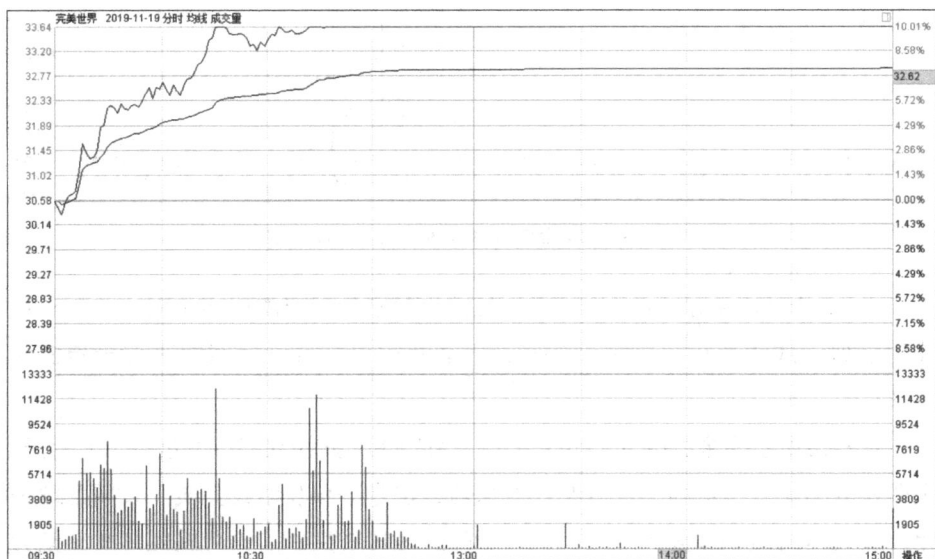

图 5-14　完美世界 2019 年 11 月 19 日分时图

如图 5-15 所示，2019 年 11 月 19 日的长阳线虽然十分明显，但当日的成交量放得过大，说明盘中的抛盘也较多；个股突破时又遇到了一定的抛压，虽然这些抛盘没有在盘中形成拉低股价的势头，但这对买盘资金的消耗还是较大的。在操作上，投资者应多观察几日，看看抛压的情况以及个股能否站稳于突破点。

随后股价在突破点小幅度整理，成交量开始大幅缩减，这是空方抛压大大减轻的信号。一旦多方有意再度推升，则突破行情将继续展开，此时就是极佳的短线入场时机。

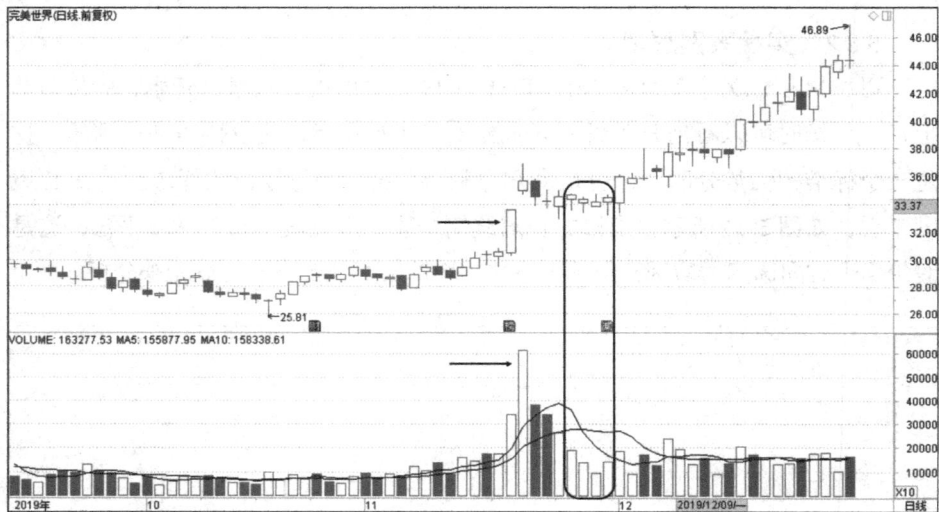

图 5-15 完美世界 2019 年 9 月至 12 月走势图

"相似的盘口＋量价组合形态"，往往也预示着相似的价格走向。这是一种较为经典、成功率极高的组合形态，下面我们再结合一个案例来进一步加深了解。

图 5-16 所示为金达威 2019 年 9 月 26 日分时图，此股在当日的盘中节节上扬，呈明显的强势运行格局。从日 K 线图来看，也是一根长阳线突破了长期整理平台，而且当日量能放大幅度较大。个股随后数日在突破点强势整理，成交量大幅缩减，此时就是遵循趋势发展方向、实施买入的好时机。

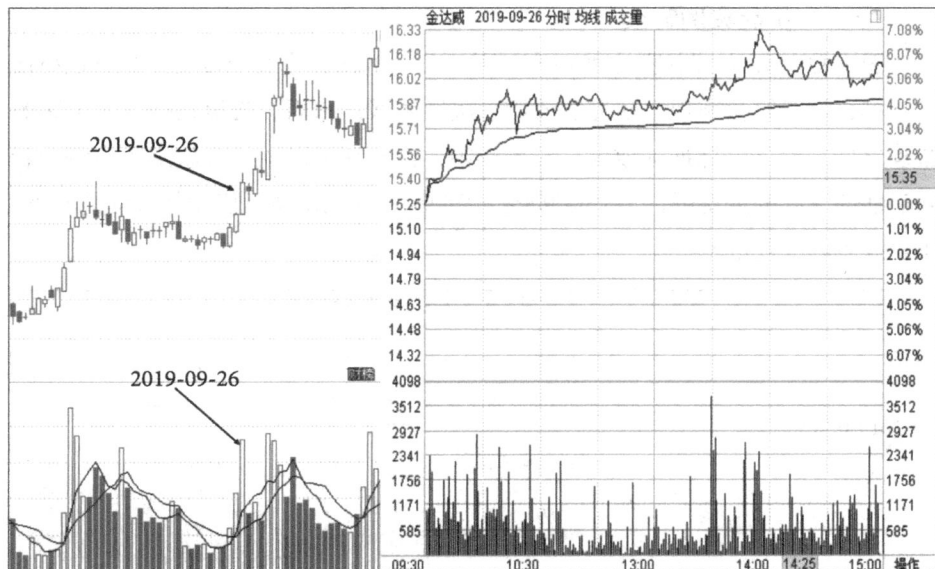

图 5-16 金达威 2019 年 9 月 26 日分时图

5.9 整理区脉冲量小幅上扬

5.9.1 组合形态特征

整理区脉冲量小幅上扬，是指个股在相对低位区出现了整理走势，当日的成交量呈突兀式放大，但盘中的价格走势只出现了小幅度的上扬。

突兀式放量也称为脉冲式放量，是指成交量在单独一个交易日突然、大幅度放出的形态，并且在随后的第二个交易日，成交量又突然性地大幅度缩量，这使得个股的量能柱形图中呈现出突兀式的放量效果，其图形犹如电脉冲一般。

价格走势未见明显波动，但是成交量却突然性放大又缩小，量能的这种异动可以看作价格运行方向的预示。低位整理区的这种量价形态往往是大资金于盘中强力买入的信号，而且个股正处于低位整理区，个股随后选择向上突破的概率较大。投资者在操作中可以提前布局，耐心等待突破行情的出现。

5.9.2　实盘案例解读

图 5-17 所示为万润股份 2019 年 7 月 1 日分时图，个股当日在盘中只是小幅度上扬，尾盘阶段出现了明显的放量。从日 K 线图来看，当日正处于低位区的整理之中，量能呈脉冲式放大。在操作中，投资者可以继续观察个股走势，若随后能够继续强势整理，不大幅回落，表明当日入场的买盘资金做多动能较强，中短线可以买入布局。

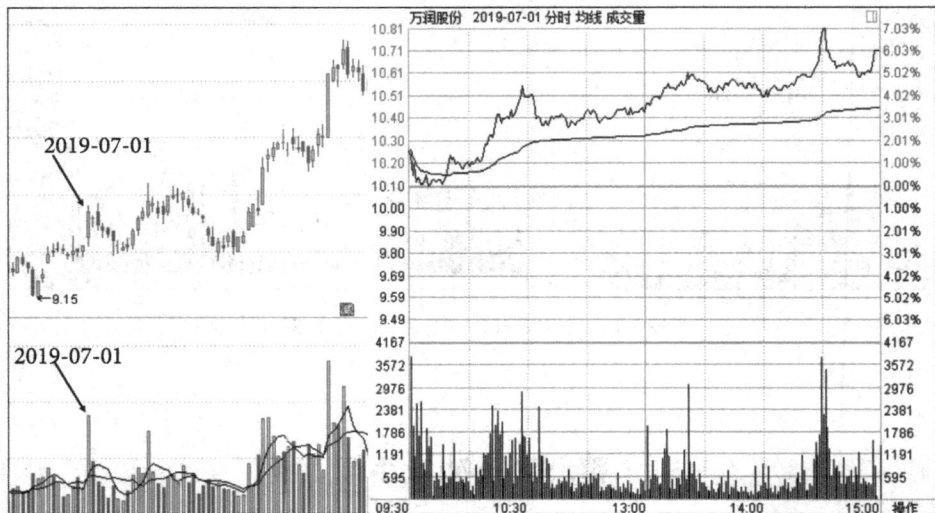

图 5-17　万润股份 2019 年 7 月 1 日分时图

在应用这个形态时，我们应特别注意当日盘中振幅及放量幅度，如果振幅过大，则不宜实施短线买股操作。过大的盘中振幅伴以鲜明的脉冲式放量，这是多空交锋过于激烈的信号，多方并不占优势；而且，当日的这种盘口形态对于短期内多方力量的消耗较大，个股随后下跌的概率较大。下面我们结合一个案例加以说明。

图 5-18 所示为扬子新材 2019 年 8 月 1 日分时图，当日的脉冲式放量虽然出现在相对低位区，收盘时的涨幅也不大，但盘中振幅却超过了 10%，这种盘口形态就不是中短线买入信号了。

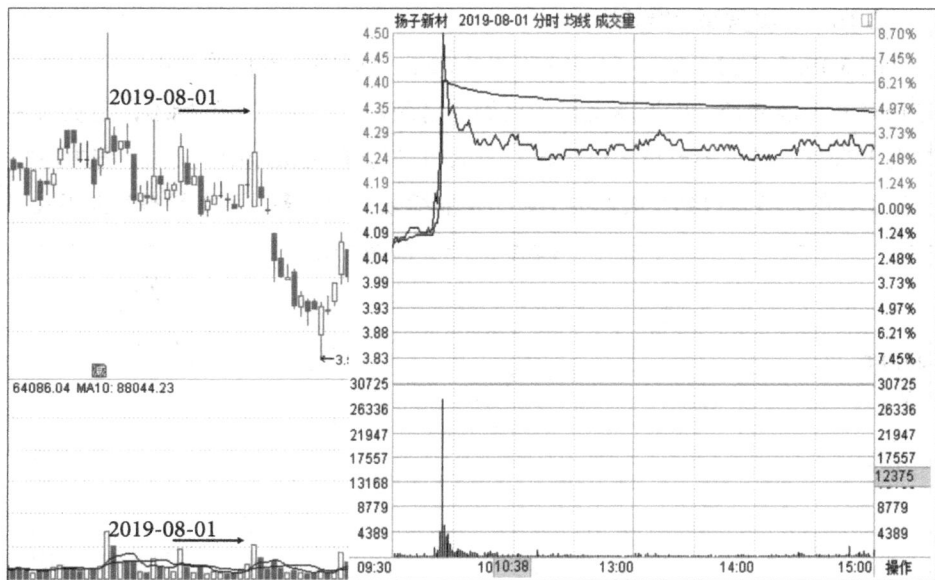

图 5-18 扬子新材 2019 年 8 月 1 日分时图

5.10 盘中缓升后加速上扬

5.10.1 组合形态特征

盘中缓升后加速上扬，是一种较为特殊的盘口形态。一般来说，它体现了买盘入场力度持续性较强，是中短期内个股有望走强的信号。其盘口形态特征是：个股在盘中先极为缓慢地上扬，持续时间较长，这使分时线与均价线呈向上平行状，随后上涨加速，收盘前股价位于当日的最高点附近。

这种盘口形态虽然是中短线上涨信号，但是也要结合当日的放量情况来把握买入时机。若当日量能放大较为温和，并且中短线涨幅较小，股价处于低位区间，则可第一时间追涨买入；若当日放量幅度较大，则表明市场上的逢高抛压相对较重，宜等到个股短线调整、量能缩减时再买股布局。

5.10.2　实盘案例解读

图 5-19 所示为长鹰信质 2019 年 7 月 30 日分时图，当日的盘中运行呈现出先长时间缓慢增长、后加速上扬的格局，这是多方力量充足的标志，但从日 K 线图上来看，当日的放量幅度过大，表明市场的逢高抛压相对较重。在中短线操作上，投资者宜等到个股短线回调，量能缩减，达到多空平衡状态时再买入。

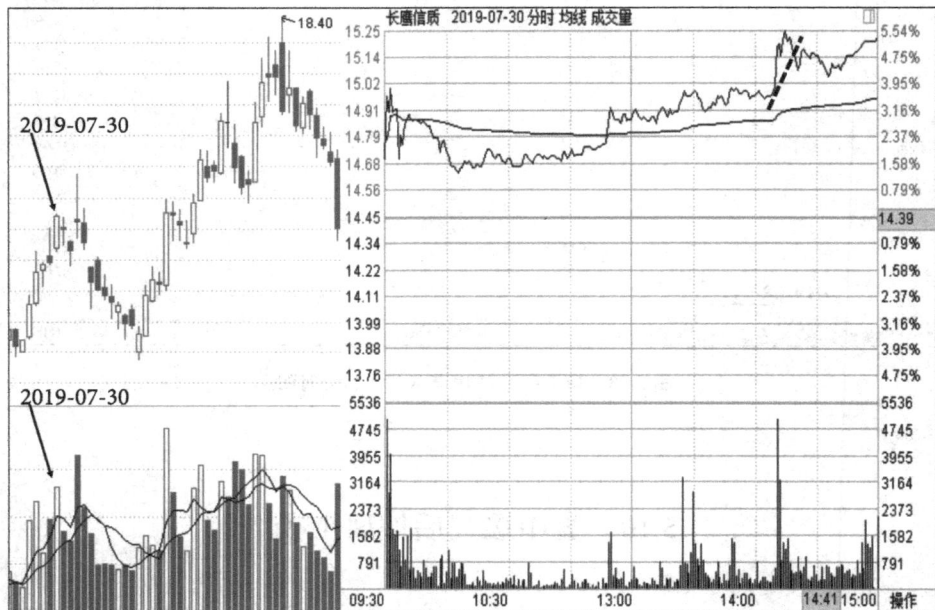

图 5-19　长鹰信质 2019 年 7 月 30 日分时图

5.11　缩量式低开探底反转

5.11.1　组合形态特征

缩量式低开探底反转，是指个股当日出现了一定幅度的低开；开盘后，股价再度下探，但随后获得买盘支撑，价格走势开始反转上行；持续至收盘，盘中的反转幅度较大，当日呈相对缩量状态。

　　当这种盘口形态出现在中短线大幅下跌的位置区时，是个股短期内反转上行动力较足的信号。当日的缩量表明，即使盘中出现了较大幅度的反转，也没有引发大量的卖盘抛出，是个股反转过程中抛压较轻的信号，有利于反转行情的持续。在操作中，这是短线买入信号。

5.11.2　实盘案例解读

　　图 5-20 所示为德联集团 2019 年 8 月 15 日分时图，个股当日大幅低开，这属于前几日上涨引发的回落，并非利空消息所致。个股开盘后股价先下探、再反转，虽然反转幅度较大，但当日整体呈相对缩量状态。这表明反转过程中的阻力较弱，是反弹行情有望延续的信号，投资者可以实施短线买入操作。

图 5-20　德联集团 2019 年 8 月 15 日分时图

第 6 章

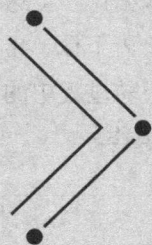

> 看涨分时图买入时机

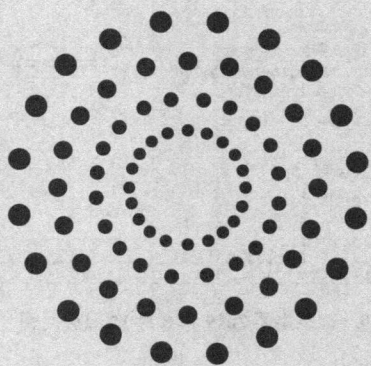

盘面形态体现了多空双方在当日盘中的实时交锋情况，也呈现了多空力量对比的快速变化。利用盘面形态，我们可以实时把握是多方力量突然转强，还是空方力量突然增加，以及主力是否有参与个股的行为，从而在超短线交易中找到最佳盘中买卖点。本章我们将先关注分时图中的买入点，了解哪些经典的分时图形态预示着短线上涨，以及我们该如何把握分时图中的买入点。

6.1　快速收复的盘口下探

盘口中出现快速下探，若个股能及时"收复失地"，这往往就是多空力量于盘中快速转变的信号，也预示着一波反弹行情即将出现。本节中，我们结合案例来看常见的几种情形。

6.1.1　盘口单日快速下探

盘口单日快速下探，是指个股于盘中出现了快速下探，但随即就在出现大买单的情况下快速收复了跳水失地；随后，股价稳定运行于均价线上方，并不断走高；收盘时，股价出现了小幅度的上涨。

若这种盘口形态出现在中短线的低位整理区间或短线快速下跌之后，则它是空方抛盘已无力拉低股价的标志之一，预示了一波反弹上攻行情即将展开，是短线买入信号。

图 6-1 所示为西部证券 2019 年 8 月 6 日分时图，当日开盘之后，股价被快速拉低，但随后的收复速度也很快，且能在均价线上方震荡走高。结合当日正处于低位整理区间的情况来看，这是空方无力拉低股价，一波上攻行情有望在买盘推动下出现的信号，投资者可以短线买入。

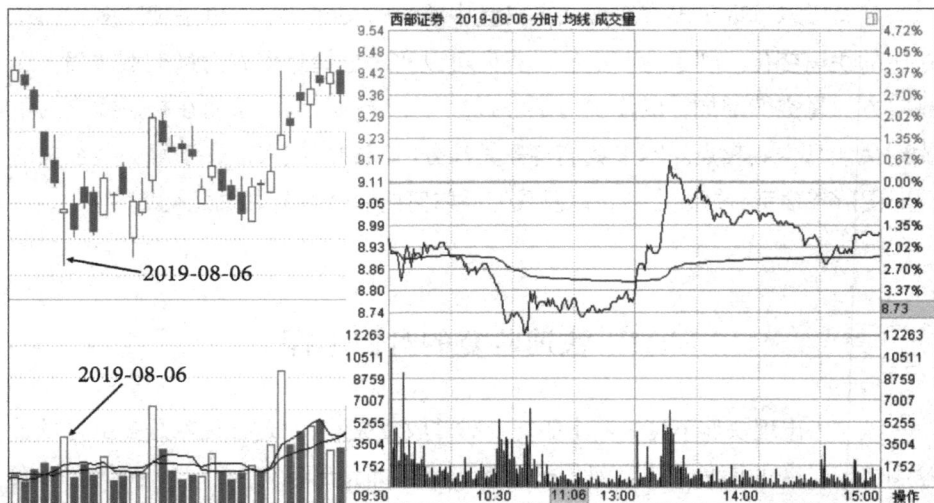

图 6-1　西部证券 2019 年 8 月 6 日分时图

6.1.2　盘口双日快速下探

盘口双日快速下探，是指个股于邻近的两个交易日于盘中出现了快速下探，随后又快速"收复失地"的运行形态。当这种盘口形态出现在中短线低位整理区间时，它是多方承接力量明显增强、空方无力拉低股价的信号，也预示了反弹上攻行情有望展开，是中短线买入信号。

图 6-2 所示为葵花药业 2019 年 10 月 9 日分时图，图 6-3 所示为葵花药业 2019 年 10 月 21 日分时图，这两日的盘中运行，个股先是于早盘阶段出现了快速下探，又于 21 日的早盘出现快速下探。虽然早盘下探的时间点不同，但下探后的收复走势都十分迅疾，彰显了多方的承接力度，是短期内下跌动能减弱的信号，预示了反弹上攻行情的展开。

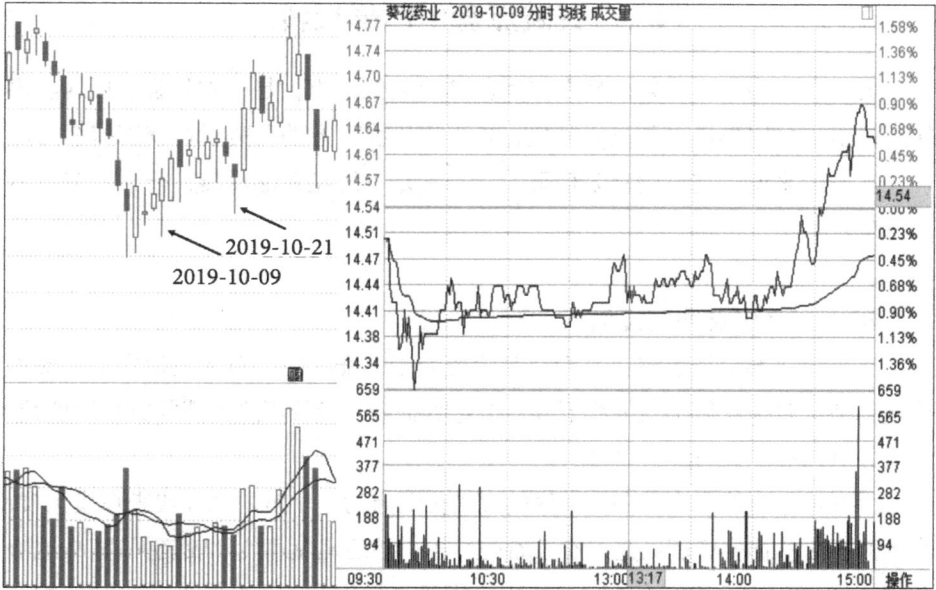

图 6-2　葵花药业 2019 年 10 月 9 日分时图

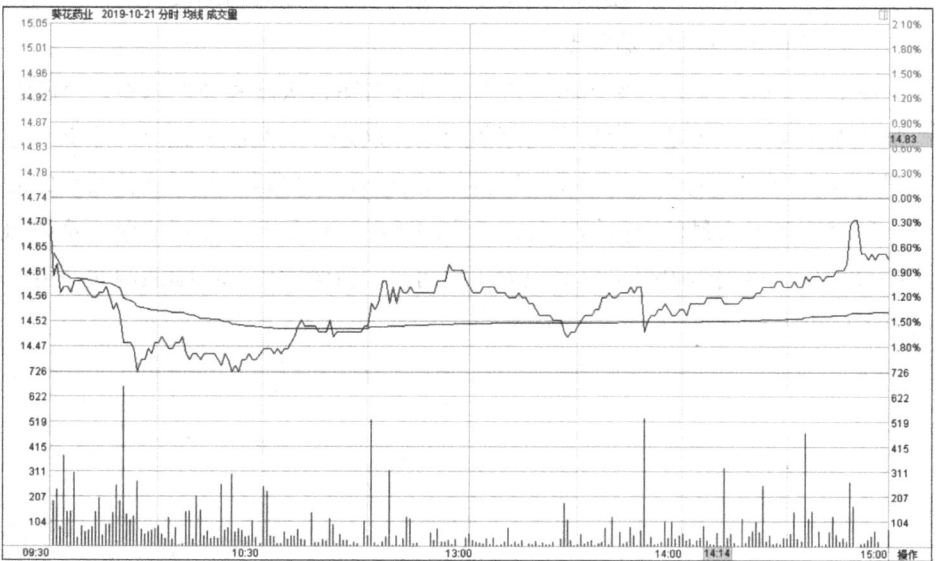

图 6-3　葵花药业 2019 年 10 月 21 日分时图

6.2　突破点盘中凹形反转

突破点盘中凹形反转出现在整理区的突破位置点，是一种先强、后弱、再转强的盘口分时形态，并且中间段、处于均价线下方的弱势运行状态持续时间较长。一般来说，它有两种表现形式，一种是早尾盘凹形反转，一种是午盘后凹形反转。

6.2.1　早尾盘凹形反转

早尾盘凹形反转形态，是指早盘阶段处于上涨状态，随后股价向下跌破均价线，并长时间运行于均价线下方，至尾盘阶段，股价再度上涨并穿越均价线，全天的盘口形态如同汉字"凹"。

当这种盘口形态出现在盘整区的突破位置点时，早盘的上冲代表短线上攻，盘中回落后的横向整理则是多空胶着的标志，随后尾盘再度"收复失地"，这表明空方抛压相对不重，多方力量仍旧占据了主导地位，是个股突破上攻行情有望持续下去的标志。在操作中，投资者可以结合凹形反转的幅度把握买入时机；如果凹形反转当日的振幅较小，则可于收盘前买入；如果凹形反转当日的振幅较大，则宜于次日盘中震荡低点买入。

图 6-4 所示为冰轮环境 2020 年 3 月 5 日分时图，从日 K 线图来看，个股经一波短线上涨后，正处于盘整震荡区的上沿。这是一个突破位置点，多空双方力量的大小决定了突破能否成功。当日，此股出现了早尾盘凹形反转的盘口形态，这表明多方力量依旧占据主动，盘中的下跌不过是一次短暂的释放获利抛压的过程。当日的盘中振幅相对较大，因而，次日盘中出现小幅回调时是更好的买入时机。

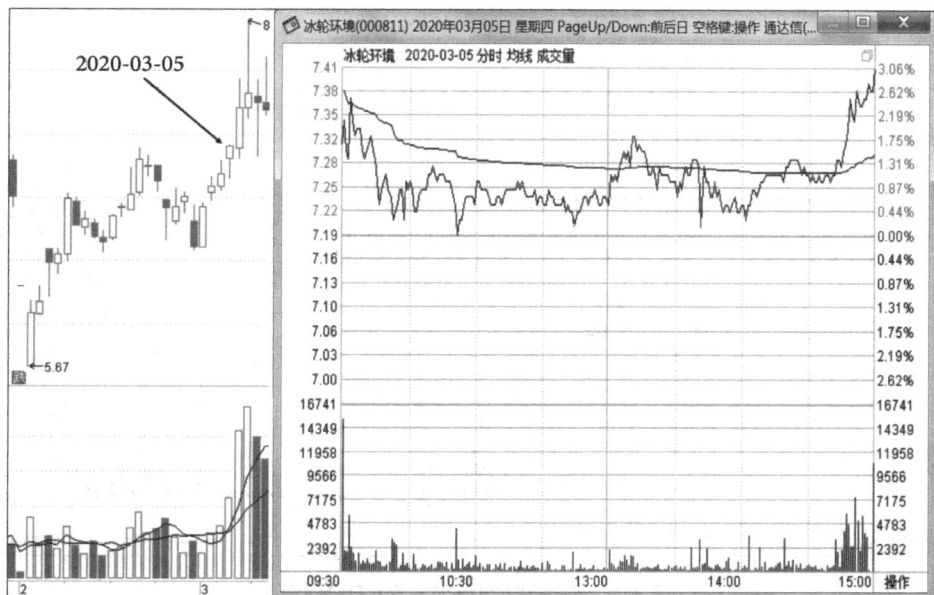

图 6-4　冰轮环境 2020 年 3 月 5 日分时图

6.2.2　午盘后凹形反转

午盘后凹形反转出现在午盘之后，是指个股早盘处于上涨状态，午盘后跳水并于盘中低点持续运行，尾盘阶段再度上涨并"收复失地"的形态。这种形态也是多方力量后来居上的标志，当其出现在行情突破位置点时，预示着一波上攻行情可能展开。

图 6-5 所示为龙津药业 2019 年 9 月 6 日分时图，当日的盘口出现了午盘后凹形反转的形态。在日 K 线图上，个股正处于突破位的震荡走势中，这个盘口形态的出现表明多方力量依旧占据主动，上攻意愿较强，是上涨行情有望加速的信号。由于当日的盘中振幅较小，在操作中，投资者宜在当日收盘前买入布局。

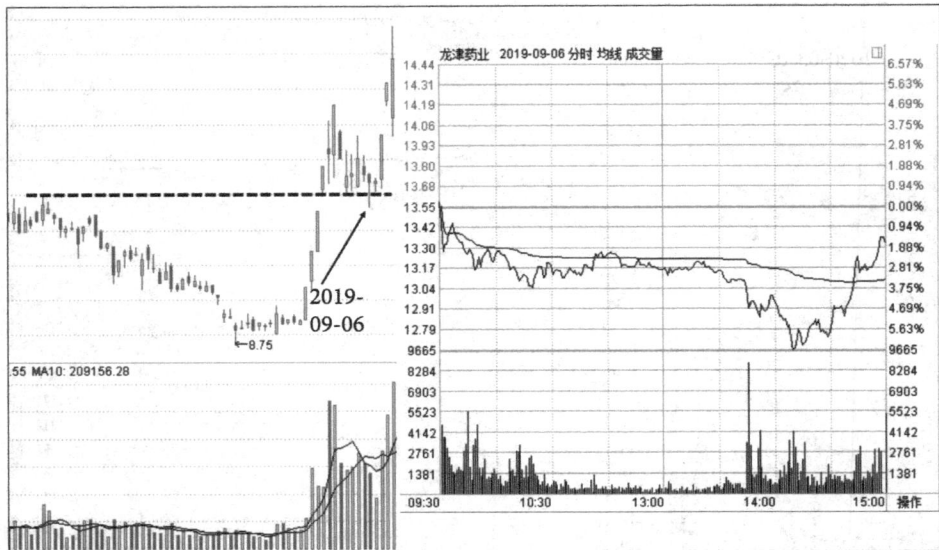

图 6-5　龙津药业 2019 年 9 月 6 日分时图

6.3　早盘冲高回落加仓法

早盘冲高出现回落，可以是短线上涨见顶的信号，也可以是一波行情即将展开的信号，在操作中，我们应结合量能及股价位置点综合判断。一般来说，若当日量能温和放大，且个股处于中短线低点或相对低位整理区的突破点，则这种早盘冲高回落的盘口形态往往与大资金的短期加仓行为有关，也预示着个股具备良好短线上涨的潜力。

6.3.1　攀升整理区突破点

攀升整理区突破点，是指个股在缓慢地攀升走势中，于短线高点出现了一个整理平台。此时，个股在某个交易日出现了这种早盘冲高回落的盘口形态。早盘冲高时，有量能的明显放大作为支撑；随后股价震荡回落，下跌过程中的成交量明显缩小；至收盘时，个股仍然处于小幅上涨状态。从日 K 线图来看，当日的成交量仅是温和的小幅度放大。

图 6-6 所示为天际股份 2019 年 6 月 17 日分时图，个股在早盘阶段出现了几

波强势上扬，上扬过程中的成交量明显放大，这是大买单连续入场推动的盘口反映；随后的震荡回落虽然持续时间长，但这种回落形态可以看作是市场获利浮筹卖出所致。结合日 K 线图来看，个股随后出现突破整理区向上运行的概率较大，投资者可以买股入场。

图 6-6　天际股份 2019 年 6 月 17 日分时图

6.3.2　低点平台反弹点

在中短线跌幅较大的企稳位置区，若出现了这种早盘冲高回落且收盘时仍处于小幅上涨状态的盘口形态，它往往预示着一波反弹行情即将展开，属于短线买入信号。

图 6-7 所示为蓝黛传动 2019 年 12 月 5 日分时图，个股开盘之后出现了一波强势上冲，期间成交量明显放出。这是大买单连续入场推动的结果，也彰显了大资金的做多意愿。在随后的全天回落走势中，成交量明显缩减，收盘时，个股仍处于小幅上涨状态。结合个股当前正处于短期深幅下跌后的企稳区的情况来看，这种盘口形态预示着反弹行情即将展开，是短线买入、博取反弹收益的信号。

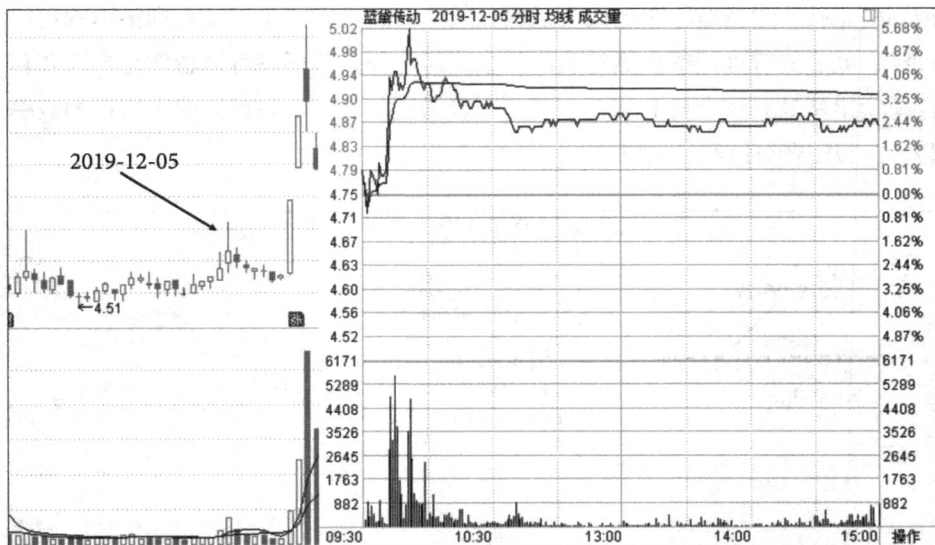

图 6-7　蓝黛传动 2019 年 12 月 5 日分时图

运用这种盘口形态展开买入操作时，我们一要关注当日的量能，小幅度的温和放量为最佳；二要关注个股的日 K 线运行情况，中短期内涨幅较大或处于逆市抗跌的整理平台时，都不是买入信号。

6.4　不同时间段的三波上扬

我们可以将个股的盘中交易时间段大致分为早盘、中盘、尾盘，如果在这 3 个时间段内，个股均出现了上扬走势，则表明买盘较为充足，多方推升意愿较强。此时，只要日 K 线图的运行状况较好，则有望展开一波短期内的上攻行情。

6.4.1　平缓的三波上扬

平缓的三波上扬，是指在早盘、中盘、尾盘阶段，个股均出现了缓缓攀升、持续性较强的波段上涨。虽然期间有回落整理，但股价随着三波上涨在盘中不断创出新高，收盘价接近当日最高点。这种盘口形态表明场外的买盘入场持续性好，多方力量充足，是中短线买股布局的信号。

　　图 6-8 所示为文科园林 2019 年 8 月 15 日分时图，个股的三波上涨均有较强的持续性，攀升波段持续时间都长于随后的回落波段，股价在逐波攀升中也创出了盘中新高，这是多方完全占据主导地位的标志。从日 K 线图来看，当日正处于低位区的一波反弹走势展开之时，而这种盘口形态又是反弹上涨的明确信号，投资者可以据此盘口形态实施短线买入操作。

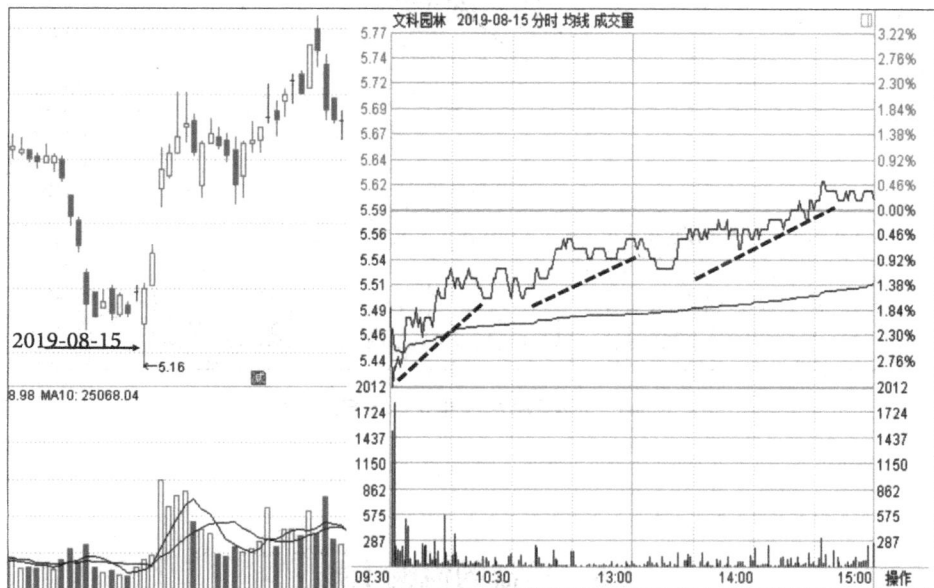

图 6-8　文科园林 2019 年 8 月 15 日分时图

6.4.2　流畅的三波上扬

　　在早盘、中盘、尾盘 3 个不同的时间段中，若个股均出现了相对流畅的盘口上扬形态，则同样是多方力量占据明显主导地位的信号，也预示着上攻行情的展开。一般来说，流畅的三波上扬盘口形态所预示的个股中短线上涨力度往往更强，在日 K 线图配合的情况下，这是很好的短线买入信号。

　　图 6-9 所示为久远银海 2019 年 8 月 15 日分时图，个股在 3 个时间段均出现了盘口上扬，其形态特征也较为流畅。这是连续大买单入场推动形成的，是个股短期内上攻意愿强烈的盘口信号。此时的个股正处于低位整理区的突破点，因此这个盘口形态预示着突破上攻行情有望展开，是买股入场的信号。

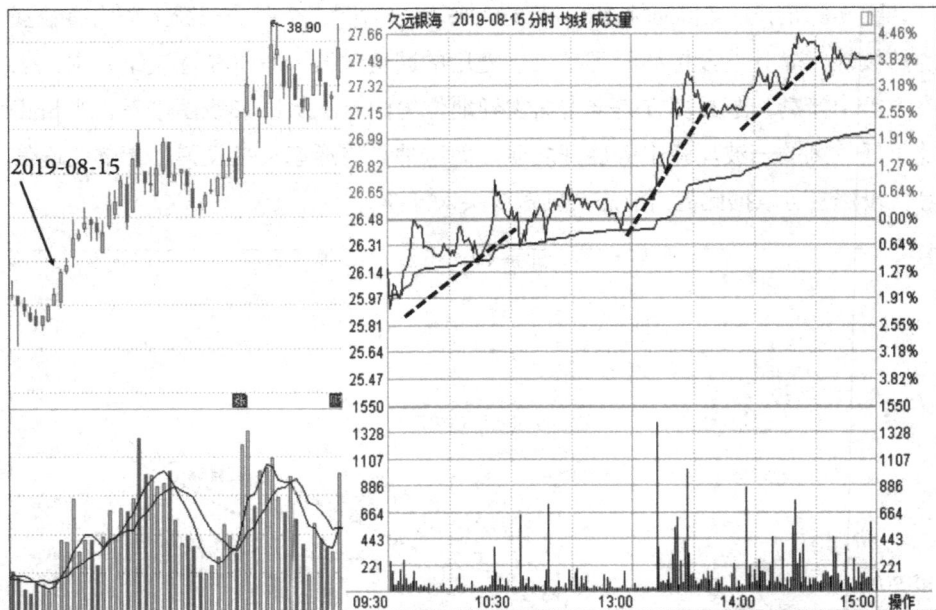

图 6-9　久远银海 2019 年 8 月 15 日分时图

6.5　早盘的流畅上扬

　　早盘的流畅上扬源于大买单接连不断地入场推动,这往往与主力资金的参与行为相关。如果个股可以在早盘流畅上扬之后站稳于盘中高点,既不出现明显回落,也不向下附着于均价线,则表明多方力量占据了主导地位,是短期内一波上涨走势可能出现的信号。

6.5.1　一波大幅飙升

　　早盘的大幅飙升走势的形态特征为:早盘阶段,个股出现了一波幅度大于5% 的流畅上扬,且快速上扬时有成交量的连续放大作为支撑。当这种盘口形态出现在低位整理区时,只要个股在早盘飙升后能稳稳地站于均价线上方,不向下靠拢均价线,就表明多方力量占据明显主动地位,空方抛压不重,是个股短线出现突破上攻走势概率较大的信号。

图 6-10 所示为中坚科技 2019 年 9 月 9 日分时图，个股在早盘阶段出现了一波幅度较大的流畅上扬，期间量能显著放大，随后的盘中回落也未向下靠拢均价线。结合个股正处于低位整理区间的情况来看，这是突破上攻行情有望展开的信号。

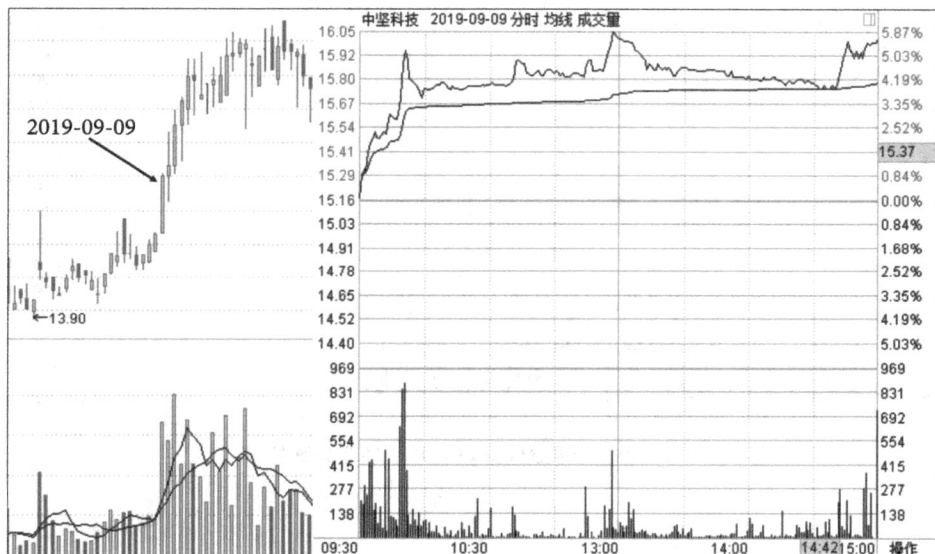

图 6-10 中坚科技 2019 年 9 月 9 日分时图

6.5.2 两波强势上扬

两波强势上扬是指个股早盘出现了两波大幅上扬走势，每一波上扬的幅度都相对较大且十分流畅，每一波上扬都以成交量的连续放大为支撑。

图 6-11 所示为天顺股份 2019 年 8 月 16 日分时图，个股在早盘阶段出现了两波幅度较大且十分流畅的盘口上扬，这是大买单入场连续性强、力度大的标志，也是短线启动的信号。结合日 K 线图来看，个股反弹上升空间充足，此时是较为明确的短线买入信号。

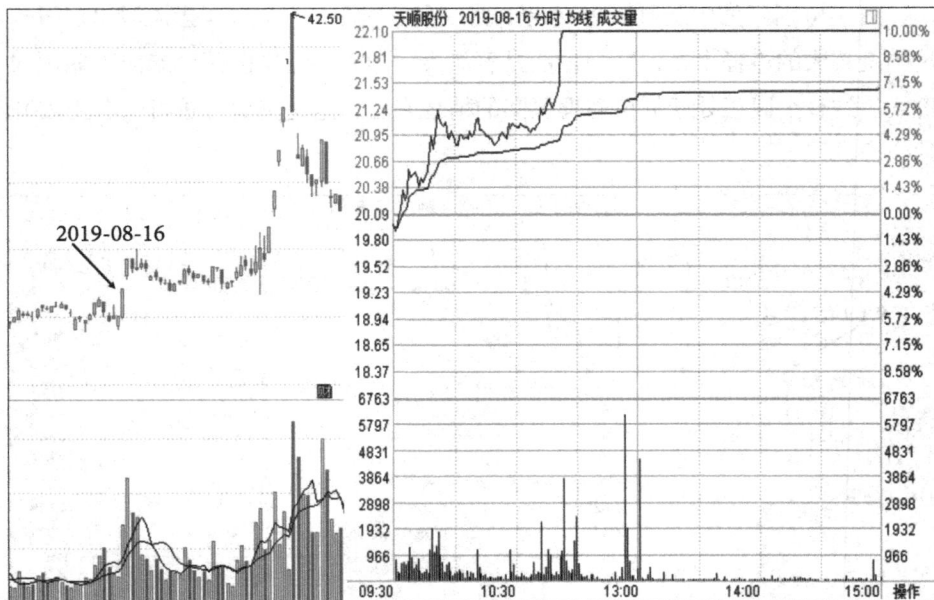

图 6-11　天顺股份 2019 年 8 月 16 日分时图

6.5.3　多波小幅度上扬

多波小幅度上扬，是指个股在上涨过程中，虽然每一波的上扬幅度不大，但形态上却呈现出挺拔、流畅的特征，不同于缓缓攀升的形态特征。

图 6-12 所示为恒久科技 2019 年 10 月 28 日分时图，个股在早盘阶段出现了多波小幅度上扬，虽然每一波的上扬幅度不大，但形态上十分流畅，不同于缓慢攀升的上涨特征。这种形态是大买单连续入场且持续性强的典型盘口体现。结合个股当前正处于低位平台突破点，早盘上扬之后股价持续强势运行、不回落的情况来看，此时多方力量占据了完全主导地位，表明一波上攻行情可能展开，是短线买入的信号。

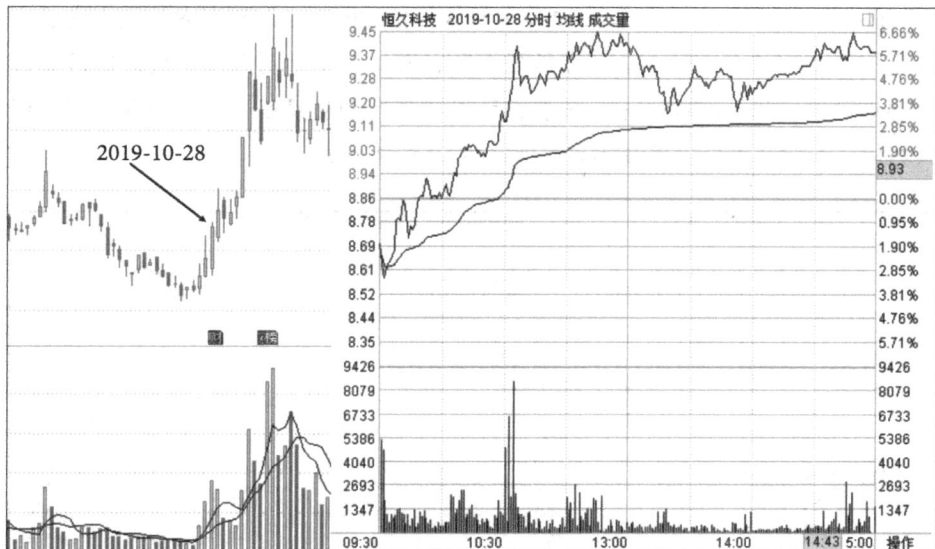

图 6-12 恒久科技 2019 年 10 月 28 日分时图

6.6 整理区盘中上探线

盘中上探线，顾名思义，是指盘中的上涨无功而返。这种特殊的盘口形态看似是盘中上涨遇阻的标志，但是当它在低位整理区出现时，往往是多方有意发动进攻的信号。一般来说，只要当日的量能未见大幅放出，就表明盘中上冲的阻力并不大，个股随后有望突破。

6.6.1 小幅度一次上探

小幅度一次上探，是指盘中出现了一波较为流畅，但从起涨点开始的上涨幅度相对较小（3% 左右）的上扬，且随后股价快速回落至盘中起涨点附近。小幅度一次上探多出现在尾盘阶段，只要个股当日量能放大温和，盘整区位于相对低点，则盘口的这种小幅度一次上探预示着个股随后突破上攻的概率较大。

图 6-13 所示为崇达技术 2019 年 8 月 5 日分时图，个股在午盘阶段出现了小幅度一次上探的盘口形态。当日放量温和，股价位于相对低位平台，这是个股将要启动的信号。在操作上，投资者可以在随后的交易日中，逢震荡回落时买入布局，而这个最佳的短线买点出现在 2019 年 8 月 8 日。

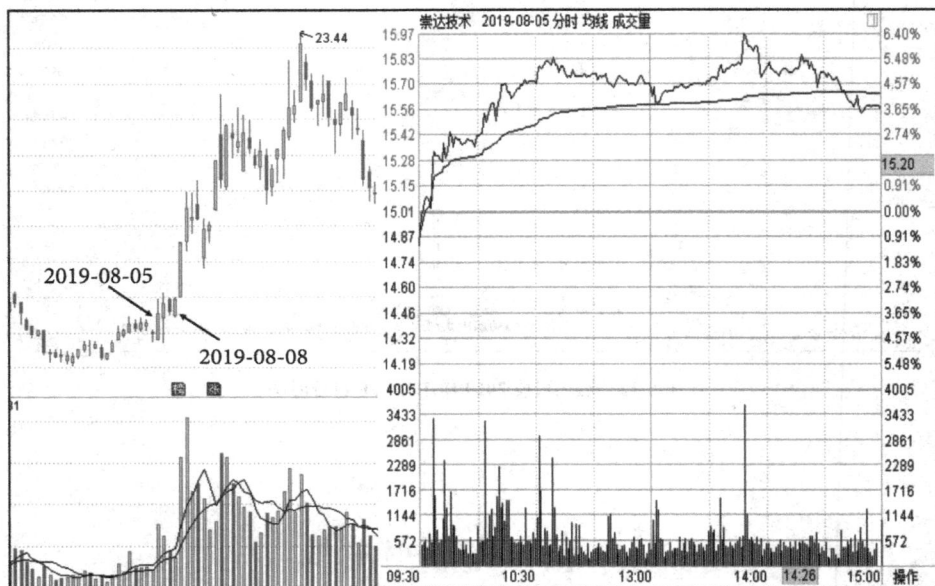

图 6-13　崇达技术 2019 年 8 月 5 日分时图

图 6-14 所示为崇达技术 2019 年 8 月 8 日分时图，个股当日出现了一定幅度的低开，开盘后股价多次穿越均价线，呈现弱势。午盘后，股价稳健地运行于均价线上方，此时就是一个极好的短线买入时机。

图 6-14 崇达技术 2019 年 8 月 8 日分时图

6.6.2 大幅度二次上探

大幅度二次上探，是指个股在较短的一段时间内，盘口出现了再次上探形态，并且盘中上探幅度相对较大。二次上探的出现往往与市场抛压较重有关，但也彰显了大资金在盘中的推升力度。一般来说，当日的量能若没有大幅放出，则表明多方力量仍占据主动。

但是，盘中幅度较大的上探形态也反映了多空交锋较为激烈，二次验证后，才是更为稳妥的短线买入时机。所谓二次验证，就是个股短期内两次出现幅度相对较大的盘中上探，此时买入，短线获益的机会远高于风险。

图 6-15 所示为道恩股份 2019 年 6 月 13 日分时图，个股在尾盘出现了大幅上探形态，这是一个提示性信号，在操作上，投资者应继续观察。

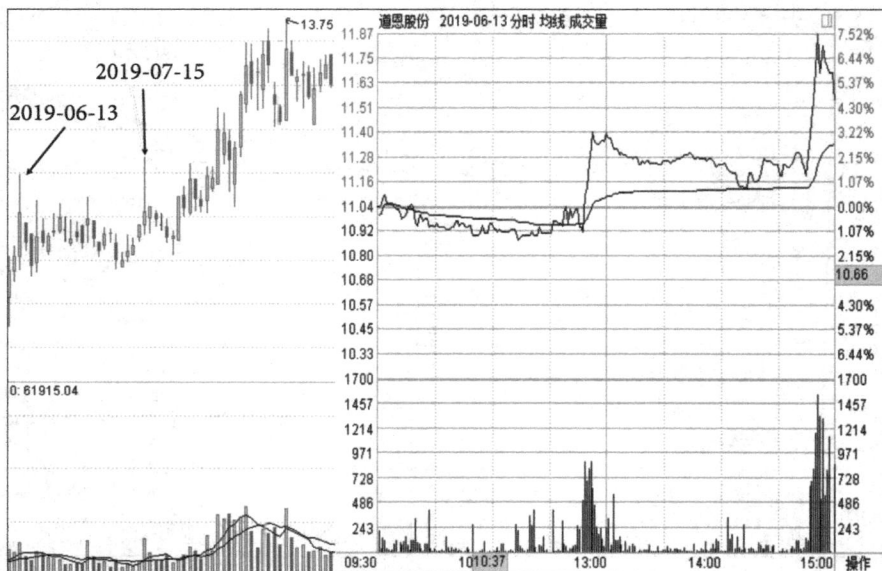

图 6-15　道恩股份 2019 年 6 月 13 日分时图

图 6-16 所示为道恩股份 2019 年 7 月 15 日分时图，个股于尾盘再度出现了大幅上探形态。结合此前尾盘的上探形态来看，个股短期内的突破意愿较强，而且正处于低位整理区，此时是短线买入的好时机。

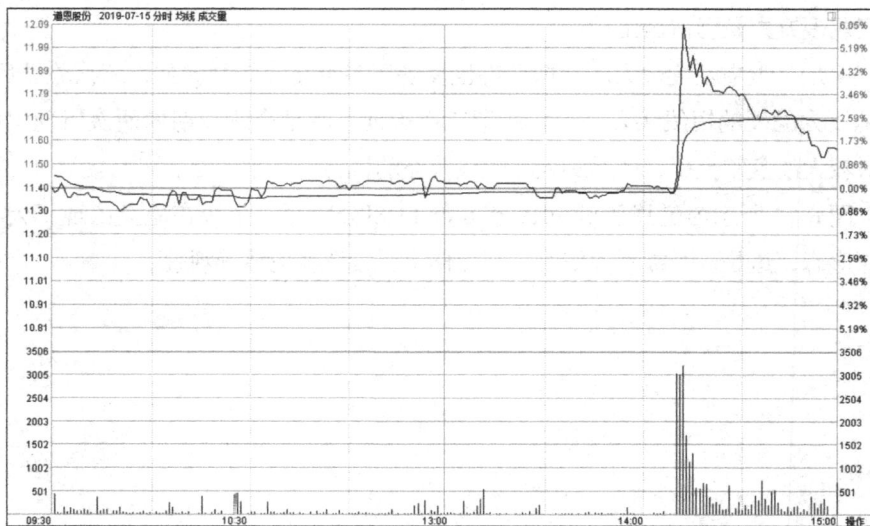

图 6-16　道恩股份 2019 年 7 月 15 日分时图

6.7 量价同步节节升

量价同步节节升是利用盘口中的量价配合关系，把握多方推动力量是否具有持续性的一种形态。股价在盘中创出新高时，如果能出现同步放大的量能，则表明买盘十分充足，短线上攻走势更有可能延续下去。结合日 K 线的运行形态来看，这一形态往往可以作为短线入场的信号。

6.7.1 45 度角量价齐升

45 度角量价齐升，是指个股在盘中的上涨呈缓慢、稳健式震荡攀升。随着股价重心不断上移，我们可以看到分时图不断放大，股价上扬与量能放大程度呈正向、同步的关系。

图 6-17 所示为皮阿诺 2019 年 8 月 20 日分时图，个股盘中震荡上扬，股价稳健上升，有着明显的独立性，期间的成交量也随着股价震荡走高而同步创出盘中新高。这就是缓升中的量价齐升，它的出现表明场外买盘充足，多方力量持续性强，是短期内上攻走势能进一步持续的信号。

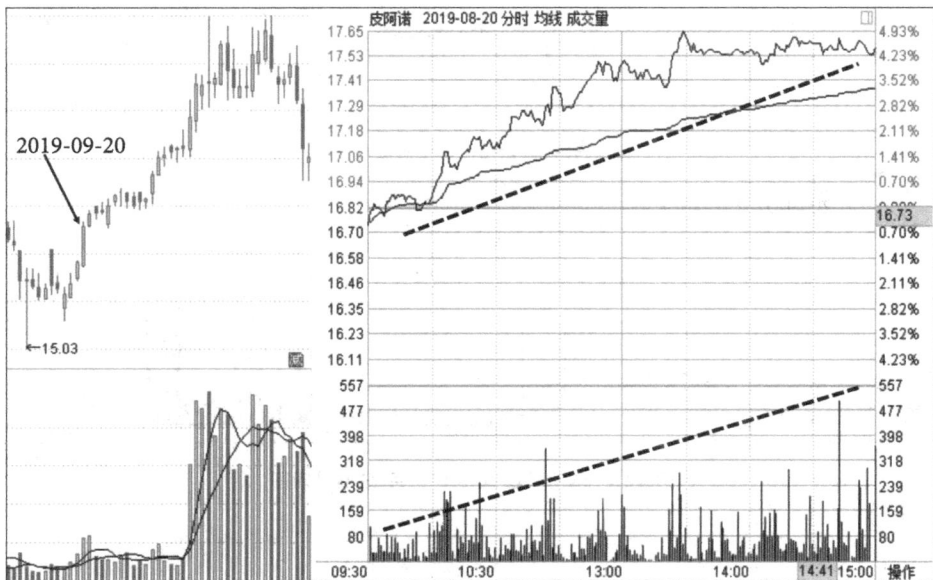

图 6-17 皮阿诺 2019 年 8 月 20 日分时图

6.7.2 流畅上扬后量大前量

流畅上扬后量大前量，是指个股在盘中出现了两波流畅的上扬。这两波上扬有一定的时间间隔，第二波流畅上扬不仅使股价创出了盘中新高，而且其分时量也明显大于第一波。

两波流畅上扬说明盘中存在积极拉升情况，"后量大前量"说明拉升过程中有大量资金流入，是多头意愿较强、个股上涨走势更值得期待的标志。一般来说，只要此时的个股有良好的日K线走势给予配合，我们就可以在当日的盘中积极买股布局。

图6-18所示为洁美科技2019年7月25日分时图，个股于早盘及午盘之后分别出现了较为流畅的上扬，且后一波上扬的量能明显大于前一波，这就是盘口飙升形态下的后量大前量。这样的个股在短线运行中更有潜力，是值得布局的短线品种。

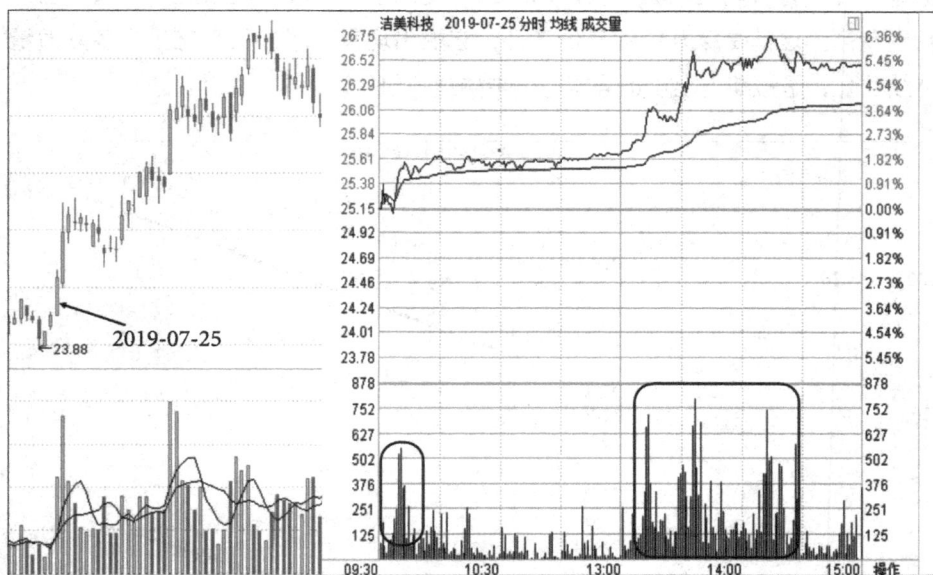

图6-18 洁美科技2019年7月25日分时图

6.7.3 量价齐升后强势整理

量价齐升后强势整理，指个股于盘中出现了量价齐升的稳健上扬走势，且股价随后能够平稳站于盘中高点而不出现明显回落。这表明市场上的买盘资金充足，个股中短线上涨的可能性较大，属于分时图发出的短线上涨信号。

图 6-19 所示为传艺科技 2019 年 5 月 27 日分时图，个股在中盘阶段出现了量价齐升形态，这是买盘源源不断入场推升股价的标志；随后的盘中高点可以强势整理不回落，这是市场抛压相对较轻、多方承接力强的标志。结合个股当前的位置点来看，这种分时图预示着短线上涨波段的开启。

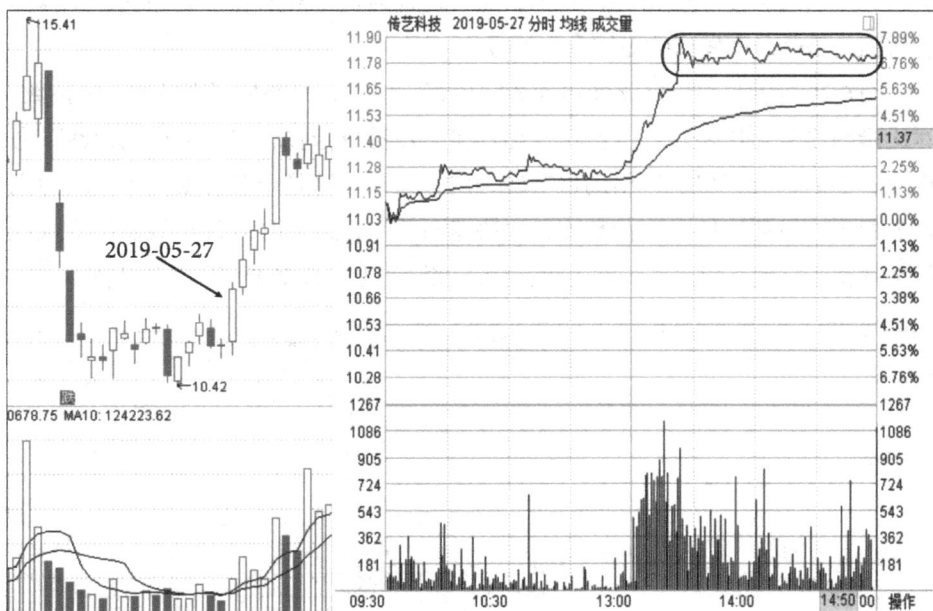

图 6-19 传艺科技 2019 年 5 月 27 日分时图

6.8 强于指数的快速回升

指数的运行是市场整体平均效果的反映，但也是衡量个股盘中强弱的重要参照。如果个股的盘中运行可以明显强于指数运行，特别是在指数出现跳水的盘口中，此时以指数为参照，结合个股的波动情况，我们就可以很好地了解个股短期内的多空力量对比情况和多方力量推升力度情况，进而决定是否展开短线买入操作。本节我们将以上证指数运行为参照，了解如何把握个股的短线买入时机。

6.8.1 下破均价线再度转强

下破均价线再度转强，是指个股先在早盘阶段出现了独立走强的形态，随后受大盘回落影响而向下跌破均价线；当指数企稳后，股价再度上扬并突破均价线，形成二度走强的格局，直至收盘。这种盘口形态表明个股的独立上涨动能较强，是分时图发出的短线上涨信号。

图 6-20 所示为白云机场 2019 年 8 月 12 日分时图，且叠加了当日的上证指数。对比指数走势可以看出，个股早盘出现了一波独立上扬，午盘后由均价线下方再度转强时，其强势运行格局也有较强的独立性。这是个股短期内上涨动力充足的标志，只要同期上证指数不出现快速回落，并且此时的日 K 线图刚形成低位突破状态，就有望出现一波上攻行情。在操作上，投资者可以短线买入。

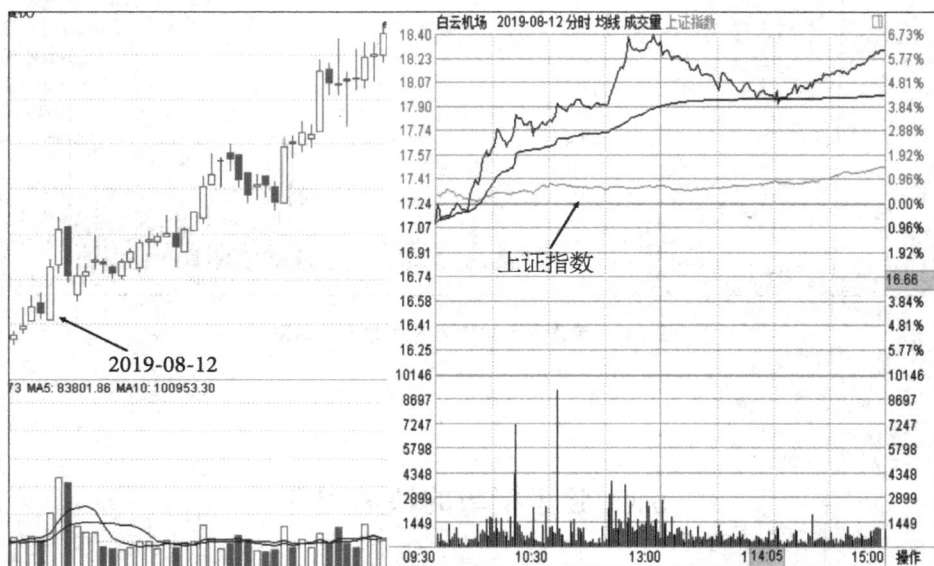

图 6-20　白云机场 2019 年 8 月 12 日分时图

6.8.2 联动跳水直线拉起

当指数于盘中出现快速跳水而导致个股同步跳水时，一般来说，由于中小盘股的盘口波动更为灵敏,其跳水幅度往往更大;但如果个股随后能随着指数回升而直线拉回,则表明这一波跳水已较好地释放了空方抛压。结合个股正处于短线低点的情况来看,一波反弹上攻走势有望展开。

图 6-21 所示为中国国贸 2019 年 8 月 6 日分时图,开盘没多久,上证指数就出现了快速跳水,受此带动,个股也出现了较大幅度的下跌;但随着上证指数的快速回升,可以看到,个股也被直接拉回。这一波回升的幅度大、速度快,跳水时的放量又是对空方抛压的有效释放。结合个股当前正处于短线回落的低点,这种盘口形态多预示着短期内的空方抛压得到了有效释放。在操作上,投资者可以短线买入。

图 6-21 中国国贸 2019 年 8 月 6 日分时图

6.8.3 盘中多波独立攀升

在上证指数运行平稳的背景下,若个股于盘中出现了多波相对独立的攀升走势,则表明个股当日的上涨动力较为充足,属于分时图发出的短线入场信号。

图 6-22 所示为华能水电 2019 年 12 月 2 日分时图,个股当日正处于一波回落后的低点,上证指数运行平稳,个股分别于早盘、尾盘出现了相对独立的攀

升走势。这是短线回落结束、新一波上攻行情即将展开的信号，投资者此时可以买股入场。

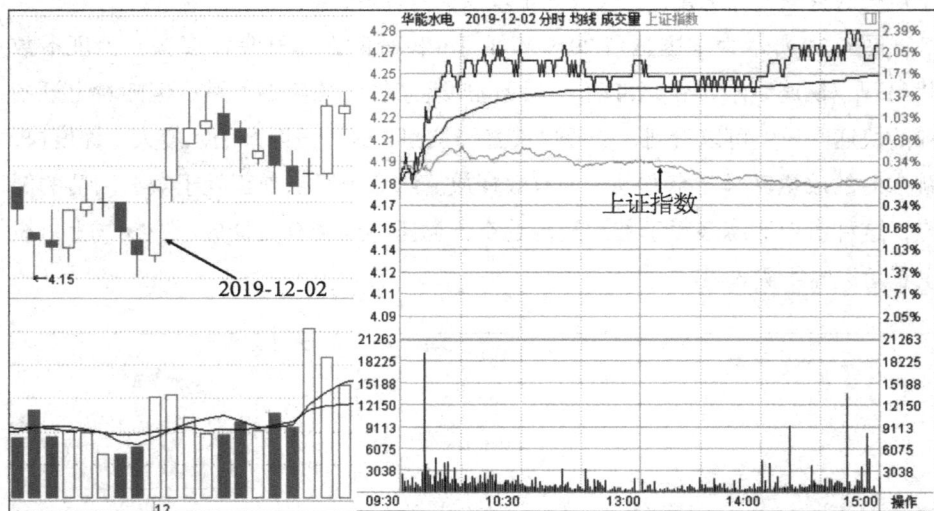

图 6-22　华能水电 2019 年 12 月 2 日分时图

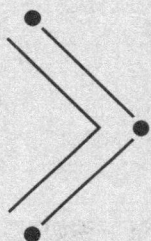

第 7 章

看跌分时图卖出时机

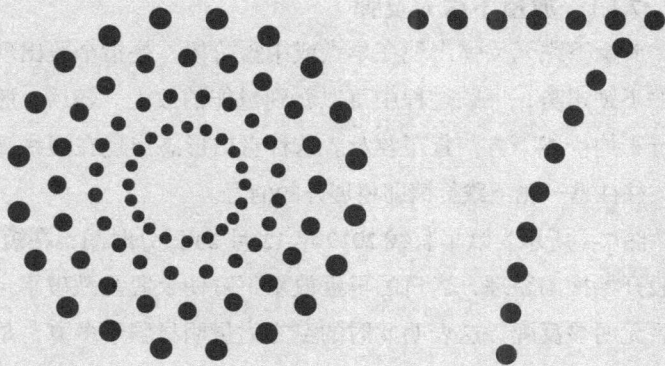

07

分时图上的看跌形态预示了短线下跌走势，是我们把握卖出时机的重要依据。买得好，可以让我们更好地把握机会；卖得好，则能最大限度地规避风险。就股市波动的剧烈性及不确定性来看，掌握卖出时机往往更为重要。在买对的前提下，通过掌握卖出时机，我们可以获取大波段的利润，并在高位及时锁定利润出局；在买错的情况下，通过掌握卖出时机，我们能规避本金出现大幅亏损的风险。本章中，我们将结合盘口的一些常见形态，了解空方力量的增强是如何呈现在分时图上的。

7.1　盘中放量下跌

盘中的放量下跌多预示着市场抛压沉重，主动性抛盘较多，放量下跌如果能有效降低股价，致使个股盘中运行明显弱于大盘，则是短期内空方力量占据上风的信号。一般来说，在结合个股日 K 线运行情况的基础上，我们可以较好地把握短线卖出时机。

7.1.1　放量下跌无反弹

放量下跌无反弹出现在早盘或中盘阶段，是指个股出现了一波幅度相对较大的下跌走势，下跌过程中可以看到量能的放大。随后，股价反弹无力，始终运行于均价线下方，直至收盘。这种盘口形态出现在短线高点或整理平台低点时，往往是一轮下跌行情即将展开的信号。

图 7-1 所示为歌华有线 2019 年 12 月 20 日分时图，在短线一波反弹上涨后，个股开始横向整理，当日的早盘放量下跌使个股呈跌破平台区状态，且放量下跌后无明显反弹。这表明此时的空方力量明显强于多方，是一轮破位走势将出现的信号，投资者应及时卖出。

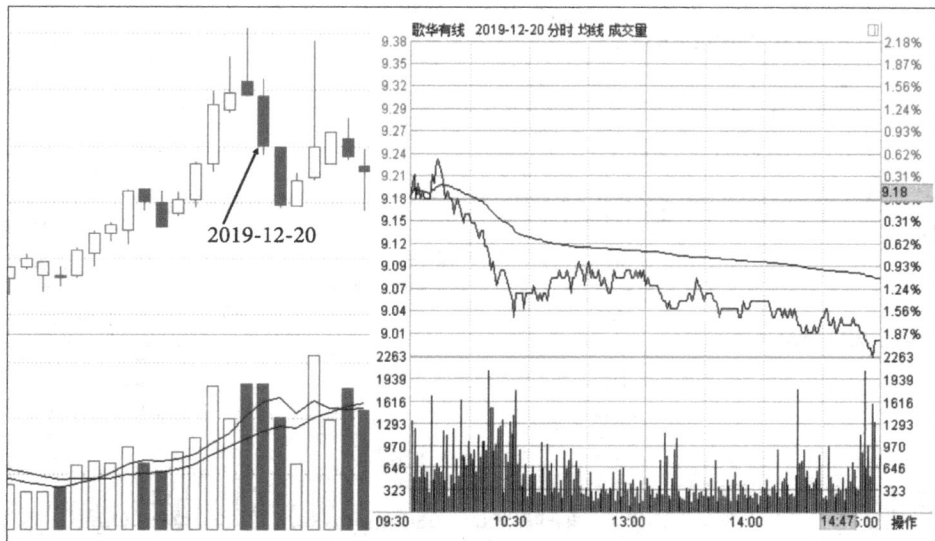

图 7-1 歌华有线 2019 年 12 月 20 日分时图

7.1.2 45 度角放量下滑

45 度角放量下滑是指个股开盘后不久，股价开始缓慢下跌，呈向下 45 度角的状态，在股价不断下跌的过程中，我们可以看到分时量的明显放大。

45 度角放量下滑中，下跌占据了盘中的绝大部分时间，这本身就是空方一直占据主动的标志，而下跌过程中分时量的同步放大，则表明了抛压的沉重。一般来说，这种盘口形态常出现在下跌波段中，是空方力量依旧占据明显主动地位、多方承接力度不足的标志，也是下跌走势仍将持续的信号。在操作上，投资者不可过早抄底入场。

图 7-2 所示为万东医疗 2019 年 7 月 3 日分时图，个股自早盘开盘之后就节节下行，我们在整个下行过程中可以看到分时量的明显放大，这是市场抛盘不断、空方力量占据上风的标志，也是短期内下跌走势仍将持续的信号。在操作中，投资者应及时卖出离场。

图 7-2　万东医疗 2019 年 7 月 3 日分时图

7.2　高点围绕均价线

均价线对分时线的盘中运行有支撑或阻挡作用，但是，当分时线在盘中高点围绕均价线波动时，这往往是空方力量开始增强的信号。此时的分时线虽然运行于均价线上方，但并不代表多方依旧占据主动。当这种盘口形态出现在短线高点或突破点时，表明市场的逢高抛压相对较重，易引发短线回落。在操作上，投资者应结合个股的局部走势，实施短线减仓或清仓操作。

7.2.1　午后下缠均价线

图 7-3 所示为华能国际 2019 年 8 月 15 日分时图，个股早盘出现了大涨，随后分时线一直运行于均价线上方；但是股价在午盘之后向下运行，分时线开始缠绕均价线，二者位置关系的变化表明空方力量开始占据主动。此时，虽然日

K 线图上呈突破势头，但分时图形态却发出了短线回落信号。在操作中，投资者应以分时图的卖出信号为主，把风险控制放在首位，先实施短线卖出，随后再于回调后的低点择机买回。

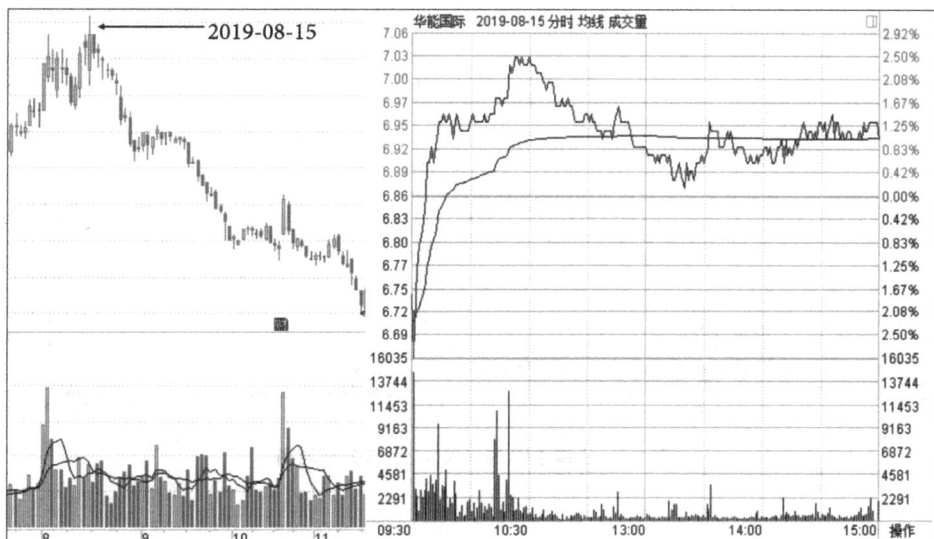

图 7-3 华能国际 2019 年 8 月 15 日分时图

7.2.2 黏合转变为破位

在盘中高点，分时线黏合于均价线，这是多方力量不再占据优势的标志；若在随后的运行中，分时线出现向下跌破均价线的变化，则表明空方力量明显增强，个股短期内可能出现一波回落。在操作上，投资者应卖出。

图 7-4 所示为上港集团 2019 年 4 月 15 日分时图，早盘上涨后，分时线无法强势站稳于均价线上方，一直上下缠绕均价线运行，午盘后更是向下跌破了均价线。结合个股中期涨幅来看，盘中的这种变化是空方抛压开始增强、回落走势可能出现的信号。

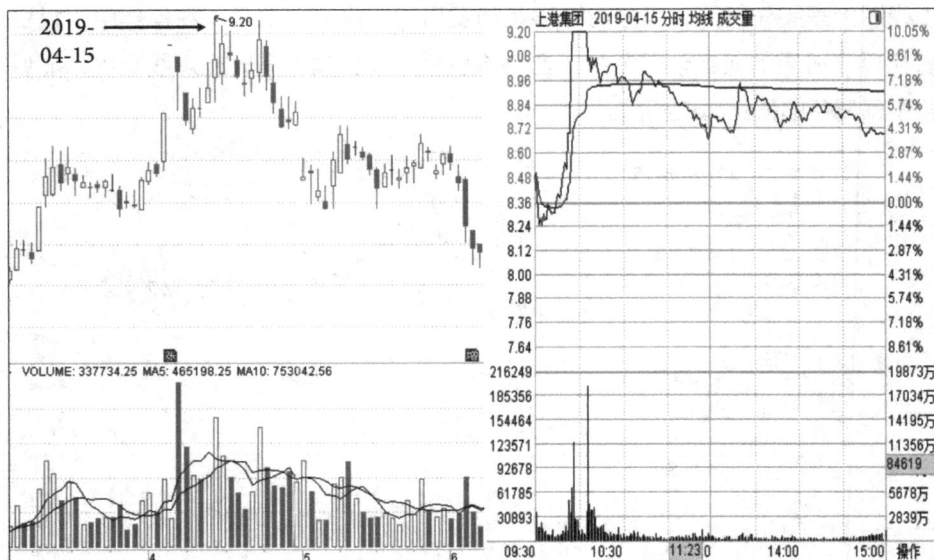

图 7-4　上港集团 2019 年 4 月 15 日分时图

7.3　水平式异动运行

　　盘中的水平式异动运行是指股价的上下波动幅度很小，甚至是零波动状态。这是盘口运行中的一种明显异动，多与大资金的参与相关，且往往是股价大幅下跌前的准确提示性信号。水平式异动运行的盘口形态出现时，若当日还有明显放大的量能配合，则个股随后出现快速、深幅下跌的概率极大。在操作中，投资者应注意规避这种盘口形态所预示的短期风险。

7.3.1　盘中高点水平式运行

　　盘中高点水平式运行，是指个股在盘中先出现了一波快速上涨，随后于盘中高点长时间地横向、水平运行。这种盘口形态常出现在散户持筹数量较少的个股身上，是市场交投不活跃、入场承接盘较少的标志。而且，此时的个股往往都处于经历了前期大涨后的高点，由于市场承接盘少，一旦有大幅出货信号，个股破位下行的空间较大，属于高风险信号，投资者应及时卖出。

图 7-5 所示为冠城大通 2019 年 6 月 11 日分时图，个股开盘后大幅上扬，于盘中高点出现了横向、水平运行。这与个股在多空双方正常交锋中所形成的自然波动状态完全不同，是市场浮筹少、承接盘少的信号，预示了随后的破位下行走势。

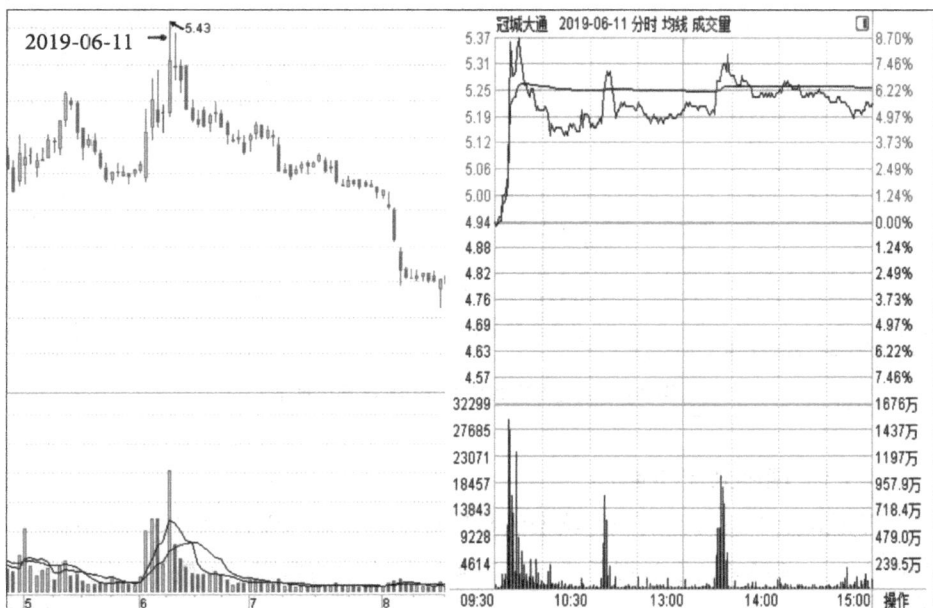

图 7-5 冠城大通 2019 年 6 月 11 日分时图

7.3.2 日线放量水平波动

日线放量水平波动，是指个股于盘中出现水平运行形态且当日的成交量明显放大。这种放量的性质往往源于主力资金的出货，其形态常常与市场游资的快速出货行为有关。这种盘口形态一旦出现，个股随后出现短线快速、大幅下跌的概率极大。在操作中，投资者应及时卖出，规避风险。

图 7-6 所示为世纪星源 2019 年 10 月 15 日分时图，个股在盘中多次出现水平运行状态，并且当日的量能放大明显，二者互相配合，这就是一个明确的短线卖出信号。

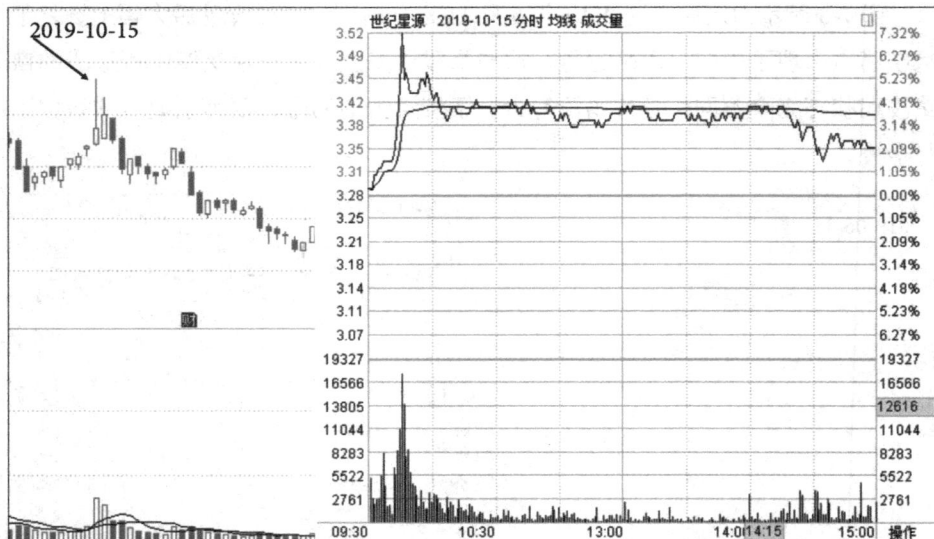

图 7-6　世纪星源 2019 年 10 月 15 日分时图

7.3.3　规则式上下跳动

规则式上下跳动也是一种典型的盘口异动，它可以看作水平式异动的一种表现方式。其形态特征为股价来回上下跳动，跳动的幅度相对较小，但十分有规律。这种盘口形态表明个股的市场浮筹较小，一般多出现在高位区或反弹高点，是破位下行前的提示信号。在操作中，投资者应及时卖出。

图 7-7 所示为深振业 A 2019 年 9 月 12 日分时图，个股当日处于反弹高点，于盘口出现了上下规则跳动的异常形态。这种盘口形态并不是市场交投清淡的反映，当日的成交量也未见明显缩小。结合个股当前的位置点来看，在短线操作上，投资者应卖出，以规避股份破位下行的风险。

图 7-7　深振业 A 2019 年 9 月 12 日分时图

7.4　盘中堆量异动

盘中堆量并不等于分时线上扬时的量能同步放大，它是指量能的堆积式放大，我们从日 K 线图上可以清晰地看到当日的放量。在盘口中，堆量的出现往往与抛盘集中涌出有关，多预示着短线的下跌。

7.4.1　攀升过程中堆量

攀升过程中堆量是指个股在盘中的攀升时间相对较长，其攀升方式可以是相对缓慢的上扬，也可以是相对流畅的上扬。在整个攀升过程中，成交量的放大程度已经明显超过了正常情况下的"量价齐升"配合关系，在日 K 线图上，当日的放量效果明显。

攀升过程中堆量表明盘中上涨遇到了大量抛盘，而且抛盘涌出的速度较快、数量较大，这种堆量式的攀升往往与主力资金的出货行为有关，特别是在中短线高点或高位平台区。在操作上，堆量式攀升出现之后，若分时线无法站稳于均价线上方，则表明多空力量对比格局已经转变，投资者应及时卖出。

图 7-8 所示为深中华 A 2019 年 9 月 3 日分时图，从个股早盘出现的两波上冲走势中，可以看到成交量的堆积式放大，且日 K 线图上的放量效果也十分鲜明。堆量式攀升出现之后，价格走势快速向下，跌破了均价线，表明多空力量已经转变，投资者应及时卖出。

图 7-8　深中华 A 2019 年 9 月 3 日分时图

7.4.2　上冲后高点堆量

在盘中快速上冲后的高点，若在短暂的高点企稳中出现了成交量的明显放大，则表明市场的逢高抛压沉重，这不利于股价随后的继续上涨。而且，若此时的个股正处于中短线高点，随着买盘入场力度的减弱，一波深幅回落出现的概率较大。

图 7-9 所示为深粮控股 2019 年 7 月 3 日分时图，个股在盘中出现了一波快速上扬，分时线虽然流畅、挺拔，但在上扬后的盘中高点却出现了明显的堆积式放量形态，这说明盘中高点的抛压十分沉重。结合个股短线已出现一定上涨

的情形来看，个股随后出现深幅调整的概率较大，在短线操作上，投资者应卖
出离场，锁定利润。

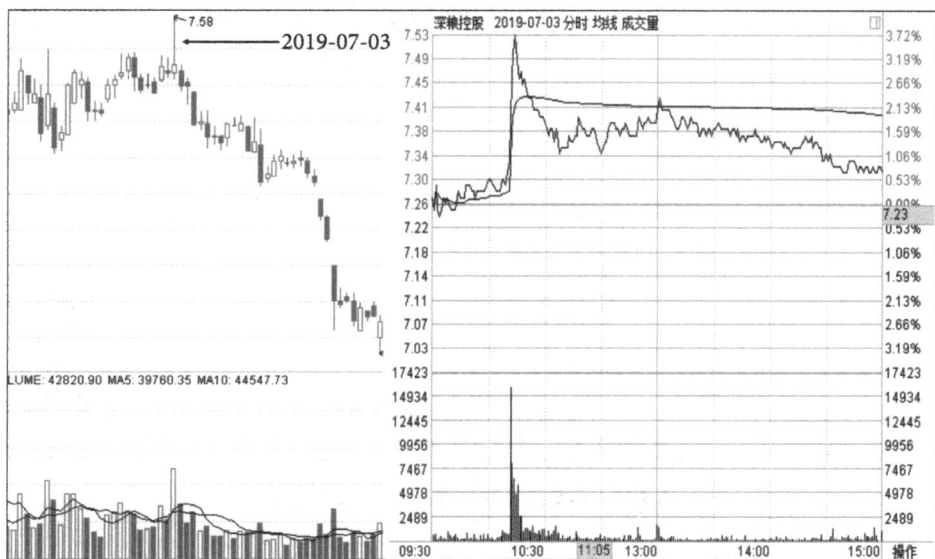

图 7-9　深粮控股 2019 年 7 月 3 日分时图

7.4.3　尾盘堆量异动

尾盘堆量异动，是指个股尾盘出现的快速上扬或跳水，其量能的放大方式
呈堆积状态，并且从 K 线图上可以看出当日的明显放量。此时，无论其异动方
向是向上或向下，多会引发短线的调整，特别是当个股位于中短线高点时，其
引发的回落幅度往往极大。

图 7-10 所示为华联控股 2019 年 6 月 21 日分时图，个股在收盘前 20 分钟左
右开始快速上涨，直至收盘。可以看到这期间的成交量呈堆积式放大，当日成
交量也是前几日均量的两倍左右，这属于尾盘堆量异动形态。结合个股正处于
短期高点震荡整理的情况来看，这种盘口形态的出现预示着震荡整理形态即将
结束，破位下行或将展开，是卖出信号。

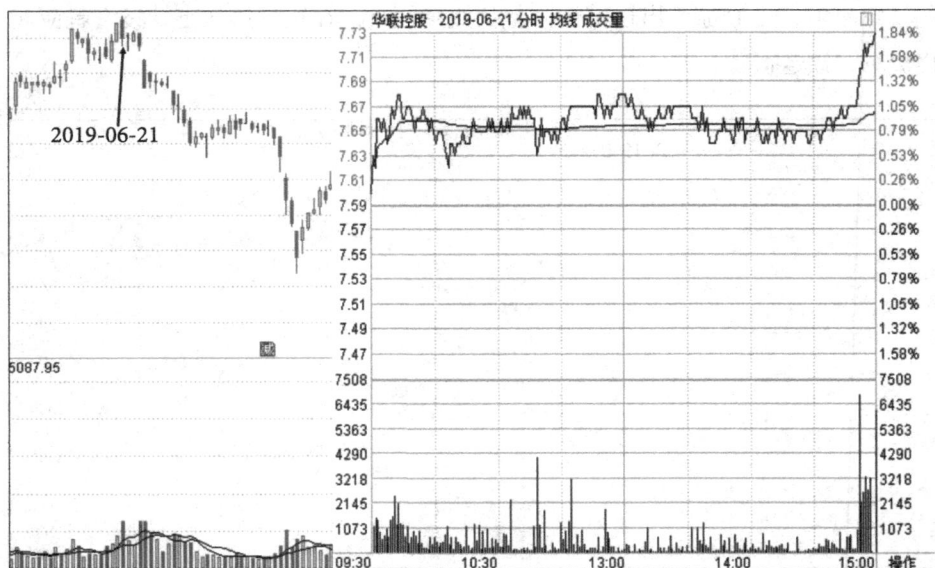

图 7-10　华联控股 2019 年 6 月 21 日分时图

7.5　盘中上冲遇抛压

盘中上冲遇抛压是指盘中出现了一波幅度相对较大的、流畅的上扬波段，但随即引发了较多的抛盘出现，使股价快速回落，向下跌破均价线。这种盘口形态常出现在短线高点，盘中的上冲是个股惯性上涨的标志，但随后股价遇抛盘离场而快速回落，则表明多空力量对比格局的快速转变，是股价走势由强转弱的信号，也预示了短期内的下跌走势。

7.5.1　早盘上冲遇抛压

早盘上冲遇抛压是个股短期快速上涨遇阻的信号，多预示着个股短线内可能有快速、深幅回落走势出现，是卖出信号。

图 7-11 所示为珠海港 2019 年 4 月 2 日分时图，个股在开盘之后出现了一波极为流畅的飙升走势，分时线随即因抛盘涌出而快速回落，并向下跌破了均价

线。至此，个股的短线走势已出现了明确的由强转弱特征。在短线操作中，当分时线向下靠拢均价线时，就是较好的盘中卖出时机。

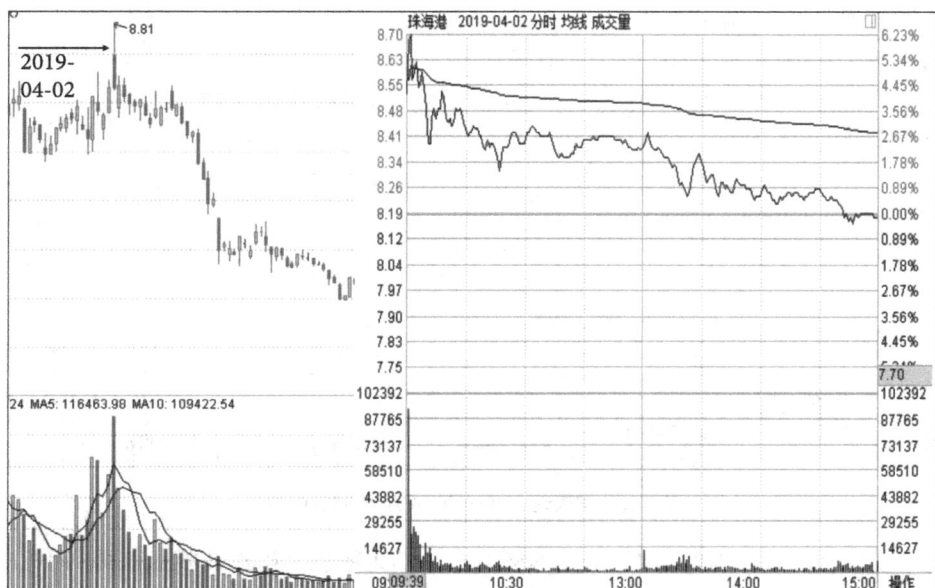

图 7-11 珠海港 2019 年 4 月 2 日分时图

7.5.2 尾盘上冲遇抛压

尾盘上冲遇抛压的尾盘阶段的回落往往并不充分，不像早盘上冲遇抛压的回落那样能够持续一个交易日，因而，个股次日往往会再度出现跳水下探走势。为了规避这种风险，收盘前及时卖出是一个较为理想的策略。

图 7-12 所示为深天地 A 2019 年 10 月 15 日分时图，个股当日的尾盘上扬引发了深幅回落，这是尾盘上冲引发大量抛盘离场的信号。由于收盘前的回落幅度不大，导致次日的盘中易出现跳水走势。

图 7-12　深天地 A 2019 年 10 月 15 日分时图

图 7-13 所示为此股次日的分时图，盘中的大幅跳水虽然在收盘前得到了收复，但主要与良好的大盘走势有关。为了让自己的交易更为主动，而不是被动地等待反弹，在尾盘上冲遇抛压形态出现当日，投资者就宜在收盘前卖出，以规避次日的股价跳水风险。

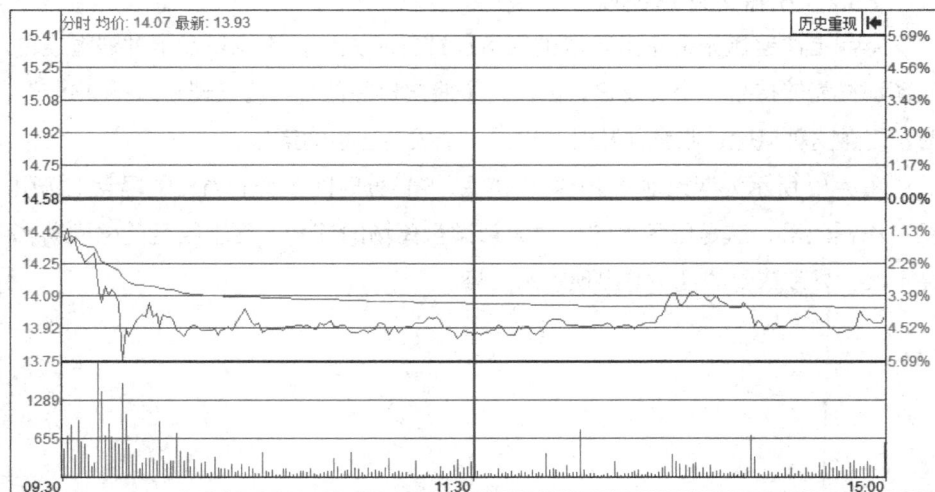

图 7-13　深天地 A 2019 年 10 月 16 日分时图

7.6 盘中低点潜水发射

盘中低点潜水发射是指个股分时线持续运行于均价线下方，随后出现一波（或两波）大幅飙升走势，使得个股直接翻红，其形态特征如同火箭发射。潜水发射形态多出现于盘中低点，体现了盘中走势由弱转强的快速变化；但这往往并不是真正的转强，而是常与大资金的盘中平仓行为相关，特别是在中短线高点时。盘中的发射幅度越大，股价次日的回落往往越深，在短线交易中多为卖出信号。

7.6.1 早盘低点潜水发射

早盘低点潜水发射使得股价走势快速转强，处于上涨状态，但随后于盘中高点无支撑，开始逐波回落。一般来说，当分时线反复震荡向下跌破均价线时，这一形态可以得到确认。它表明盘中的快速上涨引发了卖盘的不断涌出，是短期内的下跌信号。

图7-14所示为华映科技2019年9月11日分时图，个股开盘后处于下跌状态，随后出现了潜水发射的盘口形态。随着盘中高点无法企稳，股价不断回落，潜水发射形态得到了进一步的确认。在识别出这种形态后，在短线操作上，投资者宜卖股离场。

图7-14 华映科技2019年9月11日分时图

7.6.2 上涨时潜水发射

上涨时潜水发射指个股在盘中处于上涨状态时，分时线先持续运行于均价线下方，随后因一波大幅飙升实现了向上突破，使得分时线远离了均价线，这也是潜水发射的一种表现形态。一般来说，该形态下个股难以站稳于盘中高点，是短线回落信号。

图 7-15 所示为湖南投资 2019 年 6 月 21 日分时图，个股在早盘阶段出现了潜水发射形态，个股当日正处于短线高点，这个盘口形态易引发深幅调整，是短线卖出信号。

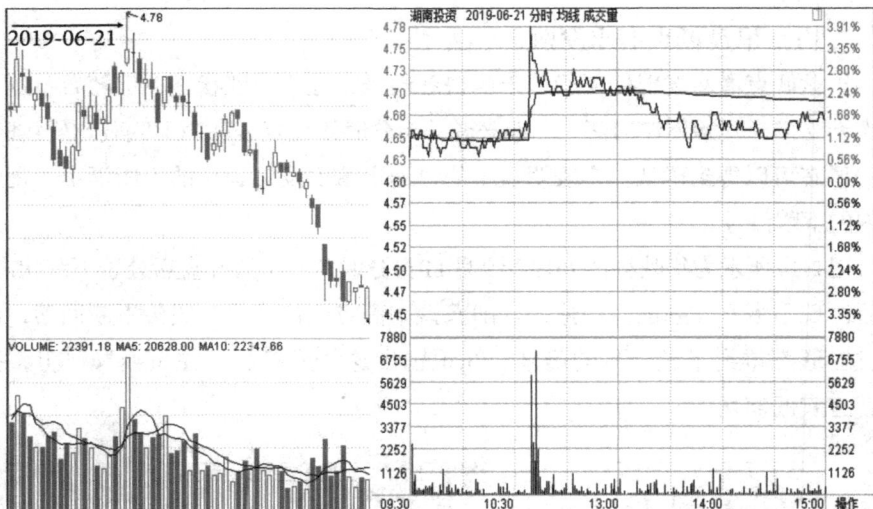

图 7-15　湖南投资 2019 年 6 月 21 日分时图

7.6.3 尾盘低点潜水发射

尾盘低点潜水发射，其盘口形态的飙升幅度往往更大，常出现在个股快速下跌途中或短线大涨后的高位震荡区。出现在下跌途中时，它并不是止跌企稳的信号，反而易引发新一轮的下跌；出现在短线高位震荡区时，它是短期内破位下行概率较大的信号。

图 7-16 所示为广东甘化 2019 年 7 月 5 日分时图，当日此股低开，早盘虽有所拉升，但总体上仍在相对较低的区域弱势运行。但是，个股在全天收盘前的一个小时内却出现了火箭发射般的走势。结合个股当前正处于短线高点的情况

来看，这个潜水发射形态可能是主力资金参与，为次日出货预留空间的一种手法，是短线交易的风险信号，投资者应及时卖出离场。

图 7-16 广东甘化 2019 年 7 月 5 日分时图

图 7-17 所示为中迪投资 2019 年 11 月 27 日分时图，此股在尾盘阶段于盘中

图 7-17 中迪投资 2019 年 11 月 27 日分时图

低点出现了潜水发射形态，虽然当日收盘时的大涨使得个股呈突破盘整区状态，但这并不是可靠的突破信号，它反而引发了随后的破位下行。因而，在操作上，投资者应格外留意这种潜水发射形态，因为它所引发的短线回落幅度往往极大。

通过上面几个案例可以看到，潜水发射的形态特征十分鲜明，早盘出现的潜水发射形态易引发当日的深幅回落，而尾盘的潜水发射形态则往往导致次日的大幅低开。因而，在短线操作上，在识别出这种盘口形态后，投资者宜在盘口飙升时逢高卖出。

7.7　脉冲式上扬

脉冲式上扬是指股价在短短几分钟内急速上升，呈90度角快速上涨，使K线呈现出脉冲式的形态；并且在这种脉冲式的快速上涨过程中，我们可以看到分时量的连续巨幅放出。脉冲式上扬多会引发股价的持续回落，甚至向下跌破均价线，在股价逐步滑落的过程中，空方完全占据了主动，个股也没有大单支撑。

7.7.1　平稳运行中脉冲上扬

平稳运行中脉冲上扬，常使得K线形态呈突破状，但这往往并不是真实的突破信号。盘中脉冲式上扬之后，随着股价的回落和跌破均价线，短期内的股价走势出现破位下行的概率较大。

图7-18所示为西安旅游2019年9月5日分时图，早盘的脉冲式上扬有着鲜明的形态特征：短短几分钟内，股价就急速上升。这与流畅上扬的盘口形态完全不同，一般来说，脉冲式上扬是无法站稳于盘中高点的，它只是股价偶然性的向上跃动；而且，随着股价的震荡回落，还易引发卖盘的大量涌出，是短线卖出信号。

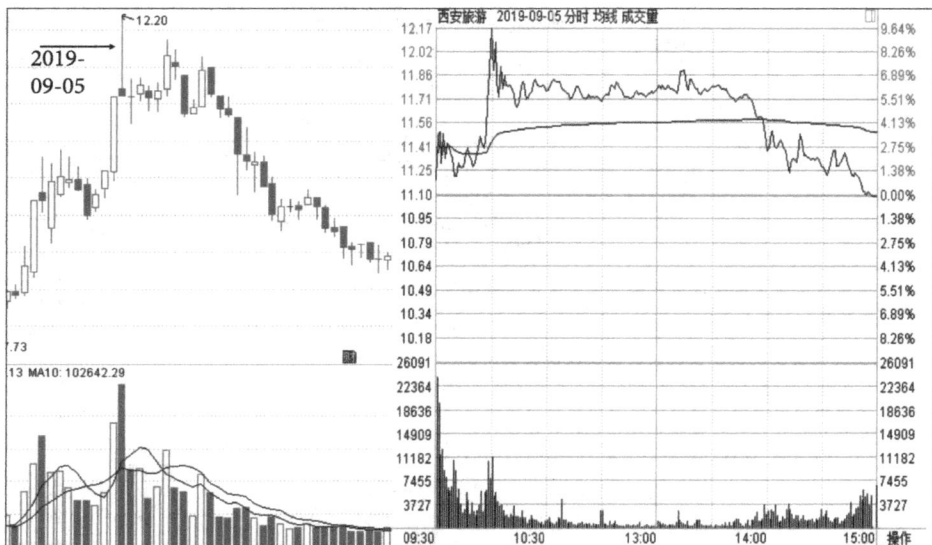

图 7-18　西安旅游 2019 年 9 月 5 日分时图

7.7.2　盘中低点脉冲上扬

　　盘中低点脉冲上扬常出现在下跌途中，脉冲上涨后，若股价向下滑落，均价线无法形成支撑，则表明盘中的逢高抛压依然较重，股价短期内仍有下跌空间。在操作中，投资者不宜过早抄底入场。

　　图 7-19 所示为世荣兆业 2019 年 11 月 15 日分时图，个股在早盘阶段出现了低点脉冲上扬形态，它引发了股价的持续回落，均价线无法形成支撑。这是个股短线抛压沉重的标志，在短线交易上，当股价回落并跌破均价线时，投资者就应卖出离场。

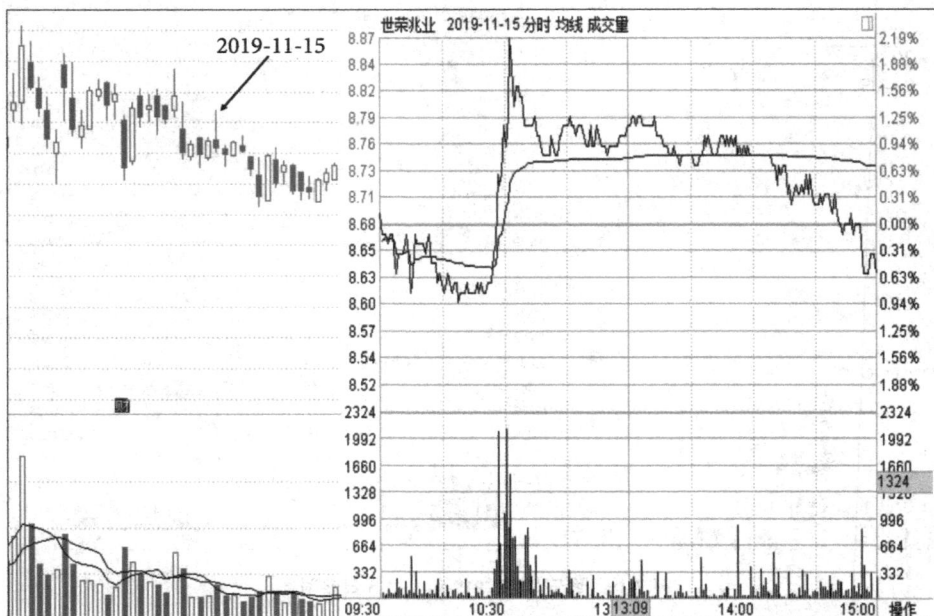

图 7-19　世荣兆业 2019 年 11 月 15 日分时图

7.8　盘中的巨幅波动

　　盘中的巨幅波动，一般是指当日的盘中振幅超过了 10%，但收盘时的涨跌幅度并不大，只是盘中的上下波动幅度较大。盘中的巨幅波动与多空双方交锋激烈有关，这种盘口形态常出现在短线高点，对于当日的多方力量消耗极大，易引发股价的深幅调整，是短线卖出信号。

7.8.1　低开冲高宽震型

　　低开冲高宽震型是指个股当日低开，开盘后出现了较大幅度的上扬，但在盘中高点难以企稳，收盘前的回落幅度较大，从而使当日的盘中振幅较大，最终的涨幅却很小。

　　图 7-20 所示为黑猫股份 2019 年 8 月 2 日分时图，个股早盘低开，而后大幅冲高，尾盘持续回落。虽然收盘时的涨幅很小，但却使得当日的盘中振幅达到

了 12% 以上,属于典型的低开冲高宽震型形态。早盘后的大幅冲高极大地消耗了买盘资金,而且个股正处于短期高点平台,这种盘口形态预示着个股难以突破上行,反转回落的概率较大。在操作上,投资者应短线卖出。

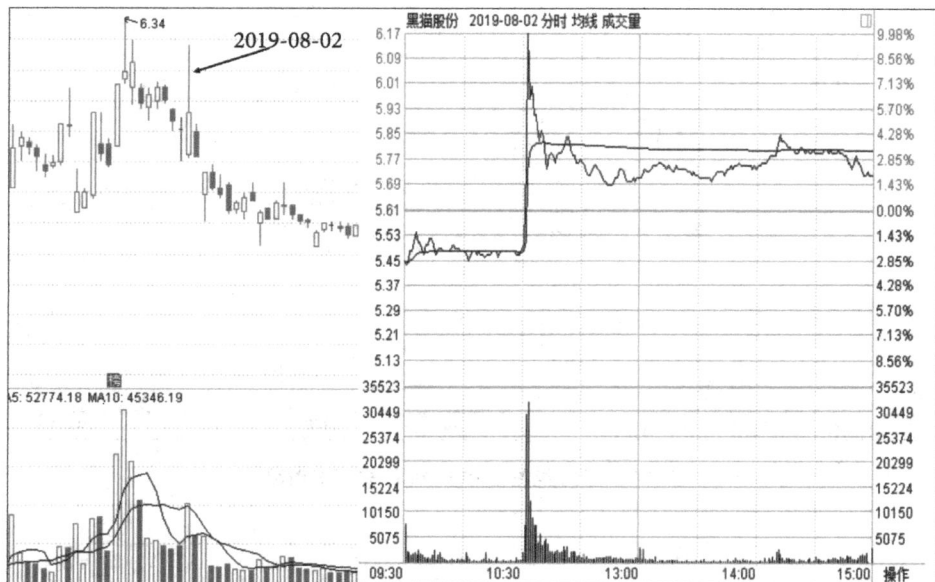

图 7-20 黑猫股份 2019 年 8 月 2 日分时图

7.8.2 上蹿下跳宽震型

上蹿下跳宽震型是指个股在盘中的上下波动幅度均较大,从而造成了盘中宽震型形态,但其收盘价与开盘价相差不多,日 K 线图上常收于小阴线或小阳线。这种盘口形态常出现在短线飙升走势中,看似为上升途中的整理,实则为反转下行的信号,因为这种盘口形态极大地消耗了短期内的多方力量。

图 7-21 所示为贤丰控股 2019 年 10 月 16 日分时图,个股先是于早盘出现了深幅下探,随后股价回升,收复失地,尾盘大幅飙升后又快速回落,收盘时仅有小幅上涨。从日 K 线图来看,个股前两日涨幅较大,因此这个位置点的盘口宽震就是相对明确的短线反转信号,投资者应卖出。

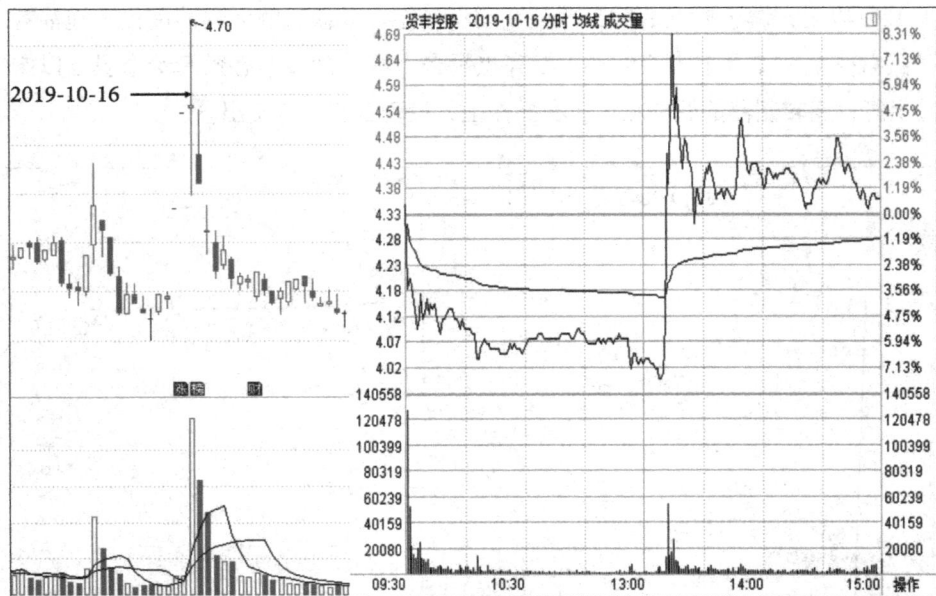

图 7-21 贤丰控股 2019 年 10 月 16 日分时图

7.9 跃动式大"M"形

跃动式大"M"形是分时线在盘中"上蹿下跳"的一种盘口形态，因其形似大写的英文字母"M"，故将其称为大"M"形。这种盘口形态的出现往往与市场游资的参与有关，市场游资的快进快出导致了股价的快速、巨幅波动。一般来说，低点位的盘中大"M"形多预示着短线上涨机会的来临，但也应等到随后企稳时再参与；而高点位的盘中大"M"形多预示着下跌风险的来临，是卖出信号。

7.9.1 高点宽幅大"M"形

短线高点，盘中出现了宽幅震荡大"M"形时，当日的量能往往也大幅放出，这多与场外资金的大力度、快速卖出行为有关，是一波快速下跌走势将出现的信号。

图 7-22 所示为全新好 2019 年 11 月 20 日分时图，个股在午盘之后出现了过山车式的巨幅波动。巨幅的波动自然不是散户正常交投引发的，这可能和游资的大力买卖行为相关。结合个股当前正处于短线高点的情况来看，盘中出现的大 "M" 形是风险信号，预示着短线快速下跌走势即将开启，投资者应及时卖出以规避风险。

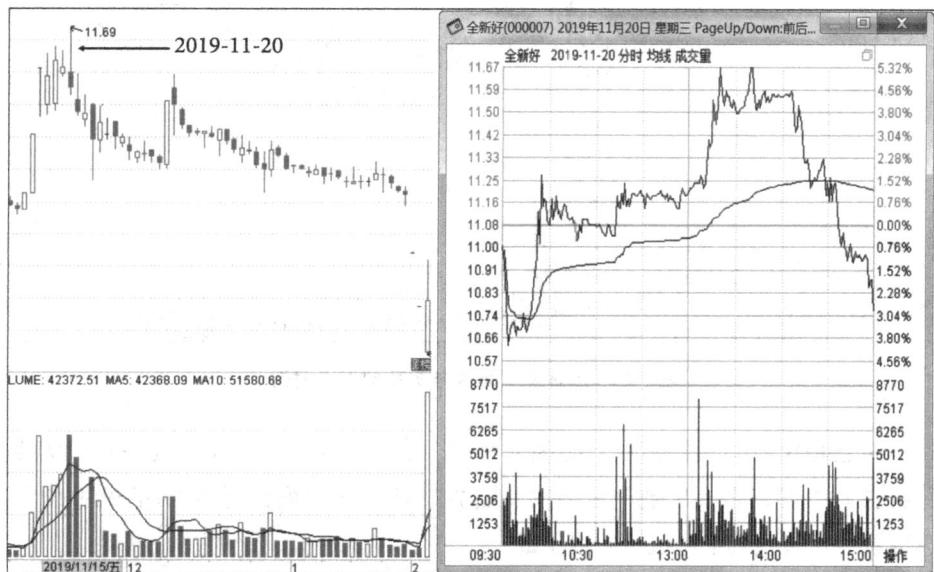

图 7-22　全新好 2019 年 11 月 20 日分时图

7.9.2　低点缩量大 "M" 形

低点缩量状态下，盘口出现的大 "M" 形同样是股价异动的表现。由于当日缩量，我们不宜将其看作资金出逃的信号，它提示可能有大资金在参与此股，是短线机会的象征。但从大多数个股的表现来看，低点缩量大 "M" 形同样也是短线下跌的信号，我们应等到企稳后再择机短线入场。

图 7-23 所示为招商银行 2019 年 9 月 27 日分时图，个股在盘中低位平稳上升途中，于累计涨幅较小的位置点出现了一个大 "M" 形的异常波动形态，这既是短线回调的信号，也是短线机会的象征。

图7-23　招商银行2019年9月27日分时图

说它是短线回调的信号，是因为在这个盘口形态之后，个股随后几日的走势往往并不好，多会出现一波下跌。图7-24所示为招商银行2019年9月30日分时图，可以看到盘中股价一度下跌。

说它是短线机会的象征，是因为出现在这个位置点的盘中大"M"形暴露了大资金对个股的参与，而个股又没有经历明显的上涨。在市场环境相对较好的情况下，主力是有可能进一步参与个股的，这就酝酿了个股的短线机会。

在操作上，在这个相对低点位的盘口大"M"形出现之后，我们应等到股价短线回落、企稳数日后，再实施短线买入操作，这样可以最大限度地避免短线被套的风险。

图 7-24 招商银行 2019 年 9 月 30 日分时图

7.10 大单翘高收盘价

大单翘高收盘价，也可以称之为尾盘偷袭，它是指在收盘前的几分钟内，个股突然出现了高价的大买单，这使得收盘价明显高于全天的平均成交价。

大单翘高收盘价是个股走势的明显异动，不是真正的拉升。这种"偷袭"会导致短线获利盘明显增多，大多数的投资者并不认可这种收盘前的偷袭式上涨，因而个股在次日及随后几日中出现回落的概率较大。若个股正处于中短线高位区，则这种盘口形态往往还是行情即将反转下行的信号。

7.10.1 上冲遇阻后翘尾

上冲遇阻后翘尾的形态多出现在短线上涨波段中，此时的多方力量占据了暂时性的主动地位，个股在盘中惯性上冲却遇到了抛盘，这使得上冲走势快速折返；此时正是临近收盘的时间，高价大买单突然出现，在收盘前将股价又拉升到了盘中高点。

这种盘口形态的出现，表明个股的波段上涨遇到了较强的阻力，如果中短线涨幅较大，则这是个股将出现深幅回落的可靠信号。

图 7-25 所示为五矿发展 2019 年 8 月 28 日分时图，从左侧日 K 线图中可以看到股价短期涨幅较大。当日午盘后，个股出现了先上冲、随后遇阻快速回落、最后拉升收盘价的运行方式，这是短线上涨见顶的信号之一。在短线操作上，投资者宜卖出以规避风险。

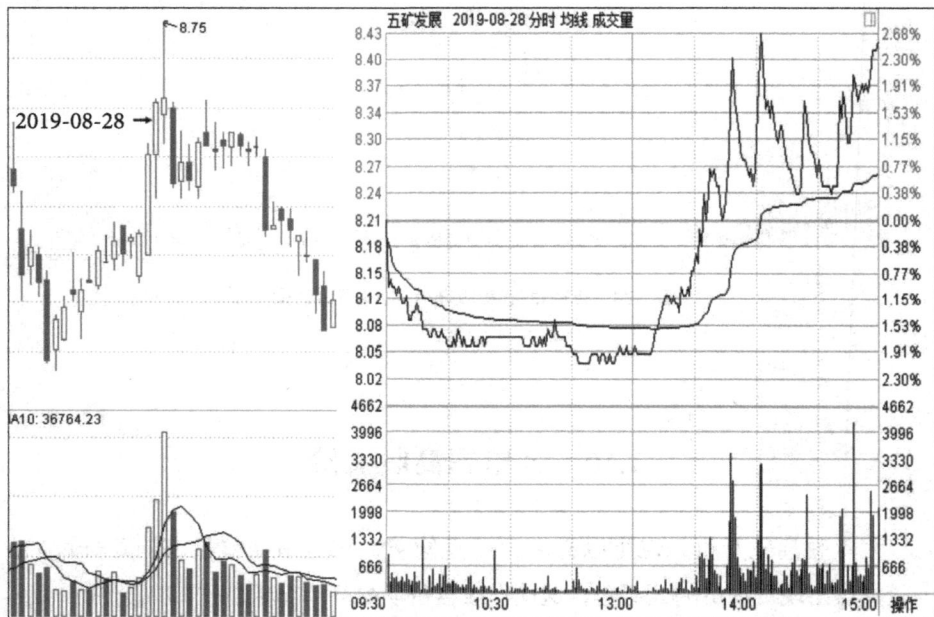

图 7-25　五矿发展 2019 年 8 月 28 日分时图

7.10.2　平稳运行中翘尾

平稳运行中翘尾，是指个股在盘中运行较为平稳，临近收盘前的几分钟，突然出现的高价大买单将收盘价快速拉升，从而有了一个长阳线的日 K 线形态。这种盘口形态常出现在盘整区的突破点，但并不是真实突破的信号，常会引发股价的反向运动。

图 7-26 所示为浙江广厦 2019 年 9 月 11 日分时图，个股临近收盘时，几乎

是在最后一分钟内上涨了约 4 个百分点。虽然从日 K 线图来看，当日的长阳线使得个股呈突破盘整区状，但是这种突破是难以实现的，收盘前的拉升在随后的交易日中会引发大量的抛盘离场，是明确的短线卖出信号。

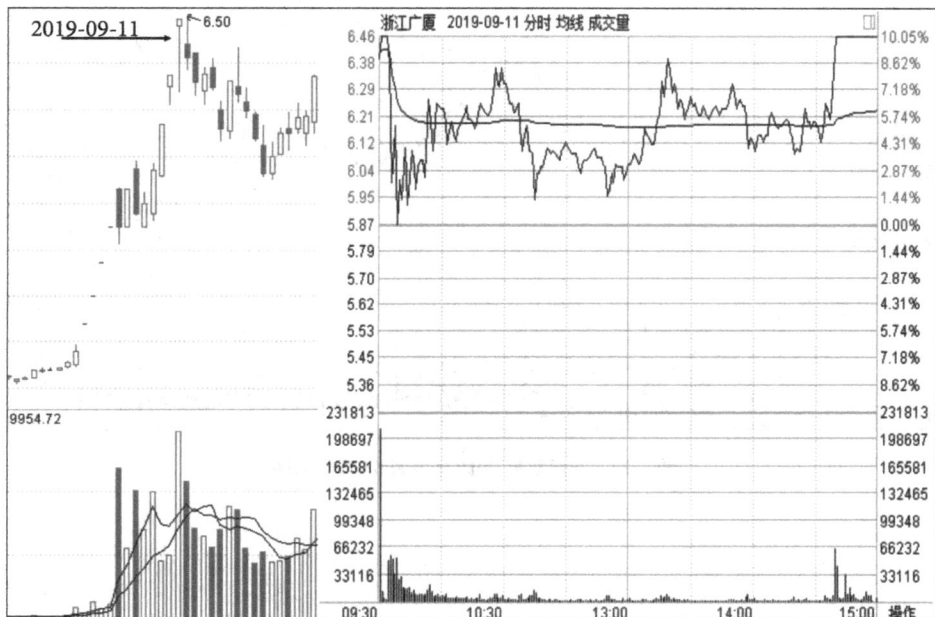

图 7-26 浙江广厦 2019 年 9 月 11 日分时图

7.10.3 放量下跌中翘尾

当个股在盘中的运行方式为放量下跌时，收盘前的翘尾往往是为次日出货预留空间的一种操作手法。而且，翘尾形态出现，预示着距离个股破位下行的时间也越来越近，投资者应及时卖出以规避风险。

图 7-27 所示为华润双鹤 2019 年 9 月 11 日分时图，个股全天呈弱势运行，并且盘中出现了明显的放量跳水，至收盘前，股价位于盘中低点；但收盘前几分钟，相对高价的大买单却大幅拉升了收盘价，这就是放量下跌中翘尾。结合个股正处于短线大涨后的高点情况来分析，该盘口形态的出现，表明个股随后极有可能向下破位，此时应果断卖出以锁定利润。

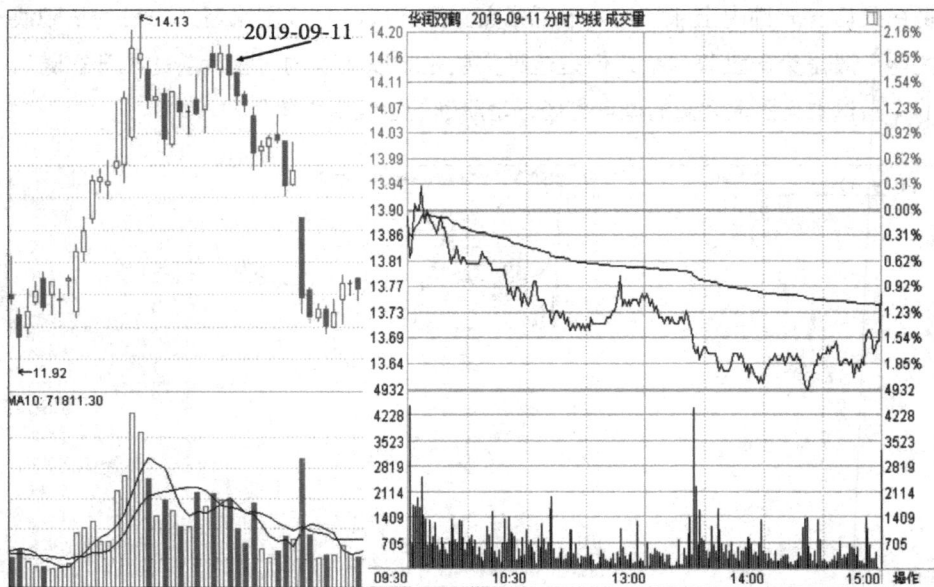

图 7-27　华润双鹤 2019 年 9 月 11 日分时图

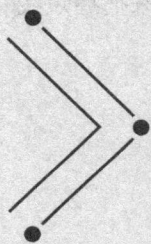

第 8 章

双日分时图组合交易法

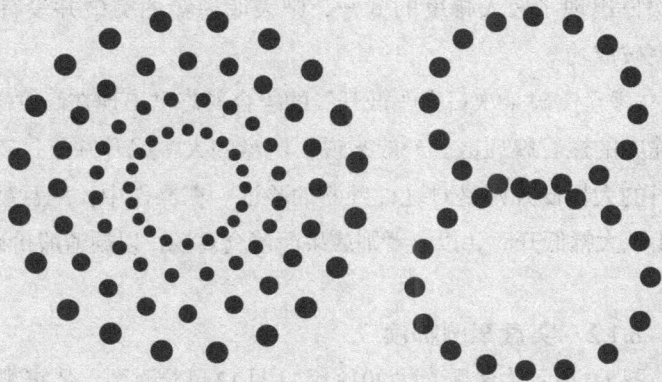

运用分时图进行交易，将当日盘口运行形态（特别是尾盘形态）与次日开盘运行形态相结合，有着重要的实战意义。多空力量的转变往往有一个过渡，而尾盘是多空交锋激烈的一个时间段，它往往会引发多空力量格局的转变，进而决定价格的运行方向。而次日开盘后的走势则可以作为进一步验证的窗口，如果次日开盘后的价格运行与上一日盘口形态呈现的方向选择具有同向性，则此时展开买卖交易的胜算往往更大。本章我们将以一些典型的异动为突破口，结合次日开盘运行，了解如何利用个股的尾盘异动来把握短线机会，规避风险。

8.1　尾盘突破 + 次日大幅低开

8.1.1　组合形态特征

尾盘突破是指个股在当日的尾盘阶段出现了较大幅度的飙升，从日K线图来看，尾盘的上扬所收出的长阳线使得个股呈突破盘整区状态。但是，如果次日出现了较大幅度的低开，则表明尾盘的突破并没有获得支撑，个股难以突破成功。

"尾盘突破 + 次日大幅低开"的组合形态常出现在高位平台突破点或震荡下跌途中的短暂整理区。一般来说，尾盘的大幅飙升并不是真实的突破信号，而次日的大幅低开则是对这种判断的验证。在操作中，尾盘飙升当日宜减仓，次日出现大幅低开时，投资者则应果断清仓离场，以规避股价破位下行风险。

8.1.2　实盘案例解读

图 8-1 所示为凤凰光学 2019 年 11 月 12 日分时图，从左侧日K线图可以看到，当日的大幅飙升使得个股运行呈突破盘整区的状态，但尾盘的飙升一般很难演变成真正的突破行情。

图 8-2 所示为凤凰光学 2019 年 11 月 13 日分时图，大幅低开后，股价大部分时间运行于均价线下方，这是典型的弱势形态，表明空方占据了主导地位。

"尾盘突破＋次日大幅低开"的组合形态预示个股向下跌破平台区的概率较大，在操作中，投资者应及时清仓离场。

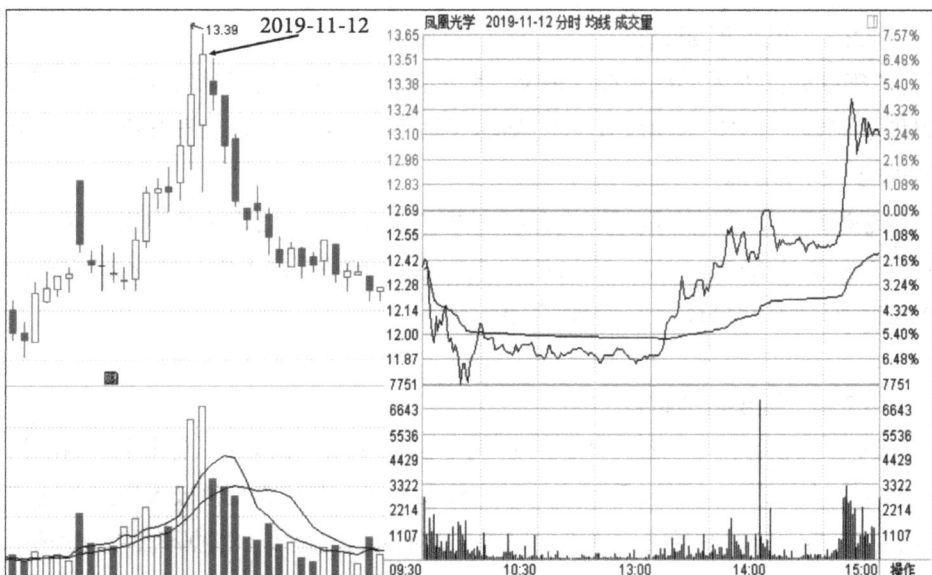

图 8-1 凤凰光学 2019 年 11 月 12 日分时图

图 8-2 凤凰光学 2019 年 11 月 13 日分时图

8.2　午盘后发力＋早盘承接

8.2.1　组合形态特征

"午盘后发力＋早盘承接"是指个股早盘运行平稳，但午盘之后明显走强，出现了流畅上扬的盘口形态，收盘前稳稳站于均价线上方；次日开盘之后，个股也能维持相对强势的运行格局。

这种组合是多方力量短期内开始占据主动的信号，而且持续力度较强，如果日K线图中突破上涨空间或反弹空间较大，则随后出现上涨行情的概率较大，投资者可以积极参与，把握短线买入机会。

8.2.2　实盘案例解读

图 8-3 所示为杭钢股份 2019 年 11 月 5 日分时图，个股在早盘出现了两波强势上扬，上扬过程中可以看到分时量的放大支撑，这是买盘积极入场推动的信号。上扬后，分时线始终与均价线保持一定距离，这是多方占据明显主动地位、空方抛压较轻的标志。股价当日正处于低位整理区的突破点，这个盘口分时图体现了上涨信号。

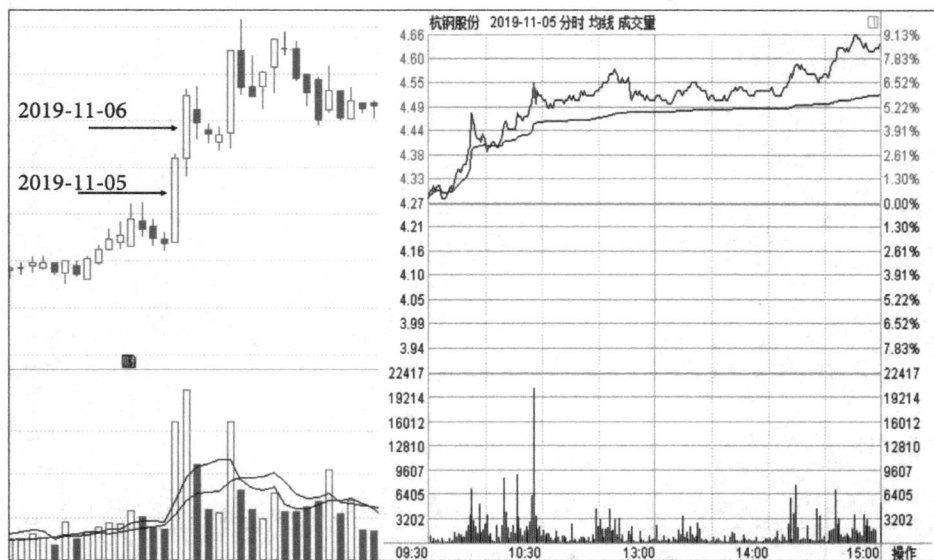

图 8-3　杭钢股份 2019 年 11 月 5 日分时图

图 8-4 所示为杭钢股份 2019 年 11 月 6 日分时图，个股开盘后再度上涨并且全天大部分时间站稳于均价线上方，这仍是强势运行的盘口格局，承接了上一交易日午盘后的强势特征，是多方力量持续推升个股的进一步验证，也彰显了多方进攻的持续性。结合个股的日 K 线运行特征，由于上升空间刚刚打开，在操作上，投资者可以实施相对积极地追涨买入操作。

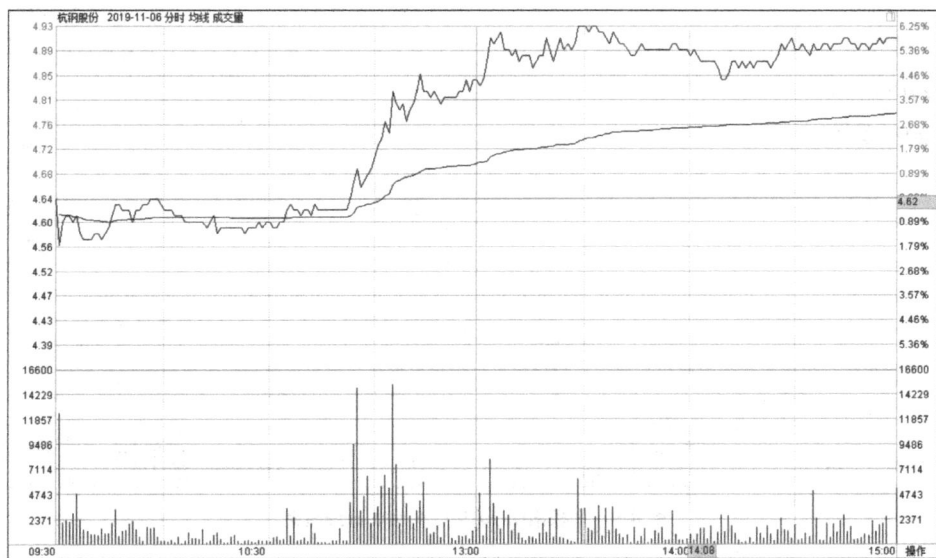

图 8-4 杭钢股份 2019 年 11 月 6 日分时图

与这个组合形态相似的是"午盘后发力 + 强势整理"，所谓强势整理，是指个股于次日盘中小幅度震荡、强势整理。这个组合同样反映了多方占优局面得到了良好保持，若与个股的日 K 线图配合，则可以作为分时图组合形态所发出的买入信号。下面结合一个案例加以说明。

图 8-5 所示为太极集团 2019 年 9 月 9 日分时图，从左侧日 K 线图中可以看到，个股正处于短线大跌后的低点震荡。当日午盘之后，个股开始强势上扬，且强势上扬有着明显的独立性，期间成交量不断放大，说明入场买盘积极、踊跃。随后股价站稳于盘中高点，这表明市场抛压在多方的承接能力之内。这是一个短线看涨的强势分时图，但是否可以作为短线买入信号，宜结合次日的盘中运行来进一步验证。

图 8-6 所示为太极集团 2019 年 9 月 10 日分时图，个股当日于盘中强势整理，收盘时为小幅度上涨状态，这就是对上一交易日多方力量占优局面可以持续的一个良好呈现，也是投资者可以短线买入的信号。

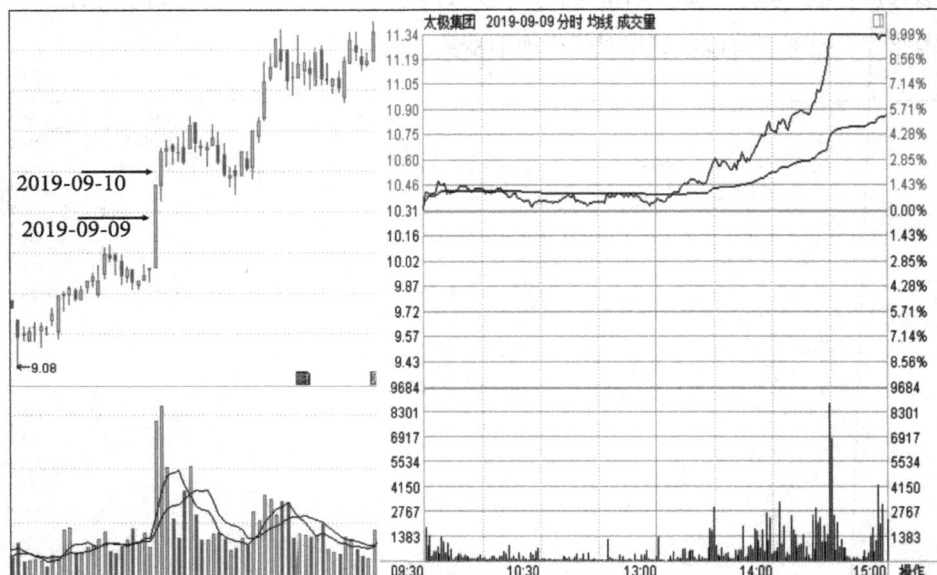

图 8-5　太极集团 2019 年 9 月 9 日分时图

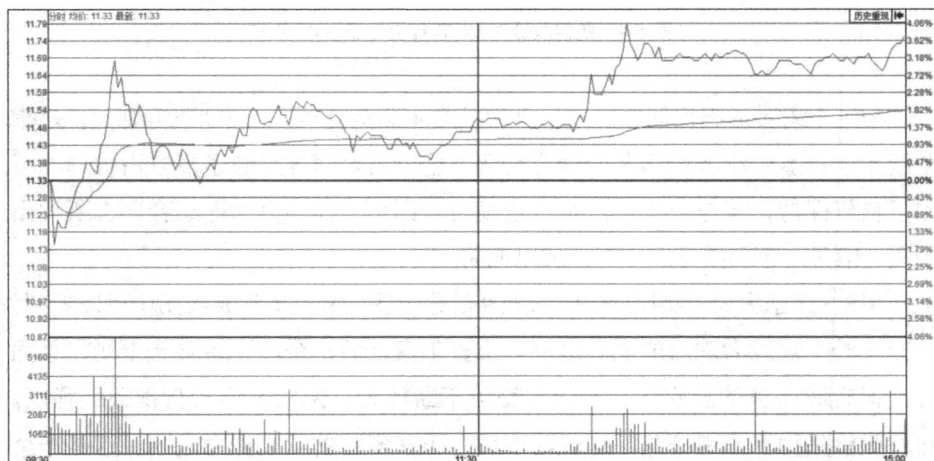

图 8-6　太极集团 2019 年 9 月 10 日分时图

8.3 尾盘上扬 + 探底回升

8.3.1 组合形态特征

在"尾盘上扬 + 探底回升"的组合形态中，尾盘上扬指临近收盘时的小幅度上扬，且有分时量的放大作为支撑，它出现在当日盘中走势相对平淡的背景下。由于收盘前股价提高，后续个股走势的盘中有再度回探的可能，但在盘中下探后，个股能够较快地"收复失地"，呈探底回升状态。

尾盘的小幅上扬是一种盘口异动，它可能是个股短线启动的信号，但要结合买盘的推动力度来分析；而次日的探底回升则是对其的进一步检验，探底回升的出现，表明多方的进攻具有持续性且在短期内占据主动地位。因而，这种组合多预示着短线上涨波段的出现，是买入信号。

8.3.2 实盘案例解读

图 8-7 所示为西藏旅游 2019 年 3 月 27 日分时图，个股在震荡中出现了

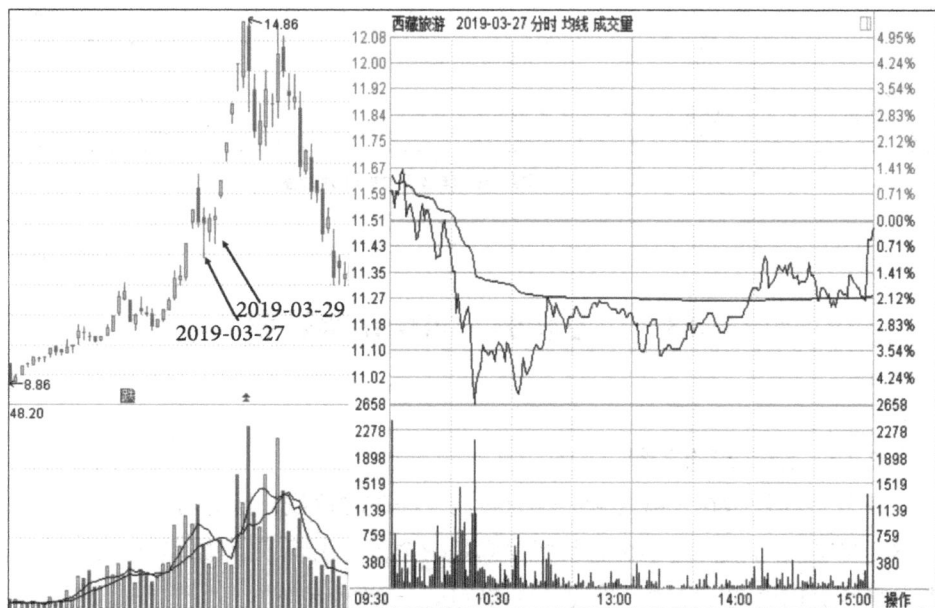

图 8-7 西藏旅游 2019 年 3 月 27 日分时图

短线回调。当日的盘中运行平稳，收盘前则是相对独立的小幅度上扬，收盘前的异动可能是个股短线上涨的信号，但应结合后续个股的走势来分析。

图 8-8 所示为西藏旅游 2019 年 3 月 29 日分时图，隔日盘中出现了下探，但随即便"收复失地"，表明多方的承接力度较强，而上一交易日的尾盘上扬由于出现在短线回调低点，也可以看作是上涨信号。在操作中，这种组合形态预示着随后出现一波上涨走势的概率较大，投资者可以实施买入操作。

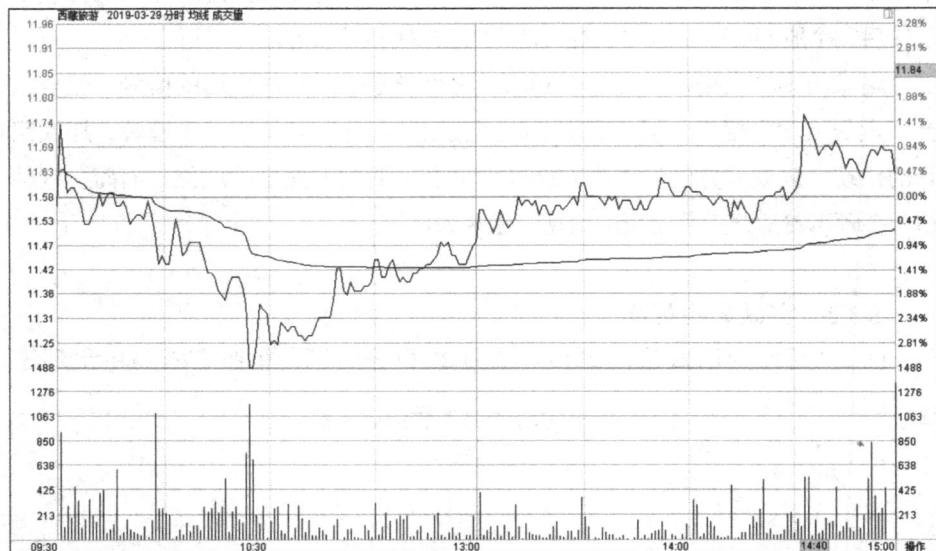

图 8-8　西藏旅游 2019 年 3 月 29 日分时图

8.4　午盘转弱 + 盘中由强转弱

8.4.1　组合形态特征

午盘转弱是指在午盘之后，分时线向下跌破均价线，且随后持续运行于均价线下方直至收盘。盘中由强转弱，则是指个股先出现了上涨，呈相对强势特征，随后分时线向下跌破均价线，且持续运行于均价线下方。

这种组合形态是短期内多方难以推升股价，市场抛盘较沉重的信号。在个股盘中上下波动幅度不大的时候，利用盘中的这种强弱转换，投资者可以更好地把握短线方向。

"午盘转弱＋盘中由强转弱"的组合形态是短线下跌的信号之一，这种组合形态常出现在短线上涨后的整理区间，虽然日 K 线图上未发出卖出信号，但分时图的强弱变化却提前发出了卖出信号。

8.4.2　实盘案例解读

图 8-9 所示为红阳能源 2019 年 5 月 8 日分时图，个股在早盘阶段处于震荡上扬格局中，但午盘之后其走势发生了变化，分时线向下跌破了均价线且持续到了收盘，这种典型的午盘后转弱的形态表明当日空方占据了主动。空方的优势能否持续下去呢？我们需要结合次日的盘口运行来分析。

图 8-9　红阳能源 2019 年 5 月 8 日分时图

图 8-10 所示为红阳能源 2019 年 5 月 9 日分时图，个股在早盘阶段的运行中再度出现了由强转弱的变化。结合上一交易日出现的午盘后转弱形态，个股连续两日于盘中出现由强转弱形态，表明当前的空方优势具有一定的持续性，个股出现短线回落的概率较大，投资者在短线交易上应卖出。

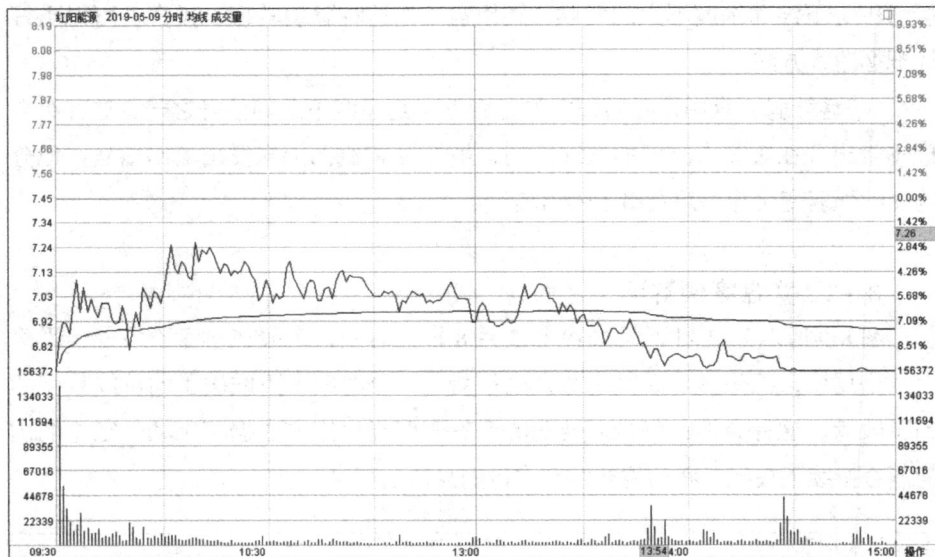

图 8-10　红阳能源 2019 年 5 月 9 日分时图

8.5　探底回升 + 盘中由强转弱

8.5.1　组合形态特征

盘中的探底回升往往被视作多方承接能力较强的标志，但是，盘中的探底同样也是空方抛售力度较大的标志。若个股随后走势稳健、盘口强势，则探底回升不具有下跌含义；若次日盘中出现了明显的由强转弱的变化，则上一交易日的探底就显露了下跌含义。这种组合形态常见于短线上涨后的高点，是多空双方交锋较为激烈的信号，也是空方力量开始占据上风的标志，预示着短线深幅回落将出现。

8.5.2　实盘案例解读

图 8-11 所示为 ST 运盛 2019 年 8 月 19 日分时图，从左侧日 K 线图中可以看到，个股短线涨幅较大，当日早盘阶段出现了明显的下探，但收盘前大幅回升。这种下探表示抛盘离场，空方力量有所增强。

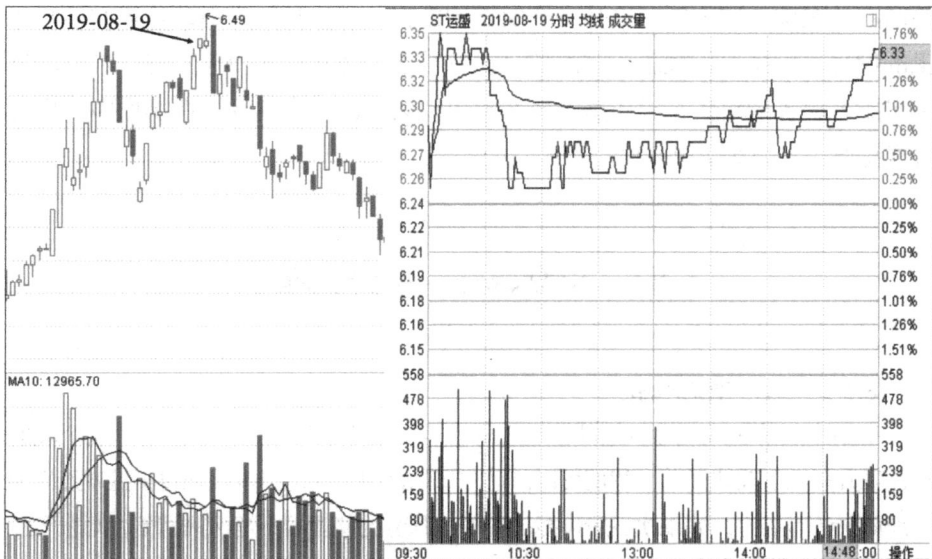

图 8-11　ST 运盛 2019 年 8 月 19 日分时图

图 8-12 所示为 ST 运盛 2019 年 8 月 20 日分时图，个股早盘承接了上一交易日的回升，出现了较为强势的上涨，但上涨波段较短，股价自盘中高点向下大

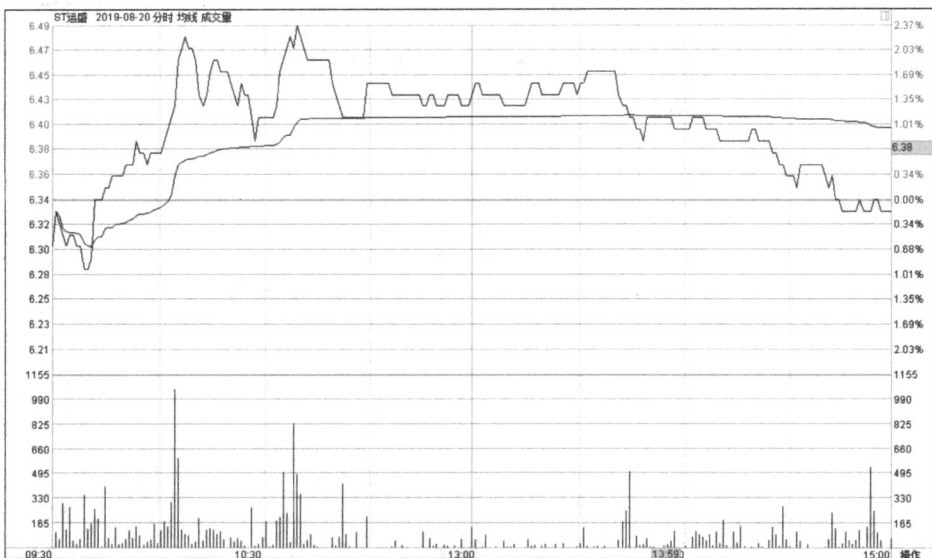

图 8-12　ST 运盛 2019 年 8 月 20 日分时图

幅回落且跌破了均价线。这是一个明显的由强转弱的盘口形态，是多方推升遇阻的信号，也是空方抛压沉重的信号。结合上一交易日的探底形态，二者均反映了空方力量的增强，因而是个股即将出现回落的可靠信号。在操作中，投资者应据此进行短线卖出操作。

8.6 早盘飙升 + 强势整理

8.6.1 组合形态特征

很多个股的短线上涨行情往往是以早盘飙升为启动信号的，但也有一些个股的早盘飙升引发了短线回落。我们可以借助次日的盘口走向进一步验证将早盘飙升作为上涨信号的可靠性，如果次日股价能出现相对强势的整理而不是深幅回落，则表明上一交易日的早盘飙升并未引发大量抛盘离场，个股的短线上攻具有连续性，多方力量仍旧占据主动。结合日 K 线图上的突破或反弹模式，投资者可以实施买入操作。

8.6.2 实盘案例解读

图 8-13 所示为云煤能源 2019 年 11 月 20 日分时图，个股早盘阶段的飙升幅度大、

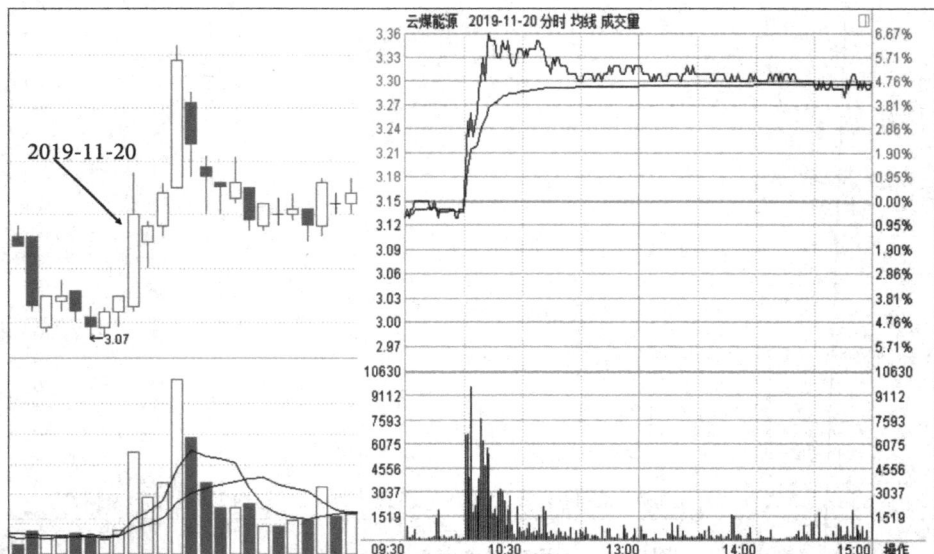

图 8-13 云煤能源 2019 年 11 月 20 日分时图

流畅性好，这是大买单不断入场推升的信号。随后，股价相对稳健地站于均价线上方，表明在当日的交锋中，多方明显占据优势；但多方的优势能否保持住，是我们判断一波上涨行情是否会出现的关键所在。

　　图 8-14 所示为云煤能源 2019 年 11 月 21 日分时图，该日盘中运行呈小幅波动的强势状态。在短线获利盘较多的情况下，个股可以连续两个交易日没有出现明显回落，这彰显了多方力量的优势与持续性，是一波上涨走势将出现的信号。在操作中，投资者可以短线买入。

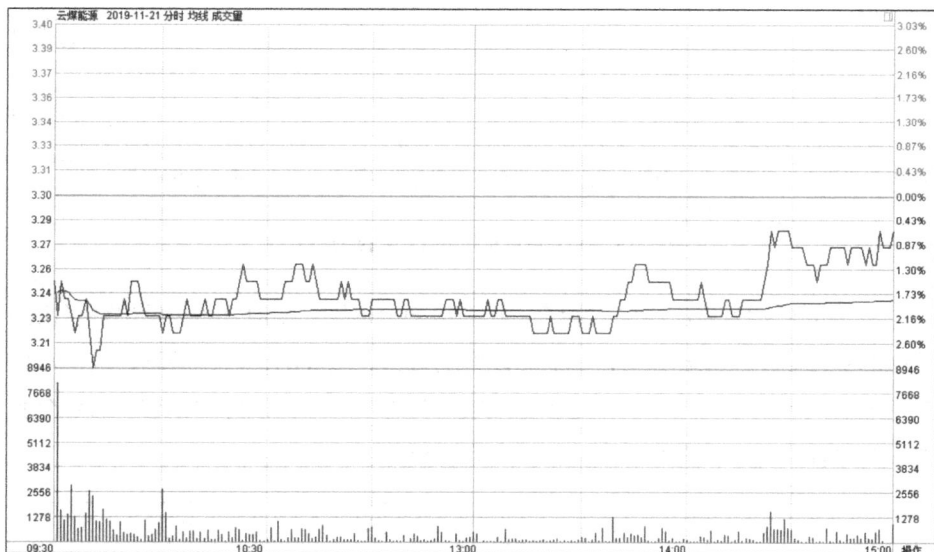

图 8-14　云煤能源 2019 年 11 月 21 日分时图

　　与"早盘飙升 + 强势整理"组合形态相似的一种组合形态是"早盘飙升 + 次日弱转强"形态。早盘飙升之后，个股当日于盘中横向整理，次日在少量获利抛盘离场的情况下，开盘后先是弱势运行，但持续时间一般较短，随后股价快速上扬，走势转强。这表明多方力量短期上攻意愿较强且占据了主动，是一波上涨走势将展开的信号。下面我们结合一个案例加以说明。

　　图 8-15 所示为钱江生化 2019 年 11 月 19 日分时图，个股早盘的飙升走势使日 K 线图呈突破整理区的状态，随后盘中运行较为强势，股价全天位于均价线上方，收盘前也站稳于均价线之上。

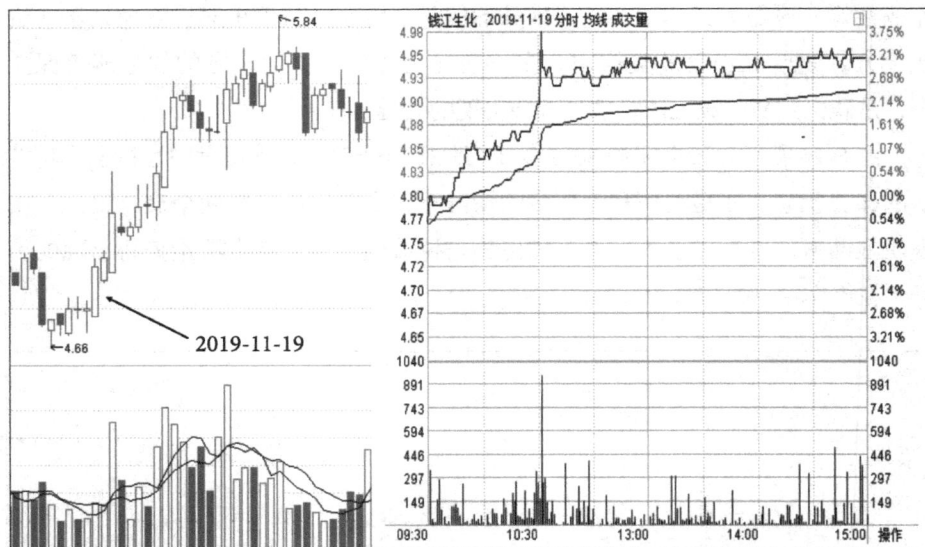

图 8-15　钱江生化 2019 年 11 月 19 日分时图

　　图 8-16 所示为钱江生化 2019 年 11 月 20 日分时图，个股开盘后便出现了由弱转强的变化。个股在转强时，我们可以看到流畅、挺拔的分时线形态，这正是大买盘连续入场推动的结果，也是多方上攻行为连贯、持续性好的标志。结合个股的日 K 线图来看，一波突破上攻行情有望展开。

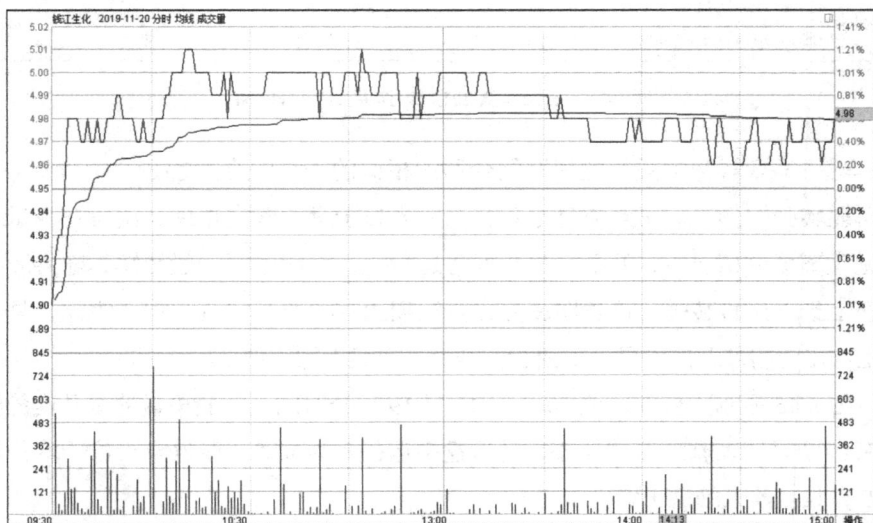

图 8-16　钱江生化 2019 年 11 月 20 日分时图

8.7　全天攀升 + 强势整理

8.7.1　组合形态特征

全天攀升是一种上涨节奏相对缓慢但持续性强的盘口上扬形态，它是指个股自开盘之后就开始持续、缓慢攀升，在整个攀升过程中始终与均价线保持一定距离。这种稳健的攀升格局一直持续到尾盘阶段，收盘价接近当日最高价，从而使得当日的上涨幅度相对较大。这种盘口形态是多方力量短期内占据明显主动地位的标志，若个股次日能够强势整理，不出现大幅回落，则表明多方的推升具有连续性，是短线上涨信号。

8.7.2　实盘案例解读

图 8-17 所示为福建水泥 2019 年 11 月 25 日分时图，从左侧日 K 线图上可以看到，个股正处于低位区的震荡整理之中；当日的盘口除早盘小幅回落外，全天都处于攀升的上涨形态，次日则是强势的小幅度整理，如图 8-18 所示。将两个交易日的走势连接起来，其组合形态反映了多方推升个股时遇到阻力较小，市场逢高抛压较轻，而全天攀升的盘口形态又是多方占优、有上攻意图的信号。因而，此时的组合形态预示了个股随后将突破上攻，是短线买入信号。

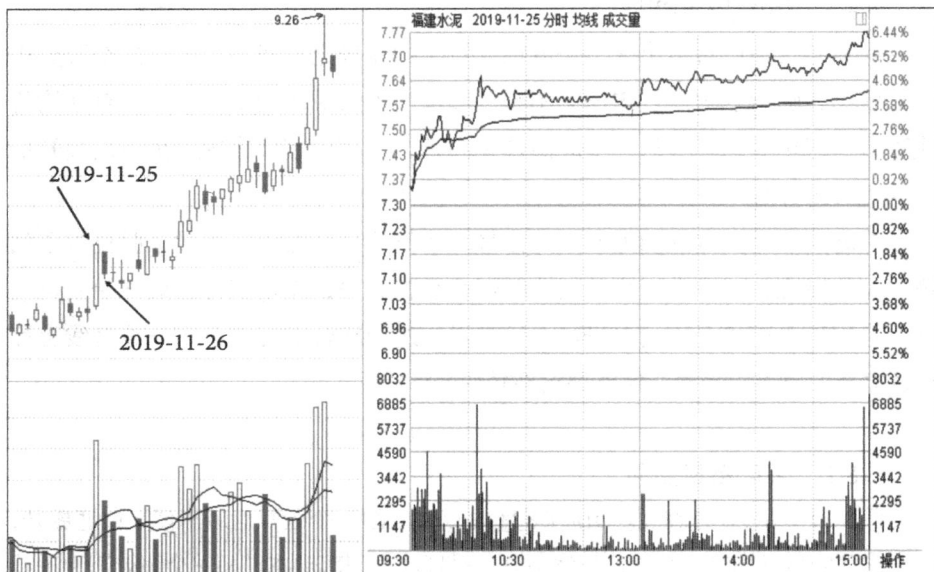

图 8-17　福建水泥 2019 年 11 月 25 日分时图

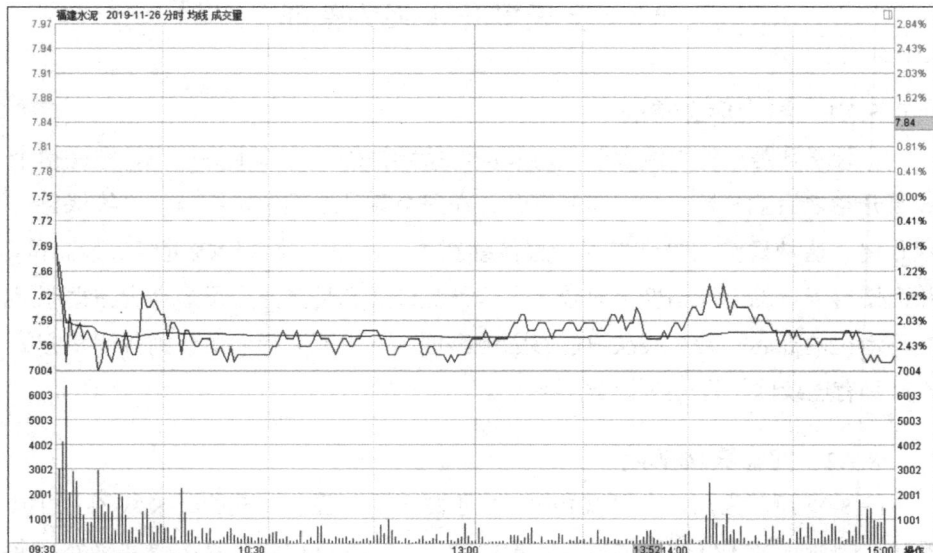

图 8-18　福建水泥 2019 年 11 月 26 日分时图

8.8　冲高回落 + 高开低走

8.8.1　组合形态特征

冲高回落是指盘中出现了一波幅度较大的流畅上冲形态，此时的个股处于上涨状态，随后盘中高点支撑力不强，股价回落跌破了均价线，并一直在均价线下方运行至收盘。次日，个股出现了高开，但随后节节走低，呈现出高开低走的盘口运行格局。

冲高回落是多方推动力不足的信号，次日的高开低走则表明个股已难以站稳于短线高点，将两个交易日的分时运行组合起来，就是空方力量开始占据主动、短线下跌即将开启的信号。一般来说，这种组合形态常见于一波短线上涨后的高点，是多空力量对比格局出现转变的标志。

8.8.2　实盘案例解读

图 8-19 所示为茂业商业 2019 年 8 月 28 日分时图，个股开盘后出现了快速飙升，随后出现回落并持续运行于均价线下方，呈现冲高回落形态。虽然个股处于上涨状态，但是分时线长时间运行于均价线下方，这是空方开始占据主动的表现。

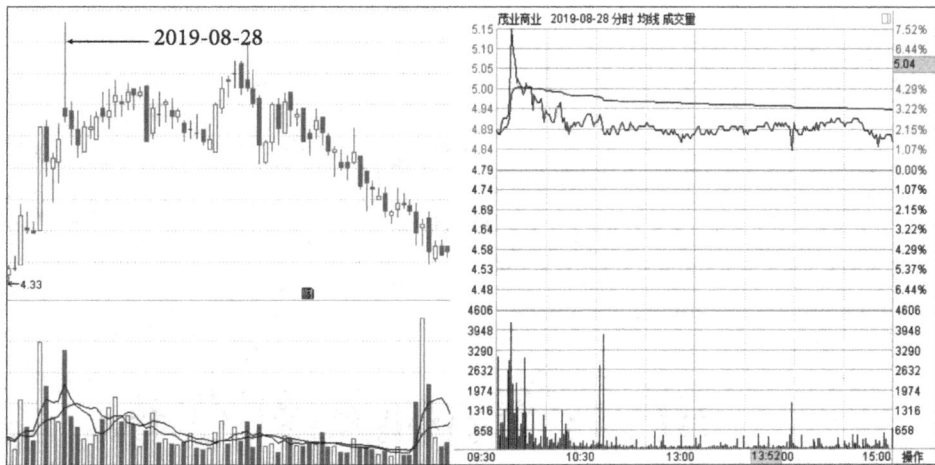

图 8-19　茂业商业 2019 年 8 月 28 日分时图

　　图 8-20 所示为茂业商业 2019 年 8 月 29 日分时图，个股高开后快速走低，股价全天震荡滑落，虽然累计跌幅不大，但全天大部分时间运行于均价线下方的形态表明空方力量已占据了主动。结合个股正处于短线大涨后的高点的情况来看，这是一波回落走势即将展开的信号。在操作中，投资者应及时卖出离场。

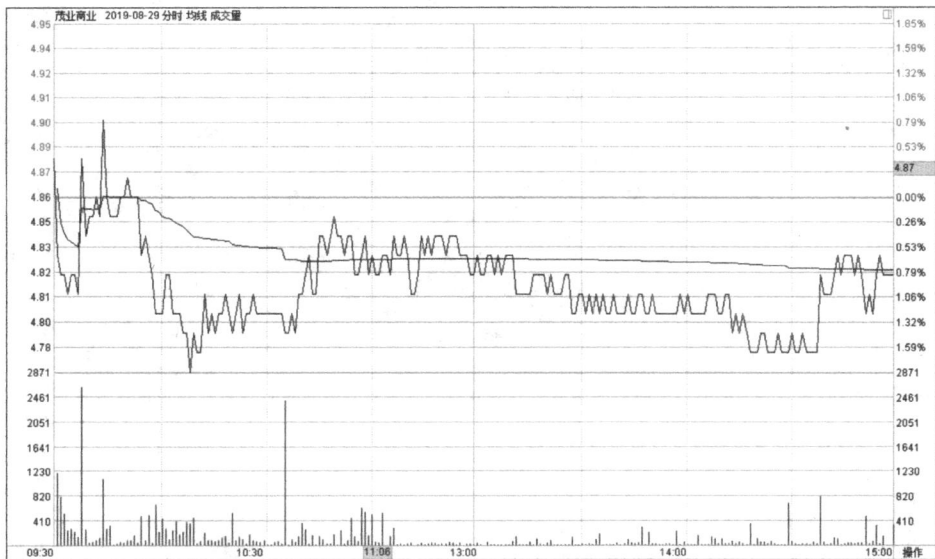

图 8-20　茂业商业 2019 年 8 月 29 日分时图

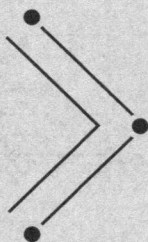

第 9 章

用分时图抓短线牛股

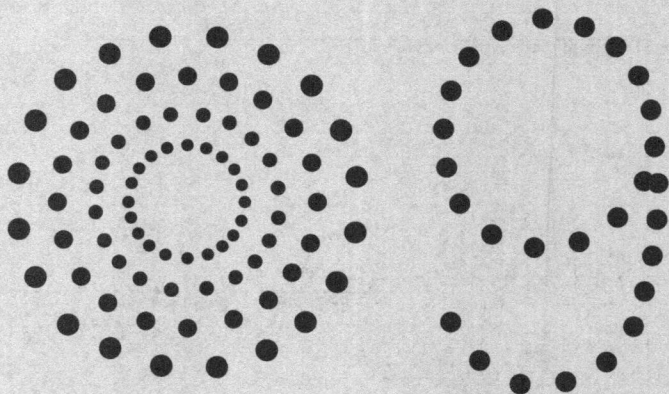

分时图的主要作用是帮助我们分析多空力量的快速转变，进而把握稍纵即逝的短线买卖时机。但是，也有一些分时图形态在结合日 K 线图或大盘指数的基础上，可以很好地展现出个股的短期爆发力，是牛股出现的信号。本章我们将以分时图形态为核心，了解如何利用多种技术面要素捕捉短线意义上的牛股。

9.1　平量式尾盘突破整理

9.1.1　组合形态特征

平量式尾盘突破整理是指个股在尾盘阶段出现了流畅的上扬。从日 K 线图来看，个股当日突破了低位整理区，次日维持强势的小幅整理走势，这两日的成交量放大不明显，呈平量状态。

尾盘上扬在很多时候并不是个股真实的突破信号，特别是收盘前的翘尾形态，因而在这个组合形态中，我们强调尾盘的上扬应是流畅的上扬，而非收盘前突然出现几笔大买单翘高收盘价。

如果主力资金选择在尾盘阶段参与个股，一般来说，只要个股的抛压较轻，大盘配合，则这类个股的短线潜力往往较大。此时，判断尾盘上扬与突破上攻的相关度就极为重要，我们可以借助量能及次日走势这两点要素辅助分析。如果次日股价可以强势整理不回落，并且这两日的量能未见大幅放出，则表明市场抛压较轻，多方处于占优局面，也预示着短期内或将展开一波较为强势的上攻行情。

9.1.2　实盘案例解读

图 9-1 所示为宝信软件 2019 年 8 月 15 日分时图，尾盘出现了两波流畅的放量上扬，说明大买单的入场推动有着很强的连贯性。从日 K 线图来看，个股当日正处于低位整理区的突破点且放量温和，这种情况下的尾盘流畅性突破有着较高的成功率。但是，我们以次日走势为验证，则会有更高的成功率，也是更为理想的短线买入点。

图 9-2 所示为宝信软件 2019 年 8 月 16 日分时图，个股早盘强整理，午盘之后，股价横向与均价线缠绕，成交量温和放出，当日的量能也呈温和放大状态。

结合上一交易日的尾盘流畅性突破来看，这两个交易日的组合彰显了主力资金的参与意愿，是个股短线上攻行情将开启的信号之一。在短线操作上，投资者可以适当追涨参与。

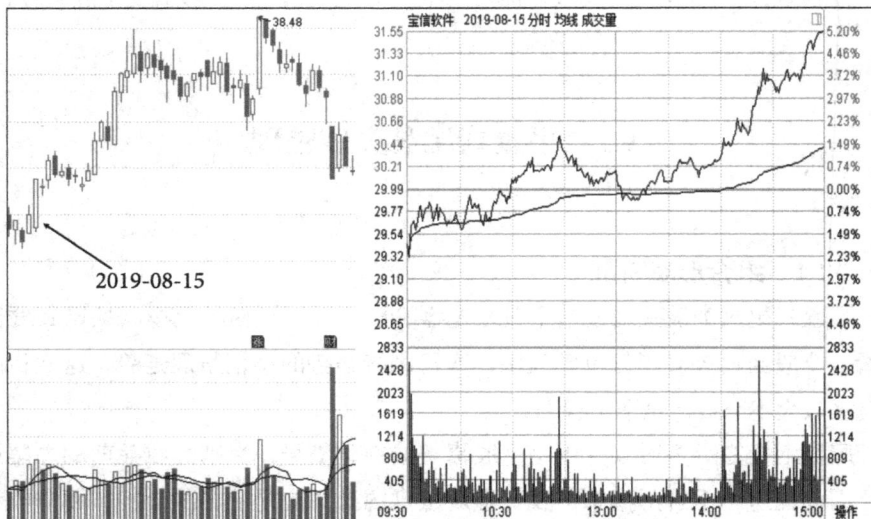

图 9-1　宝信软件 2019 年 8 月 15 日分时图

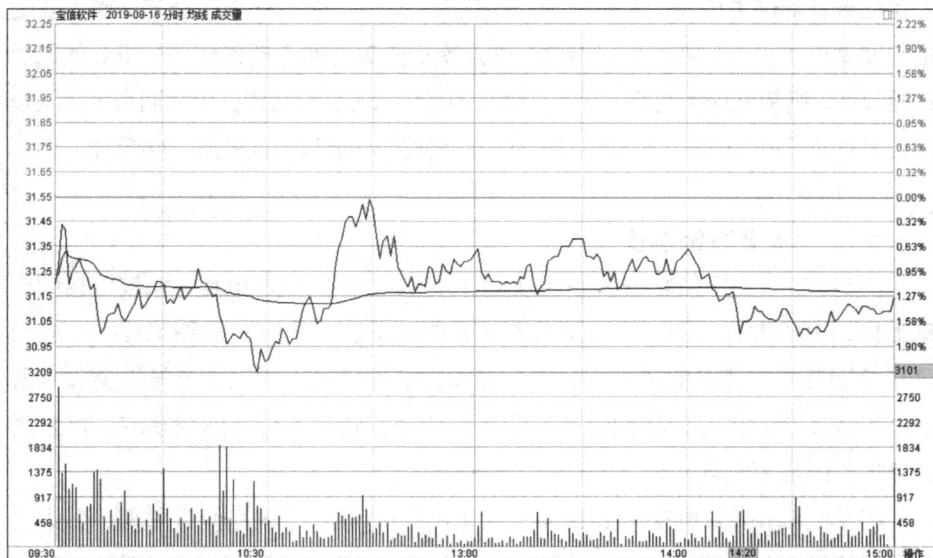

图 9-2　宝信软件 2019 年 8 月 16 日分时图

9.2　强势板突遇双阴回落

9.2.1　组合形态特征

强势涨停是指个股在早盘 10：00 之前就牢牢封住涨停板，全天不再开板，直至收盘，并且当日的振幅小于 10%。强势板多预示着短线上攻行情的开启。

如果强势之后出现了连续两根长阴线的回落，只要这两日的量能与强势板当日的量能接近，一般来说，可以将其看作短暂的回落整理。之所以出现这样的大幅波动，多与主力的买卖手法相关，连续两根长阴线不仅抹掉了强势板当日的上涨成果，也使得市场浮筹大量减少，有利于个股随后再度上攻。这种组合形态可以视为风险中蕴藏着机会，在操作中，我们可以适当参与，但应控制好仓位。这种组合形态只是从技术面考虑，如果个股因突遇利空消息而出现连续长阴线回落，则不宜短线买入。

9.2.2　实盘案例解读

图 9-3 所示为宝钢股份 2019 年 9 月 4 日分时图，个股全天稳健上行，尾盘封板。从日 K 线图来看，个股刚刚突破短期整理区，上升空间已经打开；但随

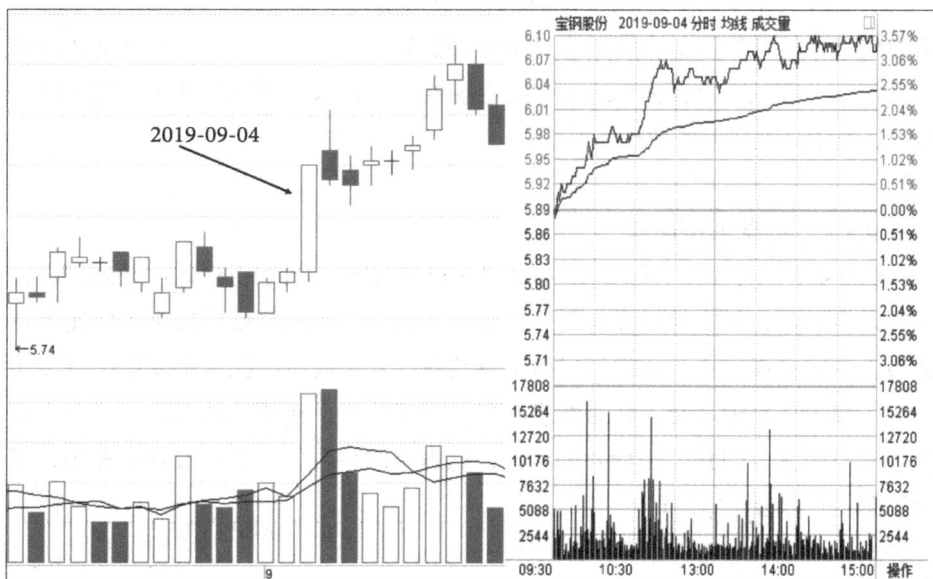

图 9-3　宝钢股份 2019 年 9 月 4 日分时图

后出现了长阴线，量能略大于强势板当日的量能。这种放量效果下的长阴线一般并不是主力资金大力卖出的标志，而是多与市场浮筹的大量离场有关，在第二根阴线或是第三根阴线处（如果有的话），是最佳的短线入场点。涨停后放量长阴线回落速度快，个股随后也往往会出现较快的反攻。在操作上，投资者应果断出击，但应控制好仓位。

9.3 丁字板空中加油平台

9.3.1 组合形态特征

丁字板是指以涨停价开盘，盘中小幅度、短时间开板，随后再度牢牢封板的一种涨停分时形态。丁字板若出现在低位平台的突破位置点，往往是市场看多此股、有望开启上攻行情的信号。在丁字板所处的位置点，个股强势整理不回落，这就是丁字板构筑的一个"空中加油"平台区。此时市场筹码加速换手，当筹码换手较为充分后，个股就会步入上升通道。

在实盘操作中，个股以丁字板的方式突破低位平台时，多有利好消息支撑。最为典型且持续性强的利好消息是主营利润的大幅增长，一旦个股以这类消息为支撑，出现以丁字板为标志的"空中加油"平台区，则后期的上升空间往往较大，是中短线买入的理想时机。

9.3.2 实盘案例解读

图9-4所示为华宏科技2019年7月8日分时图，个股在连续3个涨停板后，再次跳空涨停，但在筹码没有充分换手的情况下，个股很难再次步入快速上升通道。在实盘操作中，我们可以多观察几日，若个股可以在这个跳空突破点站稳，形成一个整理平台，则可买股布局。对于此股，随后的数日虽然于盘中出现了上下震荡，但整体走势并未回落，这表明此平台的买盘承接资金充足，预示了随后上涨波段的出现。

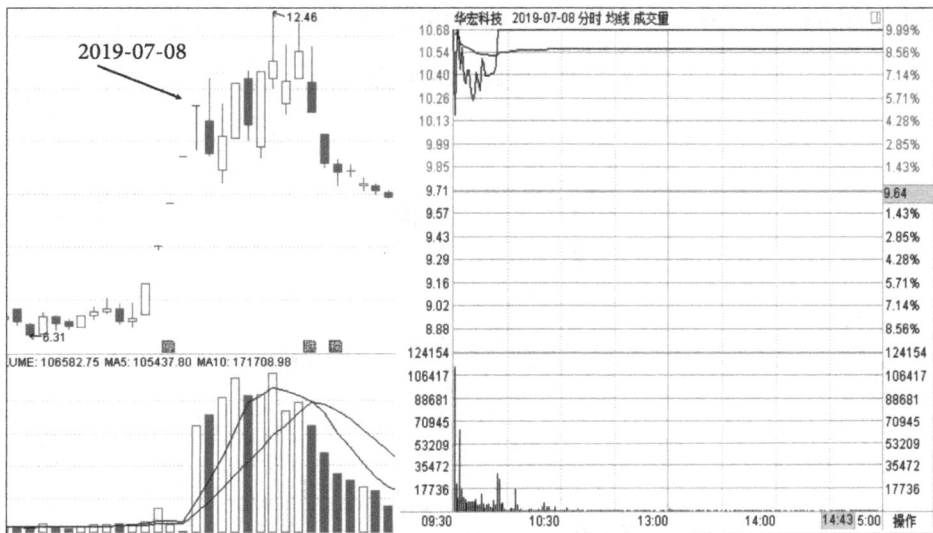

图 9-4　华宏科技 2019 年 7 月 8 日分时图

9.4　低点独立三连阳

9.4.1　组合形态特征

以上证指数运行为参照，我们可以检验个股盘中的强弱情况。如果一只个股连续数日的盘口运行均强于上证指数，又处于短线回落后的低位区，则个股随后走出独立上攻行情的概率较大，有望成为短线牛股。

在实盘操作中，低点独立三连阳是指个股连续 3 个交易日的盘中运行较为强势，且这 3 日的强势格局并不是上证指数上涨带动的，而是有着较强的独立性。当个股出现这种组合形态时，只要上证指数同期的运行较为稳健，就可以积极布局。

9.4.2　实盘案例解读

图 9-5 所示为仁东控股 2019 年 11 月 13 日分时图，图 9-6、图 9-7 所示分别为仁东控股 2019 年 11 月 14 日、2019 年 11 月 15 日的分时图。在每张分时图中，

我们都叠加了当日的上证指数，先来看 2019 年 11 月 13 日的分时图。

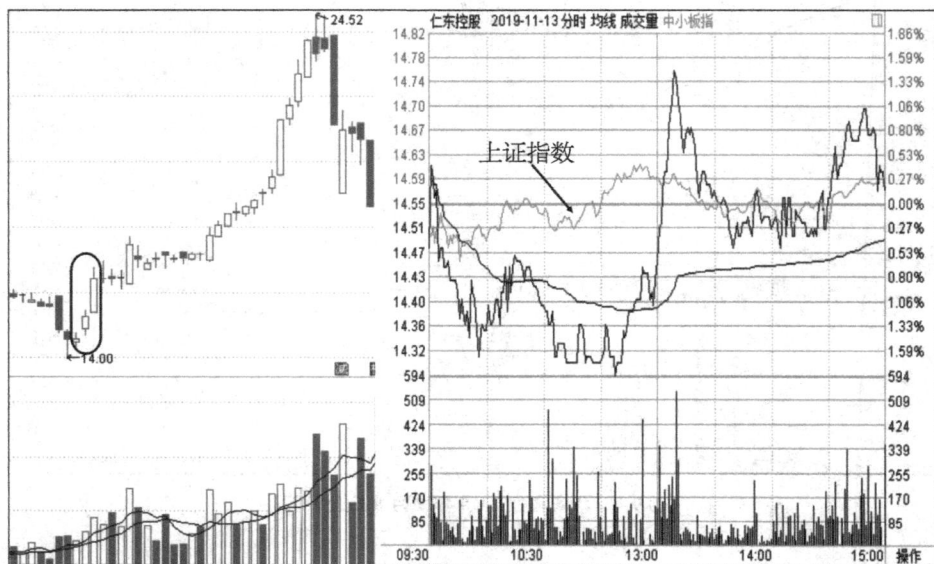

图 9-5　仁东控股 2019 年 11 月 13 日分时图

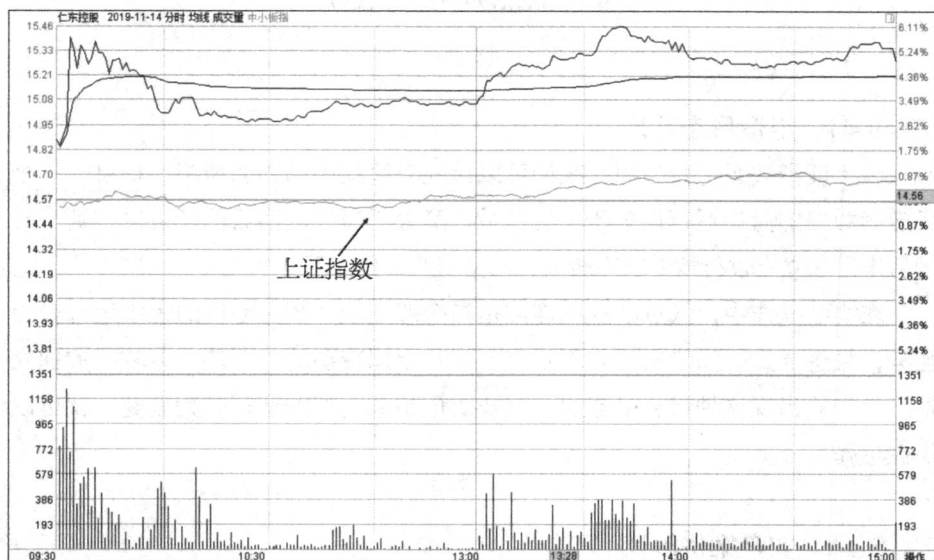

图 9-6　仁东控股 2019 年 11 月 14 日分时图

受大盘回落影响，个股于盘中出现了快速跳水；但在大盘未见明显企稳的情况下，个股就开始强势反弹，在上证指数企稳回升后，个股仍能够震荡上扬。这种分时运行有着极强的独立性，彰显了多方力量的强大。

再来看看 2019 年 11 月 14 日的分时图，当日个股午盘后稳健运行于均价线上方，走势强于上证指数，其盘中上涨过程的独立性也较强。

如图 9-7 所示，上证指数在午盘之后开始震荡下滑，但个股基本处于均价线之上，多方推动力量充足。综合这 3 个交易日来看，此时的股价正处于短期回调之后，连续于盘中出现了较为独立的上涨形态，这既是多方力量充足的标志，也彰显了主力资金的积极参与。一般来说，这类个股只要前期未被大幅拉升或处于明显的高点，则随后出现短线上攻的概率还是很大的。在大盘企稳的背景下，在操作上，投资者可以实施相对激进的追涨买入策略。

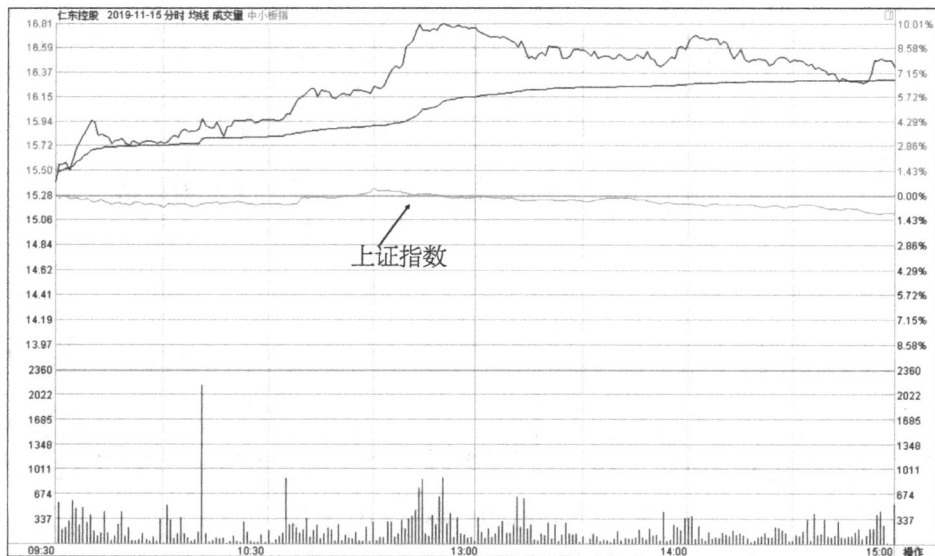

图 9-7　仁东控股 2019 年 11 月 15 日分时图

9.5　跳空高开低走整理线

9.5.1　组合形态特征

个股跳空高开，突破了低位震荡平台，随后于盘中震荡走低，收于小阴线。

这是当日多方上攻遇阻的信号，但跳空突破形态仍然成立，若个股次日可以小幅整理并缩量，则表明市场抛压大幅减轻，个股有望再拾升势。在短线操作上，投资者可以适当参与。

9.5.2 实盘案例解读

图 9-8 所示为海思科 2019 年 8 月 9 日分时图，个股当日跳空高开，随后于盘中震荡走低，当日收于一根阴线。较之上涨时的放量程度来看，当日的放量幅度尚可，可以看作获利盘抛售的结果。

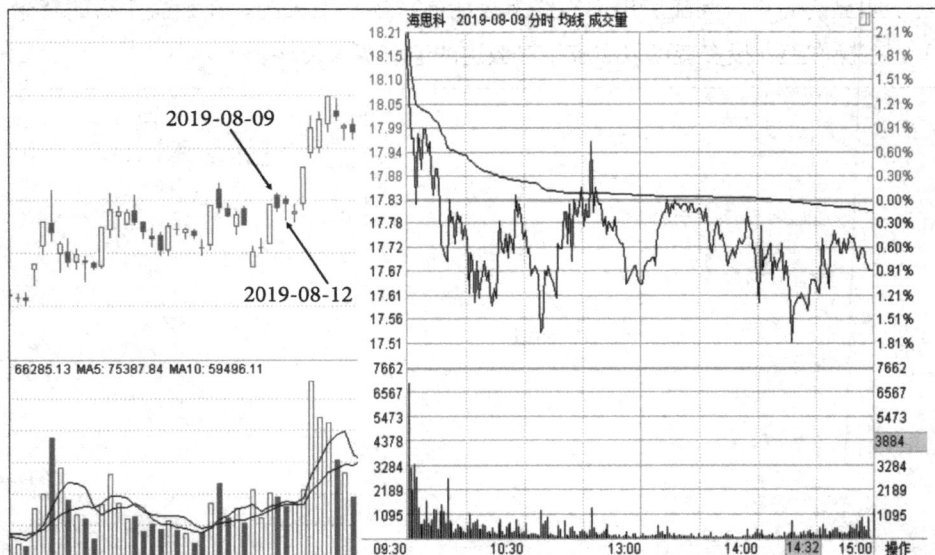

图 9-8　海思科 2019 年 8 月 9 日分时图

图 9-9 所示为海思科 2019 年 8 月 12 日分时图，该日个股收于一个强势整理的小阴线，没有承接上一交易日的低走格局，股价探底回升且成交量缩减，这表明市场抛压大幅减轻。由于跳空缺口代表着方向的选择，而此时的大幅缩量整理可以看作上升中继的标志，在短线交易上，投资者可以适当买股参与。

图 9-9　海思科 2019 年 8 月 12 日分时图

9.6　强势不回踩小幅整理

9.6.1　组合形态特征

强势不回踩是一种特征鲜明的盘口形态，它指个股先是在盘中出现了流畅上扬，随后运行于盘中高点，没有回踩均价线，始终与均价线保持一定距离。这种盘口形态出现在低位突破点且次日能小幅整理，是多方力量短期内优势明显、上攻意愿强烈的信号，预示一波上攻行情将展开，在短线操作上，投资者可以实施相对激进的买入策略。

9.6.2　实盘案例解读

图 9-10 所示为凯文教育 2019 年 11 月 19 日分时图，个股在盘中出现了一波极为流畅的飙升走势。从分时图可以看出，飙升时的成交量连续放出，这是大买单不断入场推动的结果，也彰显了多方力量的强大。随后股价于盘中强势运行不回落，说明当日的盘口中，多方占据了完全的主导地位。结合个股正处于低位平台突破点的情况来看，一波上攻行情有望展开。

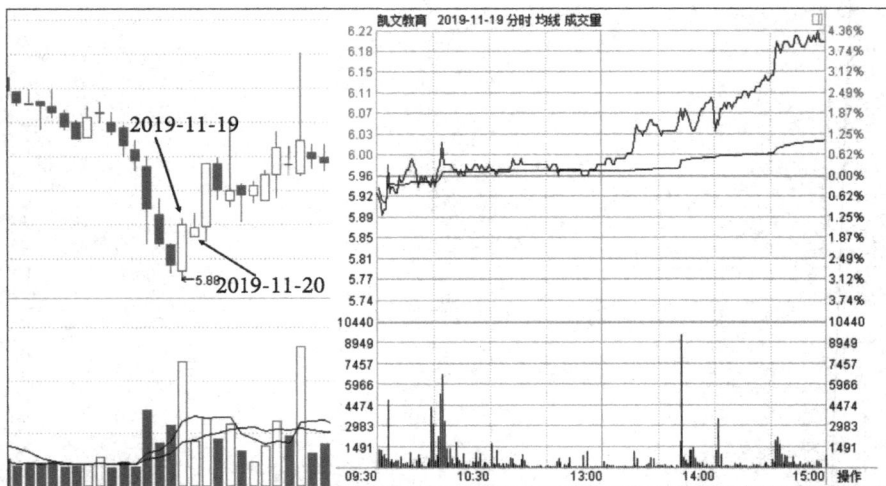

图 9-10　凯文教育 2019 年 11 月 19 日分时图

图 9-11 所示为凯文教育 2019 年 11 月 20 日分时图，该日的强势整理是对多方力量上攻连续性的进一步验证，个股以缩量的整理形态呈现，表明在这个全盘获利的短线高点并没有大量的抛盘涌出。这既可以看作是主力资金参与能力较强、市场浮筹少的信号，也可以看作是多方力量占据完全主动的信号，预示一波上攻行情即将展开，是短线买入信号。

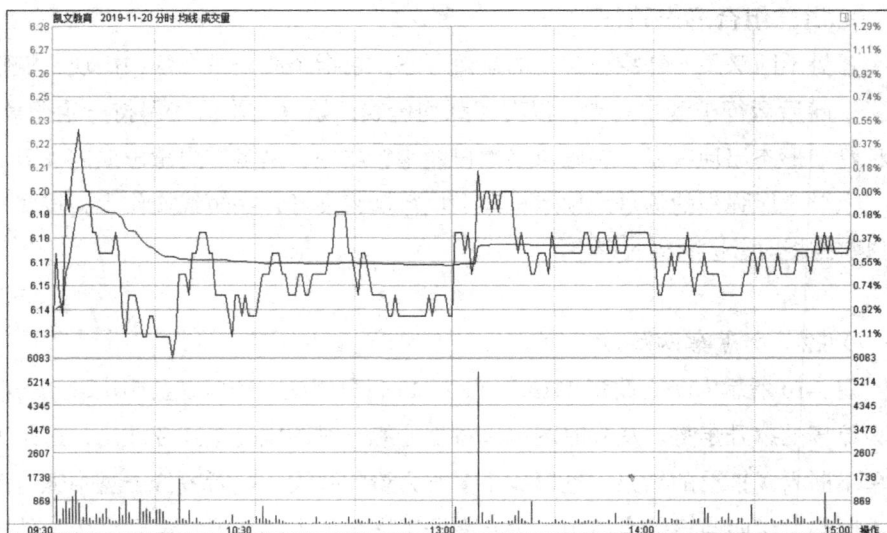

图 9-11　凯文教育 2019 年 11 月 20 日分时图

第 10 章

分时图交易策略方案

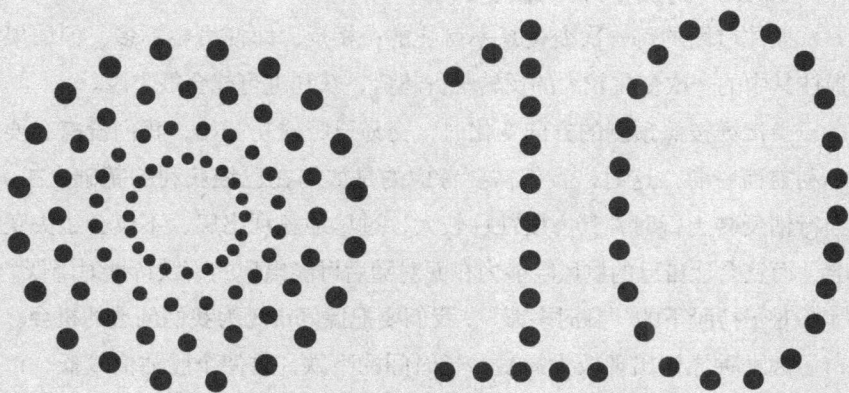

股票市场及个股在中长期运行上，往往有着截然不同的行情方向。价格走势可以是较长期的攀升，也可以是横向的上下震荡，还可以是不断震荡走低。判断行情的方向固然重要，但是，当行情运行方向初露端倪时，我们还要懂得顺势而为。从交易策略来讲，这种顺势策略应一直持续到行情发出转向信号为止。本章我们将结合几种不同的交易策略学习如何展开中短线操作，特别是这些交易策略中对于分时图的运用，力图使读者在进行短线交易时有一个更为明确的目标与实施策略。

10.1 转向点的策略方案

转向点，顾名思义，它出现在个股中短线涨跌幅较大的位置点，是一个多方或空方力量释放过度的阶段。此时，受一些场内外的因素触动，价格走势有望出现反转。在操作上，我们一般应以盘面上的反转信号为依据，不可主观估顶测底。

10.1.1 持股下的"赚时多赚"

抓住市场的每一次变化是不可能的；相反，即使机会不多，但如果能牢牢抓住其中的一次变化较大的反转上行趋势，获利也可能会很丰厚。

当市场按照预测的方向变化时，交易已经成功开始，我们没有必要为一点小利益而着急。这时，我们需要考虑的是如何在已经获利的基础上扩大战果。当行情反转上行时，其力度往往较大，过早地获利出局，不仅会错失获利的机会，而且会让自己的抗风险能力在面对随后可能出现的下跌行情时降低。

对于持股下的"赚时多赚"，我们要把握好市场为我们创造的机会。当股票市场因种种原因出现较大幅度、长时间的下跌，致使个股估值较低、市场人气不足时，我们应把握机会，积极地挑选潜力股并陆续买入、耐心持有，等待行情的反转上行；当行情反转开始后，也不要因小利而卖出，等到累计涨幅较大或盘面发出较为明确的见顶信号之后，再减仓离场。

10.1.2 方向不明时"现金为王"

在下跌行情中，或是股市处于高位整理、方向不明朗时，保护本金安全是最为重要的。只有熬过了寒冷的冬季，才能享受温暖的春天。保护本金安全是一个很好的策略，这说起来简单，但实施起来却需要投资者有一个良好的交易心态。

手中持有现金将永远处于主动地位，对于胜算不高的交易，要尽可能避免。我们不能看着这只股票涨停了就想追涨，也不能看着那只股票短期回调幅度较大就想抄底，当我们没有较大的把握时，持有现金才是最好的选择。该策略与危机投资法有相似之处，其基本思路为：在投资市场处于正常状况时，不进行投资活动，耐心等待时机，绝不可心急；当期货或股票投资市场循环到谷底，市场中的每一个人都悲观失望，看不到市场有任何起色时，再参与进去，随着时间的推移，一旦牛市来临，利润将十分丰厚。"现金为王"策略告诉我们一个投资市场颠扑不破的真理，即手中有现钱，永远有机会。

10.1.3　K 线形态对多空整体的反映

从行情转向的角度来把握价格走势，这需要对多空力量的整体变化有一个直观的认识、了解。一般来说，从 K 线形态着手是一个好方法，K 线图不仅呈现了价格的运行轨迹，也蕴涵了多空信息。但对于投资者来说，我们要从一个更大的视角来观察 K 线图，常用的方法是观察日 K 线图的运行模式变化。下面我们结合实例加以说明。

股价进入中期底部或顶部后，由于多空力量对比格局的整体变化，股价在走势上也会出现相应变化，往往会形成一些较为经典的底部或顶部形态。对于筑底形态，常见的有双重底、三重底、圆弧底、头肩底、V 形底等；对于筑顶形态，常见的有双重顶、三重顶、圆弧顶、头肩顶、尖顶等。

虽然形态上各有不同，但除了反转迅疾的 V 形底及尖顶之外，它们有一个较为共通的特点，就是低位的企稳或高位的滞涨。一旦我们发现某只个股已沿某一方向运行较久且幅度较大，此时若出现长时间的震荡整理且股价重心开始向反方向倾斜，则往往预示着多空力量正悄然转变，投资者应留意顶部或底部的出现。

图 10-1 所示为掌趣科技 2019 年 3 月至 12 月的走势图，个股在中期跌幅极大的位置区出现了企稳走势。如方框标注位置所示，个股在低位区 3 次震荡下探，但股价都没有探出新低，这是一个类似于 3 次探底的三重底形态，表明空

方抛售力度趋缓，多方力量在增强，是中期底部有望形成的信号，投资者可以适当买股参与。

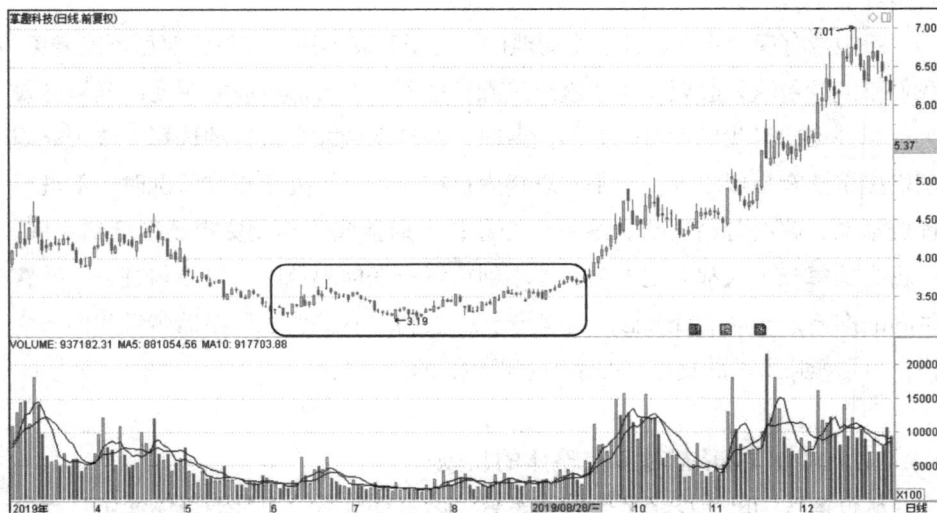

图 10-1　掌趣科技 2019 年 3 月至 12 月走势图

在低位区进行抄底时，风险往往较大，跌势中的整理区有时会持续很久，这会让我们错误地判断底部的出现。因而，我们在仓位上可以采取金字塔加仓方案，并且要设定好止损价，一旦发现价格走势与预期不符，就应及时调整方案，止损出局。

图 10-2 所示为海达股份 2018 年 11 月至 2019 年 9 月走势图，个股自低点经历了 50% 的上涨，于高位区宽幅震荡，出现了二次上探高点的双重顶形态。高位的宽幅震荡是多空交锋激烈、多方力量整体不再占优的表现，二次上探的过程也是空方力量不断增强的过程，预示着中期顶部的出现，是中线卖出信号。

对于很多个股，它们的底部区或顶部区并不一定会出现这些经典的反转形态，因此投资者需要借助更多的分析手段进行判断，例如结合市场环境、个股估值、市场风格变化、同类股的表现等。如果一只个股的中短线走势明显弱于同类个股，则这样的个股在跌势中往往处于未见底的状态，投资者不可过早抄底入场；同样的情况若出现在累计涨幅较大的位置点，则更有可能是升势见顶的信号。在操作中，我们应注意把个股放在板块、市场中理解、把握，这样才能更好地把握中线反转机会。

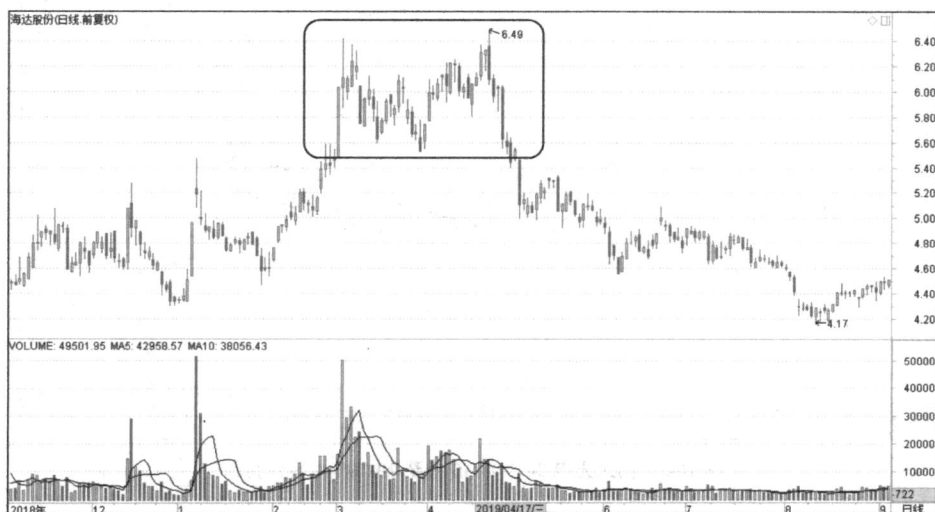

图 10-2 海达股份 2018 年 11 月至 2019 年 9 月走势图

10.1.4 分时形态对转向点的反映

中期的底部或顶部往往有一个构筑过程，价格走势的方向选择也在酝酿之中，一旦出现明确的启动信号，就是最佳的入场时机，而这个启动信号往往会通过分时图的异动形态发出。

所谓异动形态，我们要结合个股的整体运行情况来分析。在上涨空间更充足、后期看涨的情况下，强势的、突破性的分时图无疑是对波段上涨行情更准确的预示；反之，在下跌空间较大、后期看跌的情况下，特征鲜明的弱势性分时图则是较为明确的卖出信号。也就是说，利用分时图形态进行中短线波段交易时，应尽量将其放在整体、局部走势格局之中，弱势运行格局下的偶然性强势分时图不代表强势反攻的开始，同理，相对强势格局下的偶然性弱势分时图也不代表行情的反转。

图 10-3 所示为南大光电 2019 年 10 月至 2020 年 1 月走势图，个股在低位区出现了企稳回升的走势，股价重心缓缓上移，期间的阳线实体明显长于阴线。这是多方力量开始总体占优的标志，预示着这个位置区很有可能成为中期底部。

图 10-3　南大光电 2019 年 10 月至 2020 年 1 月走势图

但是，对于短线买点的把握更宜借助分时图。图 10-4 所示为南大光电 2019 年 12 月 16 日分时图，其呈强势运行的上涨状态，走势较为独立。盘中上扬时，回调低点始终与均价线保持一定距离，午盘前封板后全天未开，这是多方占据主动地位的标志。而且，这个强势型的分时图也预示着一波短线上涨开启的概率较大。在操作上，结合个股的整体走势来看，这是中短线买股入场的信号。

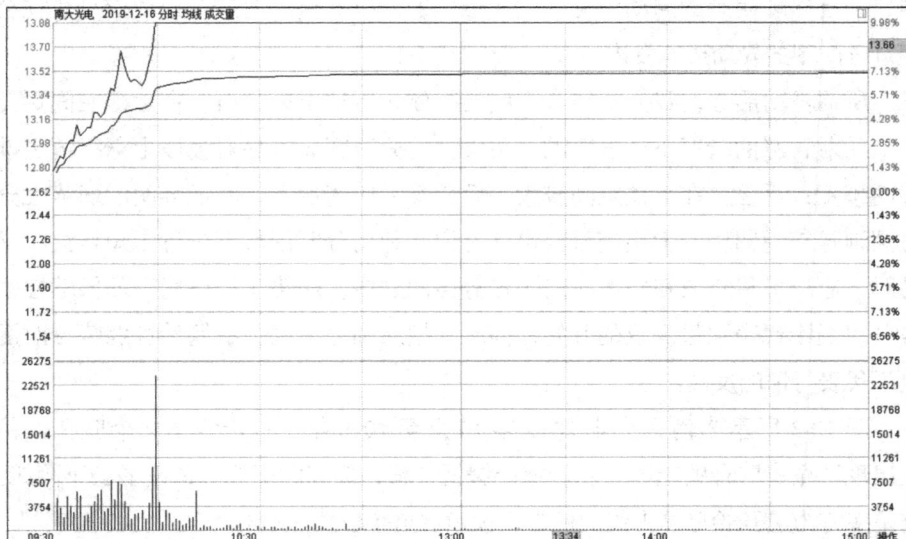

图 10-4　南大光电 2019 年 12 月 16 日分时图

10.2 支撑或阻力的策略方案

在价格走势上下波动幅度较大的震荡行情中，出现较大上升行情或下跌行情的概率往往并不大。此时，我们不妨结合价格的震荡，利用支撑与阻力位把握中短线入场时机。这是从支撑或阻力的角度来进行操作的交易策略，也是比较适用于 A 股市场的一种买卖方案。

10.2.1 支撑线的画法及运用

支撑线主要用于指示价格波动过程中的支撑点位。支撑线的画法很简单，将价格波动过程中的两个波谷进行连线即可得到。如果支撑线的倾斜方向向上或呈水平状，则它的有效性将得到提升，因为支撑线主要用于股价重心整体上移的震荡行情中。

利用支撑线，我们可以直观、清晰地看到个股在上升途中每一次回调后的支撑点位大概在何处。这样既可以帮助我们识别趋势运行状态，也可以帮助我们在股价上升途中开展相对低位的短线买入操作。

图 10-5 所示为金卡智能 2018 年 12 月至 2019 年 3 月走势图，个股自低位区开始宽幅震荡，由于期间的股价重心是上移的，我们应画支撑线，将相邻两个低点相连，就可以得到一条倾斜向上的支撑线。

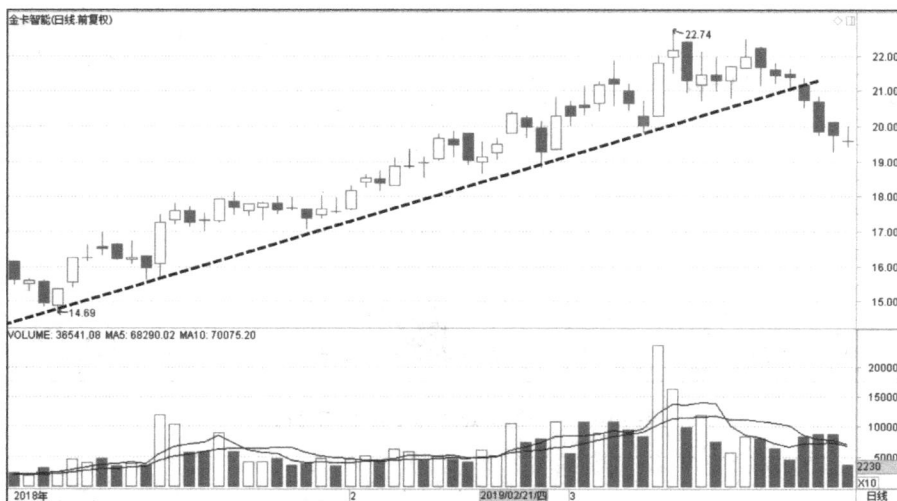

图 10-5 金卡智能 2018 年 12 月至 2019 年 3 月走势图

这条支撑线的作用就是指示股价震荡上行过程中的支撑位置点。当股价经一波回落接触或接近支撑线时，股价将获得较强的支撑，有再度反弹上行的动力，是一个较好的短线买入时机。这时，如果能有经典的看涨分时图配合，不仅能提升短线买入的成功率，还有望布局在个股短线快速上攻的启动点上。

值得注意的是，随着股价的震荡上扬，若支撑线被明确跌破，则其原有的支撑作用将失效。此时，它对股价的反弹将形成阻挡，由原来的对个股的上涨起支撑作用，转而变成了对个股的反弹起阻挡作用。

下面我们仍以此股走势为例，看看如何结合分时图、支撑线把握买入点。图 10-6 所示为金卡智能 2019 年 1 月 29 日分时图，当日个股在盘中受大盘跳水影响，股价快速下探。从日 K 线图来看，当日的股价接触到了支撑线，由于支撑线有着较强的支撑作用，这是一个好的短线买点。而且，当日的分时图形态特征较为鲜明，当其出现在短线回落之后，它是空方抛压释放较为充分的标志之一。因而，结合支撑线，利用分时图形态特征，我们可以更好地把握短线买入时机。

图 10-6　金卡智能 2019 年 1 月 29 日分时图

10.2.2　阻力线的画法及运用

阻力线主要用于指示价格波动过程中的阻力点位，将价格波动过程中的两个波峰进行连线即可得到。如果阻力线的倾斜方向向下或呈水平状，则它的有效性将得到提升，因为阻力线主要用于股价重心整体下移的震荡行情中。

图 10-7 所示为恒华科技 2019 年 10 月 29 日分时图，个股自高位区开始震荡下行。由于期间的股价重心是下移的，我们应画阻力线，将相邻两个高点相连，就可以得到一条向下倾斜的阻力线。当股价经一波反弹接触或接近阻力线，由于阻力线有较强的阻挡作用，此时是一个较好的中短线卖出时机。

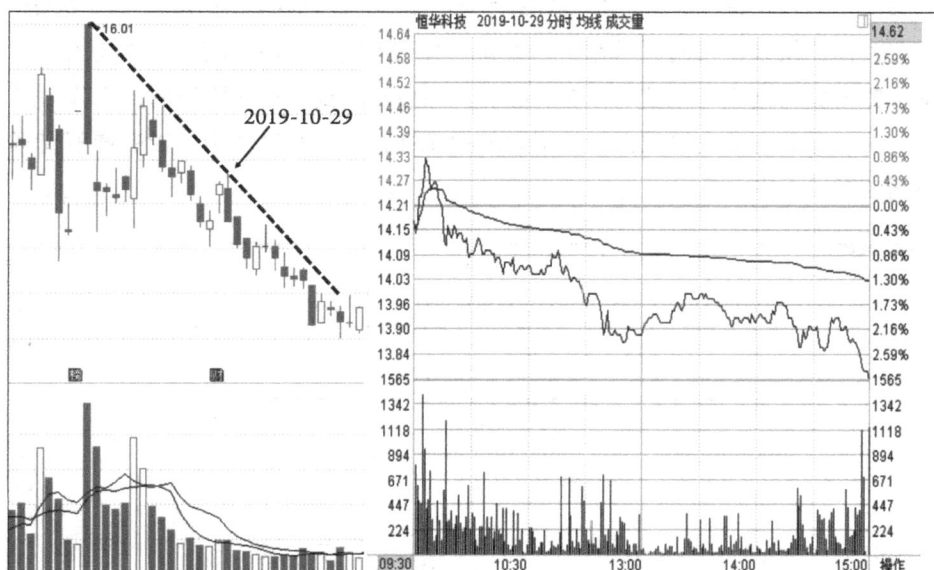

图 10-7　恒华科技 2019 年 10 月 29 日分时图

当日股价长时间运行于均价线下方，而且盘中出现了放量跳水，虽然午盘之后有所回升，但盘中回升无量，这是一个典型的短线看跌分时图。而且，当日正处于反弹后的阻力线位置。二者均发出卖出信号，预示着个股随后的中短线跌幅可能较大，投资者应及时卖出以规避风险。

10.2.3　注意支撑或阻力的失效

震荡行情中的支撑线与阻力线不是一成不变的，它会随着股价的波动、多空力量对比的转变而不断发生变化，我们既要从盘面形态上把握这种转变，也要结合个股的估值状态来应对。一般来说，当原有的支撑线随着股价的下跌而被跌破后，它就由原来的支撑作用转变为阻挡作用；反之，当原有的阻力线随着股价的上涨而被突破后，它就由原来的阻挡作用转变为支撑作用。支撑线与阻力线的这种相互转变也要结合个股所处的位置区间来综合把握。

当估值较高而市场环境不佳时，投资者应轻仓参与，以"现金为王"策略为主，支撑线并不是必然的买入时机；当估值较低且市场回暖时，支撑线有着更强的支撑作用，在买入时可适当增加仓们。

图 10-8 所示为易事特 2018 年 10 月至 2020 年 1 月走势图，个股在经历了前期的一波上涨之后，开始了长期的横向震荡格局，此时可以画出支撑线。但是，随着震荡的持续，我们可以看到一个向下跳空的缺口出现在震荡回落波段，这是空方力量占据主导地位的标志。随后，当股价跌到支撑线附近时，反弹力度弱，这就是原有的支撑线力度将减弱的提示性信号。在操作中，投资者不宜再依据支撑线实施中短线买入。

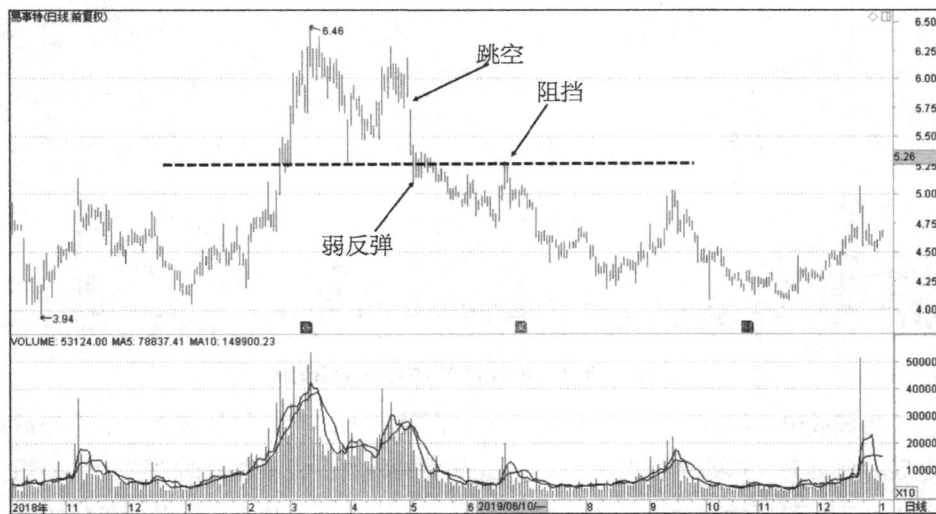

图 10-8　易事特 2018 年 10 月至 2020 年 1 月走势图

10.3　突破或破位的策略方案

突破或破位是价格走势出现方向性选择的较为明确的信号，它通常预示着一轮较大波段行情的来临。依据突破或破位信号，结合分时图展开操作，是一种顺势而为的交易策略，而且往往能捕获到中短线的牛股。本节我们将结合分时图形态，了解如何把握突破行情中的机会以及如何规避破位行情下的风险。

10.3.1 长阳线强势分时突破

盘整区可以是蓄势的阶段，也可以是多方能量积累的阶段。如果个股位于相对低位时出现了长期盘整，并以一根长阳线实现了对盘整区的突破，那么我们还应关注长阳线的盘中运行特征，即盘口分时图。强势型的盘口分时图伴以长阳线，是较为可靠的突破信号；反之，刻意拉抬尾盘的长阳线突破，其成功率往往不高。

图 10-9 所示为溢多利 2019 年 12 月 16 日分时图，个股当日以长阳线实现了对盘整区的突破，当日的盘口分时图有着明显的强势特征。午盘之后，个股缓慢、独立地向上攀升，并且每一波攀升后的回落都没有向下触及均价线，这是多方力量当日处于明显主导地位的标志。结合个股日 K 线图上的突破形态来看，一波上攻行情出现的概率较大，是中短线买股入场的信号。

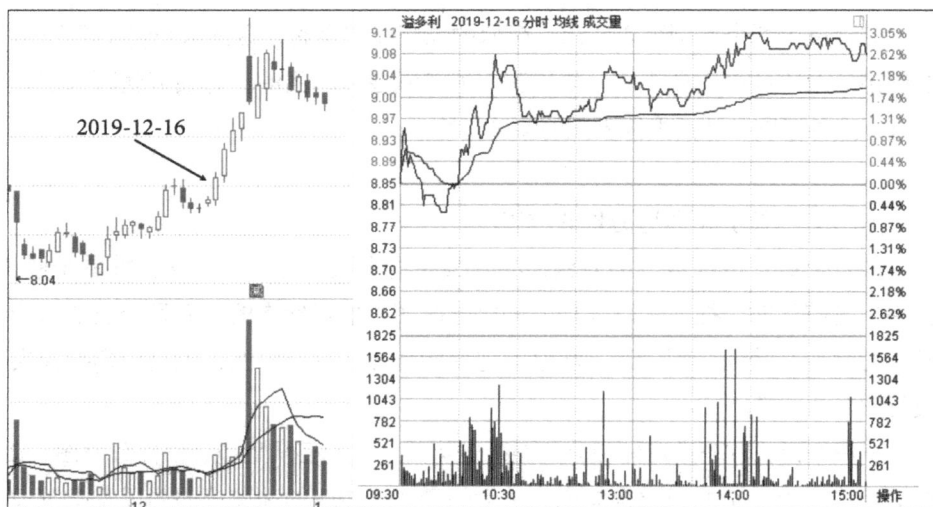

图 10-9　溢多利 2019 年 12 月 16 日分时图

图 10-10 所示为斯莱克 2019 年 9 月 25 日分时图，在日 K 线图上，个股以一根长阳线突破了整理区。但是，当日的盘中回落幅度较大，分时线在盘中运行时跌破了均价线。这不是一个强势型的分时图，它不能够显示出多方力量的主

导地位，因而在操作上，我们不宜将其看作短线突破的信号。

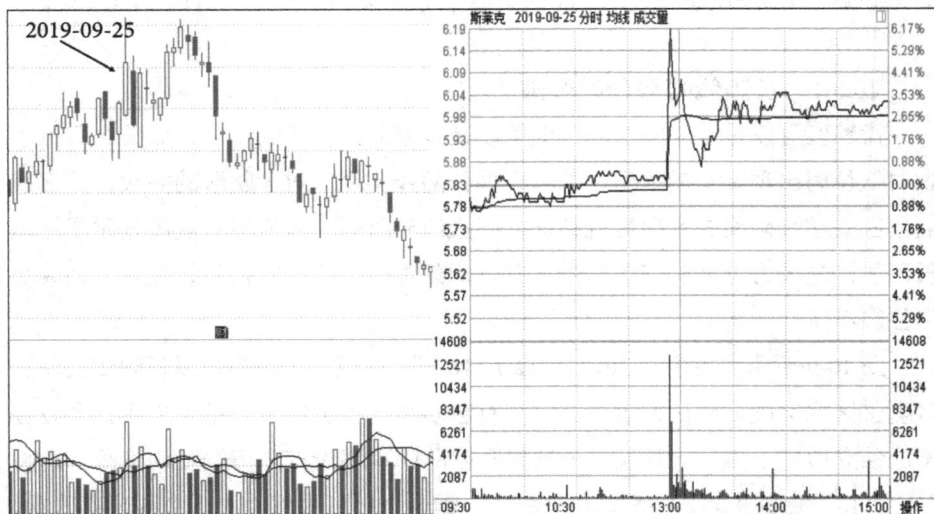

图10-10 斯莱克2019年9月25日分时图

综合以上两个案例可以看出，相似的长阳线突破整理区的K线模式很可能演绎出完全不同的后期走势。如果我们能够掌握分时图的运行细节就可以很好地辨识这种区别，从而把握真正的突破行情。

10.3.2 涨停板强势分时图突破

很多个股，特别是有主力积极参与其中的个股、有热点题材支撑的个股，在突破盘整区时，往往是以强势的涨停分时图为醒目标志的，而且个股的短线飙升力度往往较强。可以说，涨停板这种特殊形态的分时图，也是我们把握突破行情时的关键因素之一。

一般来说，在利用涨停板分析突破走势时，我们要从量能、涨停分时图、K线运行模式等几个方面综合考虑。过大的量能、较弱的涨停分时图以及上下波动幅度较大的震荡区，都不是好的突破形态。强势型的涨停分时图往往预示了一波短线飙升行情，它的形态特征主要表现为在更早的时间封牢涨停板、流畅飙升的分时线和较好的量价配合关系。其中，封板时间与封板牢固性是需要重点考虑的内容，这往往直接体现了主力资金的短期参与意愿。下面我们结合一个案例加以说明。

　　图 10-11 所示为天和防务 2019 年 8 月 16 日分时图，个股经历了长期横向整理之后，当日小幅度跳空高开，随后快速飙升并牢牢封住了涨停板。这个涨停板使个股一举突破了整理区，呈向上突破之势。这是一个典型的强势型涨停分时图，预示着一波短线上攻行情的展开。由于行情刚刚启动，主力资金仍没有足够的获利空间，此时我们可以积极参与追涨，把握行情启动良机。

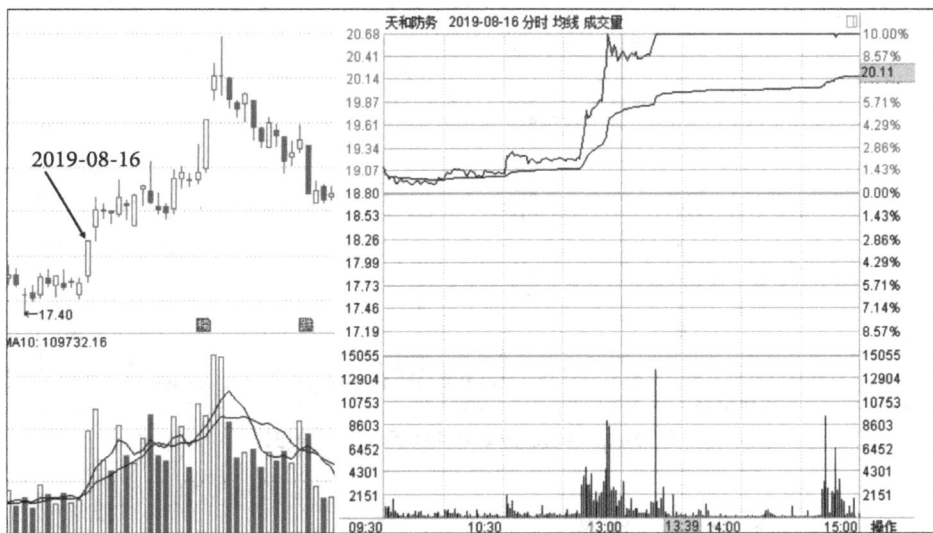

图 10-11　天和防务 2019 年 8 月 16 日分时图

10.3.3　长阴长阳与方向选择

　　很多时候，长阳线或长阴线的出现虽然使得个股走势呈突破或破位状，但行情并非马上就会展开，还会有一个蓄势的过程。但是，长阳线或长阴线却为我们提前发出了指示信号，预示着个股随后向这个方向运行的概率大增。在操作中，我们应留意这种信号，及时调整买卖策略。

　　图 10-12 所示为科隆股份 2019 年 8 月 27 日分时图，个股当日以一个相对强势的上涨分时图向上突破盘整区，在盘中运行过程中，股价回落基本未碰触均价线，这表明多方力量占有一定优势。但是，从日 K 线图来看，当日放量幅度很大，表明市场抛压仍有待释放。

这根长阳线及当日的分时形态虽然为我们指明了方向，但它并不是短线启动的信号。在操作中，依据其方向性特征，我们可以在随后的震荡整理走势中，逢震荡回调之机买股布局。

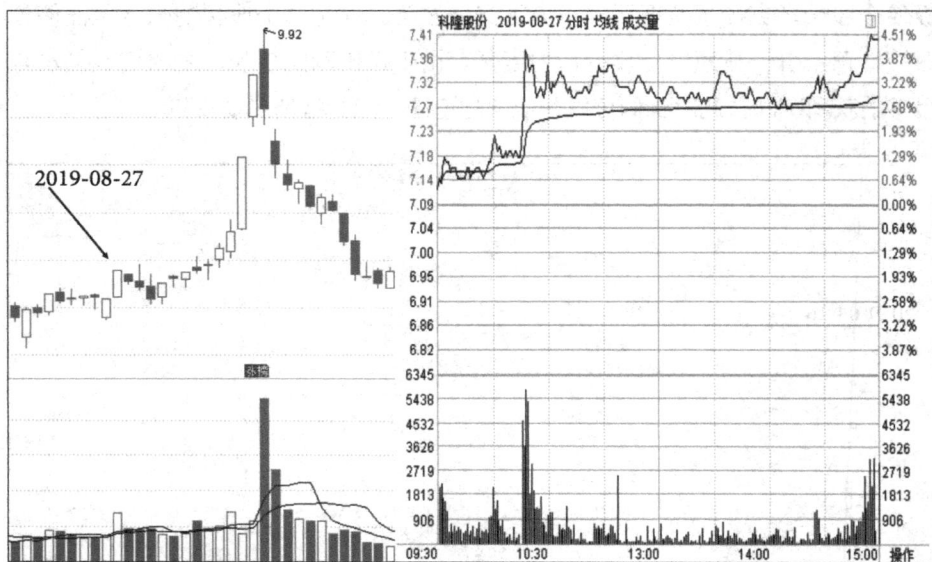

图 10-12 科隆股份 2019 年 8 月 27 日分时图

10.3.4 缺口与方向选择

长期盘整后出现的缺口，特别是幅度较大的缺口，往往是价格方向选择的信号，因为缺口的出现代表了多方或空方力量明显占优。对于盘整走势，我们应重视缺口形态。

图 10-13 所示为正业科技 2019 年 5 月至 11 月走势图，个股在长期盘整之后，出现了一个向下大幅跳空低开的形态，形成了一个明显的缺口。从个股随后的走势可以看出，这个向下的跳空缺口预示了一轮快速下跌行情的出现。

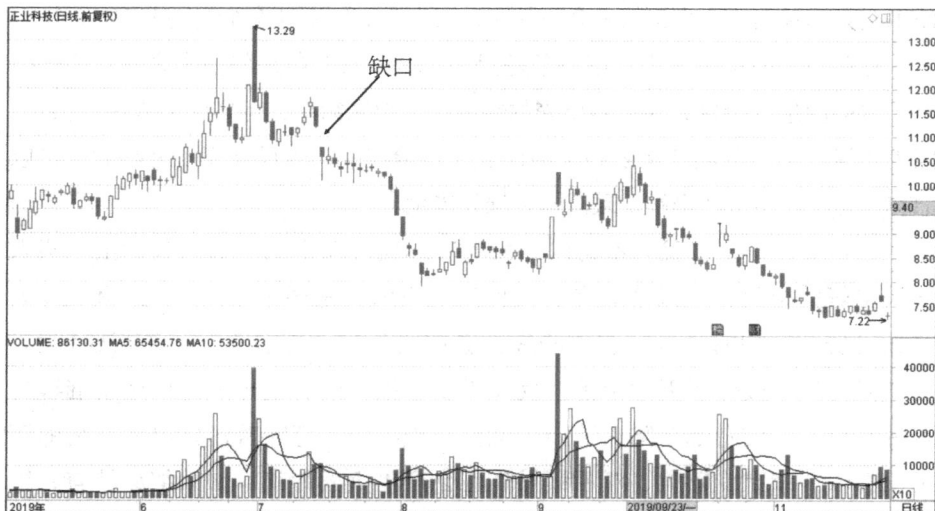

图 10-13 正业科技 2019 年 5 月至 11 月走势图

10.4 仓位调度的策略方案

每一笔交易的成功率都是一个概率，股市中没有屡战屡胜的投资者。成功的投资者懂得保证本金安全才是最重要的，而保证本金安全的最好方法就是资金管理。所谓资金管理，也可以称为仓位调度，是指控制每笔交易投入的资金量，合理分配资金并以此控制风险，保存交易的实力。资金管理虽然重要，但常常被投资者忽略。本节我们将结合几种常见的仓位调度方法，了解如何更好地保护本金安全，从而为在股市中获利提供坚实的基础。

10.4.1 本金安全的重要性

进入股市是为了获利，这是目的。为实现这个目的，我们要做很多准备，例如学习股市相关知识，积累实战经验，掌握相关的技术分析方法等。但是，是不是学好了这些内容就可以大胆交易、博取利润了呢？答案当然是否定的。股市里没有常胜将军，成功的投资者之所以能够相对稳定地获利，是因为他们能把握住一些较好的机会，且在一些错误的交易中也能更好地保护本金安全。

保障自己的本金不贬值，这才是盈利的前提。如果因一笔或几笔交易而致使本金大幅亏损，当真正的机会来临时，我们又如何实现资金的增值呢？

巴菲特的股市格言中，第一条是保住本金，第二条是保住本金，最后一条是记住前两条。投资大师总结出来的经验，说起来简单，但实践起来往往很难，因为投资者很容易因几笔获利交易而放松风险监控，当风险真正来临时，仍以原有的思维习惯进行操作，致使本金损失惨重。

提起本金安全，我们不妨以个股的实际运行来说明。如果我们全仓买入一只看好的个股，这只个股在买入后出现下跌，是很平常的情况。不过，大多数投资者都抱有这样的操作心理：套牢之后安心持股不动，天天盼解套。但许多时候个股似乎无意上涨，反而不断下跌，此时是止损离场还是继续持有呢？很多投资者都会陷入选择困境。止损离场，意味着对自己的交易的否定，不仅情绪上受影响，对后续操作也会产生负面影响；如果继续持有，看着资金不断减少，投资者心理承受着较大压力，总是期望反弹的出现，当某天实在难以忍受亏损而卖出时，由于本金亏损惨重，投资者很可能离开股市。

而且，处于套牢状态后想要回本，往往是比较困难的。一只个股可能因为某种利空消息或大盘的下跌而出现大幅下跌，但随后能够强势反弹的个股往往很稀少。一只个股下跌 50% 后，随后收回本金则需要此股出现翻倍上涨行情，这本身就是一个低概率的事件，但下跌 50% 的走势对于个股来说似乎要容易得多，特别是在震荡或弱势的市场环境中。当我们发现买入的股票已被套牢后，我们对于"股市有风险，投资需谨慎"这句话也许就会有更深的感悟了。

图 10-14 所示为 ST 康美 2018 年 8 月至 2020 年 1 月走势图，结合这张走势图我们来看看保护本金的重要性。当个股经过强势上涨达到 21 元区间时，处于一个明显的高估状态，投资者只要有一定的风险意识就不会追涨买入。至少，从持股的时间角度来看，投资者最多短线参与并设立好止损价位。在这个位置区，若投资者买入后被套牢，只能说其股市的风险意识极为淡薄。

随后，个股震荡下跌，几次大起大落，因同期的股票市场处于震荡整理、强弱分化格局下，且个股的业绩对股价无法形成支撑，从而造成了持续下跌。如第一个方框标注处，当跌至 5 元下方时，股价在这个位置区间盘整了很久，并且脱离了连续跌停的走势控制，与最高点 21 元区间也相距较远，似乎是一个抄底的机会。如果我们不懂得保护本金安全，采取重仓抄底的方案，随后就会因个股的再度破位下行而遭受惨重损失。

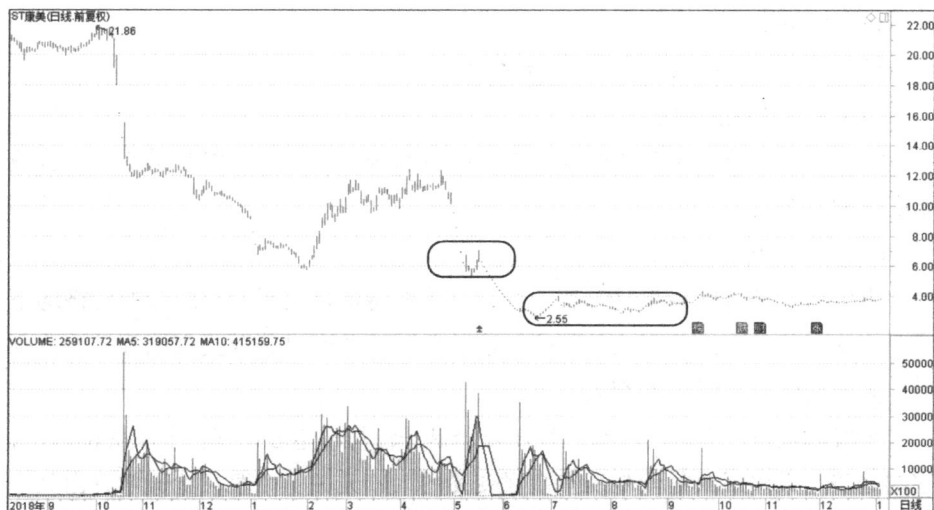

图 10-14　ST 康美 2018 年 8 月至 2020 年 1 月走势图

当股价跌破 2 ～ 3 元区间后，如果想要涨回到前期买入的 5 元价位区，很可能需要业绩、题材或大盘的配合，中短线内解套的概率较低。此时，我们因被重仓套牢，也失去了参与同期股市中其他短线的机会。

通过本案例可以看出，参与股市交易，若不能控制好仓位，一旦陷入套牢的状态将是十分危险的，轻则错失股市中出现的其他短线机会，重则导致本金大幅亏损，投资者只能处于被动的境地。

10.4.2　市场风险与个股风险

市场风险也称为系统性风险，简单来说，系统性风险是指那些会影响全部股票的一般性经济因素；而个股风险，即非系统性风险是指可能只会影响某一公司（或某一小部分公司）而对于其他公司几乎没有影响的因素。

经济学论著对于系统性风险是这样定义的："系统性风险（Systematic Risk）又称市场风险，也称不可分散风险。系统性风险的诱因多发生在企业等经济实体外部，企业等经济实体作为市场参与者，能够发挥一定作用，但由于受多种因素的影响，本身又无法完全控制它。市场风险带来的波动面一般都比较大，有时也表现出一定的周期性。"

市场风险会使绝大多数证券商品的价格都发生动荡，它的涉及面广，即使分散投资也很难降低其风险。

简单来说，市场风险的特征主要有 3 点。

（1）它是由共同因素引起的。

（2）它对市场上所有的股票持有者都有影响，只不过有些股票比另一些股票所受的影响更大。

（3）它无法通过分散投资来消除。

市场风险造成的后果具有普遍性，其主要特征是几乎所有的股票价格均下跌，投资者往往会遭受很大的损失。这种风险不能通过分散投资相互抵消或削弱，因此又称为不可分散风险。

个股风险也可以称为非系统性风险，是一种与特定公司或行业相关的风险，它与经济、政治或其他影响所有金融变量的因素无关。个股风险通常是由某一特殊的因素引起的，如企业的管理问题、上市公司的劳资问题等，它与整个证券市场的商品价格不存在系统、全面的联系，只对个别或少数证券的收益产生影响。通过分散投资，个股风险可以被降低，而且如果分散是充分有效的，这种风险还可以被消除。

在了解了市场风险与个股风险之后，我们的中线方案也有了明确的目的，这就是仓位的调度，即当股市整体被高估时，市场风险出现的概率较大，投资者应控制好仓位；反之，当股市整体处于明显被低估的状态时，若股市出现了企稳，投资者则可适当增加仓位，因为此时再度出现市场风险的概率较低。

10.4.3　金字塔加仓方案

塔韦尔斯的《商品期货游戏》中对资金管理问题有一番精彩的议论，他把保守的交易风格推崇为最终取胜之道，"甲交易者成功的把握较大，但是其交易作风较为大胆，而乙交易者成功的把握较小，但是他能秉承保守的交易原则。那么，从长期看，实际上乙交易者取胜的机会可能比甲更大"。

保守的交易风格是在提示我们，在首次实施一笔交易时，绝不可全仓参与，当然，也不宜重仓参与。很多投资者在看到股票或股市跌幅较大时，往往按捺不住抄底的冲动，有重仓买股的想法，有时我们确实可以成功抄底，但这种偶然的成功并不是真正的成功，长此以往，仍是亏多赢少。如何解决这个问题？"继续等待，不抄底，直至趋势反转时再参与"会是更好的解决方法吗？其实，对于趋势能否反转，我们并没有足够的把握，等到股价脱离低位区时再买入仍有追高的风险。对于这种深幅下跌后的个股，最好的仓位调度模式是金字塔加仓方案。

金字塔（Pyramid）加仓方案也称为累进加仓方法，这个方法适用于交易那些处于中长期低位区的个股。这些个股或许仍在探底走势中，或许已经开始初露趋势反转信号，当投资者的大方向判断正确后，第一笔交易就能产生利润，但是第一次买进或卖出的资金较少，投资者可以在趋势明朗的过程中逐步加仓。下面以个股步入上升趋势为例说明金字塔加仓方案的应用。

假设某投资者在 A 点买进，刚好买在了底部，接着行情开始上涨，投资者认为这轮涨势才刚起步，因而并不急于套利，又在次高点 B 点进行加仓。当行情涨至 C 点，投资者认为其不过是这轮涨势的中间点，于是再次加码扩大战果，临近顶部才完全平仓，获利出局。

正确应用金字塔加仓方案有 3 点是必须要注意的。

（1）赚钱时才加仓，因为赚钱时加仓是属于顺市而行。

（2）不能在同一个价位附近加仓。

（3）不要采用倒金字塔式加仓，即加仓的分量只能一次比一次少，这样才能保住前面的收益；如果加仓的分量一次比一次大，很可能一次加仓错误就使得以前的收益都损失掉，甚至出现亏损。

与金字塔加仓方案正好相反的是倒金字塔减仓方案。这一减仓方案适用于股价不断上涨，但估值较高的个股。利用此法，我们可以更好地锁定利润，并且不至于踏空错失行情。下面以个股进入升势后半段或开启跌势为例说明倒金字塔减仓方案的应用。

随着个股的不断上涨，高位风险在增加，投资者为了锁定利润，可以减仓。假设某投资者在 A 点减仓，但随后行情再度震荡上扬，创出新高，投资者认为这轮升势已接近顶部，又在此高点 B 点进行了减仓。当行情如期反转，开始跌势后，跌至 C 点时，投资者认为其不过是这轮跌势的起点，于是再次减仓或清仓离场。

正确应用倒金字塔减仓方案有 2 点是必须要注意的。

（1）要在股市或个股出现了反转信号，市场估值状态较高时才开始减仓，否则属于逆市卖出，容易踏空。

（2）不要采用金字塔式减仓，即减仓的分量起初较大，随后一次比一次少，直至清仓，此时一旦行情急转下行，重仓持股者将会损失惨重。

10.4.4　分散布局应对个股风险

当股市处于市场风格分化或震荡行情中时，由于个股走势的分化较大，若重仓布局单独一只个股或极少数几只个股，往往会有个股风险。此时，我们不妨采用分散布局的资金管理方案。

对于分散布局的资金管理方案，巴菲特有一个形象的说法：不要将所有鸡蛋放在同一个篮子里。这种资金管理方案可以避免我们所买入的品种因重大事项、政策面消息、供求关系失衡等突发性的消息而受到不利影响，既有利于保证本金安全，又有效规避了个别品种的突发性风险。

利用分散布局方案并不是杂乱无章地买入多只个股，它是指有目标、有指向地布局类型不同、题材不同的个股。通过持有类型不同的个股，当市场热点快速切换时，我们往往可以握有短线强势股，进而当强势股上涨乏力后再度换股布局。当大市较为低迷，个股上涨走势各不相同时，采用多股持有的方法较为适宜。当手中的一些个股强上涨后，投资者可以获利卖出，并买入那些有待涨潜力但暂时蛰伏不动的个股。